**电子商务类专业**

创新型人才培养系列教材

U0745699

# 搜索引擎营销

## 实战教程（SEO/SEM）

**微课版｜第2版**

赵岩红 蒋洪平 / 主编

张兵 崔晓会 / 副主编

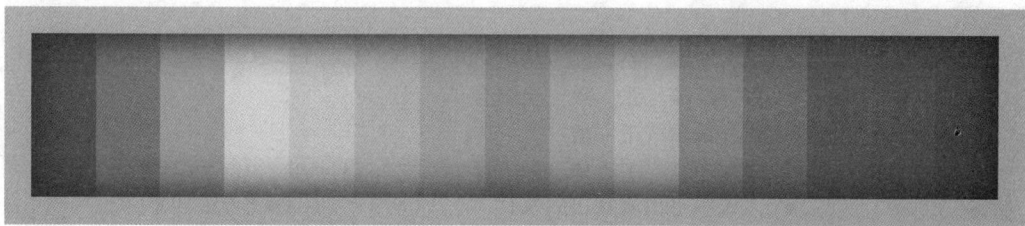

人 民 邮 电 出 版 社

北 京

图书在版编目（CIP）数据

搜索引擎营销实战教程：SEO/SEM：微课版 / 赵岩红，蒋洪平主编. -- 2 版. -- 北京：人民邮电出版社，2024.6
电子商务类专业创新型人才培养系列教材
ISBN 978-7-115-64383-4

Ⅰ. ①搜… Ⅱ. ①赵… ②蒋… Ⅲ. ①网络营销－教材 Ⅳ. ①F713.365.2

中国国家版本馆CIP数据核字(2024)第091797号

## 内 容 提 要

本书系统介绍了 SEO（搜索引擎优化）与 SEM（搜索引擎营销）的方法。全书共 11 章，前 10 章内容包括 SEO 和 SEM 基础、认识搜索引擎、SEO 的前期准备工作、网站基础优化、网站关键词的选择与优化、网站页面的优化、网站链接的优化、SEO 效果分析、移动端 SEO 及 SEM 广告，最后一章以综合实战的形式介绍了 SEO 和 SEM 的综合运用。

本书内容丰富、实战性强，以数据化思维为导向，结合成功的实战案例进行讲解，不仅能够让读者了解 SEO 和 SEM 的基础知识，还可帮助读者掌握使用 SEO 和 SEM 来提升网站排名和增加网站流量的方法。

本书不仅可以作为职业院校和应用型本科院校电子商务、市场营销等相关专业的教材，也可以作为网店店主、个人站长及网络营销人员的运营和自学参考书。

♦ 主　　编　赵岩红　蒋洪平
　副 主 编　张　兵　崔晓会
　责任编辑　王　振
　责任印制　王　郁　彭志环
♦ 人民邮电出版社出版发行　　北京市丰台区成寿寺路 11 号
　邮编　100164　电子邮件　315@ptpress.com.cn
　网址　https://www.ptpress.com.cn
　三河市兴达印务有限公司印刷
♦ 开本：787×1092　1/16
　印张：14.75　　　　　　　　2024 年 6 月第 2 版
　字数：377 千字　　　　　　　2025 年 6 月河北第 3 次印刷

定价：54.00 元

读者服务热线：(010)81055256　印装质量热线：(010)81055316
反盗版热线：(010)81055315

# 前言
FOREWORD

在互联网技术飞速发展的时代，越来越多的企业意识到互联网在市场营销中的重要性，开始利用互联网进行营销活动。企业除了建立网站外，还需要进行SEO（搜索引擎优化）和SEM（搜索引擎营销），以吸引用户浏览网站，引导用户了解企业的产品并进行咨询，最终达成交易。当下，企业的市场营销既面临机遇也面临挑战，为了获得新的发展机遇，企业需要培养优秀的营销人才。这也是高校电子商务专业和市场营销专业人才培养的一个重要方向。同时，党的二十大报告也明确指出，必须坚持科技是第一生产力、人才是第一资源、创新是第一动力。为了适应不断变化的搜索引擎营销环境，培育精准对接市场需求的营销人才，我们特地编写了本书。本书第1版自出版以来，得到了很多老师和读者的好评，但随着搜索引擎的不断发展及排名算法的不断更新，SEO的方法也在不断发生变化。为了让广大读者更好地了解这些变化，并能将新方法和新思维运用到SEO和SEM中，我们在第1版的基础上，对一些内容进行了更新和调整，补充了新的板块，并落实立德树人根本任务，旨在培养高素质的专业营销人才。

## ※ 本书特色

在对众多职业院校的教学方式、教学内容等进行调研的基础上，我们有针对性地设计并编写了本书，其特色介绍如下。

- **专业讲解**：SEO和SEM内容繁杂，很难厘清体系，但本书从读者的角度出发，不仅注重理论性，更重视实用性和操作性，将难以理解的数据分析进行细致的划分和讲解，使读者能够轻松阅读并上手操作。
- **行业实战**：为了帮助读者充分理解和掌握重点内容，本书特意设计了"行业实战"板块，旨在将理论知识通过实战的方式展现出来，让读者可以在学习理论知识后，进一步通过实践来掌握重点、难点内容。
- **课后练习**：每章结尾设置了课后练习，让读者化被动为主动，在思考题目内容的同时，重温该章知识；在解答题目的过程中，主动掌握和巩固对应的知识点。
- **知识链接**：此栏目主要帮助读者解决在学习过程中可能遇到的难点和疑点，也可以拓展相应的知识，让读者学得更多、学得更深。

## ※ 本书内容

本书旨在帮助读者了解SEO和SEM的基础知识，掌握网站的各种优化方法，掌握利用常见的SEO和SEM工具获取数据并进行分析的方法，掌握移动端SEO方法等。全书共11章，各章内容分别如下。

- **第1章**：主要介绍SEO和SEM的基础知识，包括SEO和SEM入门知识，以及SEO与SEM的联系与区别等内容。
- **第2章**：主要介绍搜索引擎的相关知识，包括什么是搜索引擎、国内外主要的搜索引擎、搜索引擎的类型、搜索引擎的工作原理和搜索引擎的使用方法等内容。
- **第3章**：主要介绍SEO的前期准备工作，包括SEO项目分析、寻找合适的域名、选择合适的网站空间以及网页编辑的基础知识等内容。
- **第4章**：主要介绍网站基础优化，包括网站结构、避免蜘蛛陷阱、限定搜索引擎抓取范围、URL优化等内容。
- **第5章**：主要介绍网站关键词的选择与优化，包括认识关键词和关键词优化、选择关键词、布局关键词、预测关键词趋势等内容。
- **第6章**：主要介绍网站页面的优化，包括优化页面结构、优化页面内容等内容。
- **第7章**：主要介绍网站链接的优化，包括认识链接、优化内部链接、优化外部链接、添加友情链接和处理死链接等内容。
- **第8章**：主要介绍SEO效果分析，包括SEO综合查询与分析、网站流量分析、网站流量来源分析、网站页面访问分析和网站用户分析等内容。
- **第9章**：主要介绍移动端SEO，包括移动端网站SEO、手机淘宝SEO等内容。
- **第10章**：主要介绍SEM广告的相关知识，包括百度搜索推广、淘宝直通车和抖音巨量千川等内容。
- **第11章**：通过电商网站SEO实例和家装行业网站SEM方案两个实战案例介绍SEO和SEM的综合运用。

## ※ 本书资源

本书提供微课视频，读者只需使用手机扫描二维码即可观看。同时，读者还可以访问人邮教育社区（www.ryjiaoyu.com），搜索书名下载与操作相关的素材、课后练习参考答案及PPT课件等教学资源。

本书由河北软件职业技术学院的赵岩红、河北机电职业技术学院的蒋洪平任主编，郑州工业应用技术学院的张兵、海口经济学院的崔晓会任副主编。河南厚溥教育科技有限公司的吴楠楠对本书的出版提供了大力支持。在编写本书的过程中，编者参考了大量同类图书和相关资料，在此对相关作者一并致以衷心的感谢！

由于编者水平有限，书中难免存在不足之处，欢迎广大读者批评、指正。

编者

2024年4月

# 目录
CONTENTS

# SEO和SEM基础

在互联网高度发达的当下，我国网民数量不断攀升。第52次《中国互联网络发展状况统计报告》统计，截至2023年6月，我国网民规模达10.79亿人，域名总数为3024万个；同时据中商情报网发布的数据，截至2023年6月，我国搜索引擎用户规模达8.41亿人。面对如此激烈的市场竞争，企业和个人必须通过SEO（搜索引擎优化）和SEM（搜索引擎营销）等手段提高网站在搜索引擎搜索结果中的排名，以获得更多的用户。因此，了解并掌握SEO和SEM的基本知识是非常有必要的。

## 🛒 知识目标

- 了解SEO的含义及其对各类网站的作用和基本步骤。
- 了解SEM的含义及其服务方式、特点和基本步骤。
- 了解SEO和SEM的区别与联系。

## 🛒 素养目标

- 培养分析、解决问题的能力，能够通过SEO提升网站排名和增加网站流量。
- 具备对互联网营销和SEO的敏感性和洞察力。
- 树立理想信念，培养科技强国信心。

## 1.1 SEO入门必备

为了有效地进行SEO，需要先对SEO有所了解，包括了解其基本概念、原理和基本步骤等。掌握这些知识，可以有效地对不同类型的网站进行优化，并成功应对相应挑战。

### 1.1.1 什么是SEO

SEO（Search Engine Optimization，搜索引擎优化）是通过利用搜索引擎的检索规则来提高目标网站在相关搜索引擎搜索结果中的排名的一种方法。其主要目的在于增加网站的免费流量，提高网站的竞争力，从而获得更高的收益。

在进行SEO工作时，首先需要对目标搜索引擎的抓取规则和排名算法进行深入分析，然后有针对性地对网站进行优化，包括网站的内容质量、结构、页面加载速度、用户体验等方面，以增加搜索引擎对网站的收录数量和提升其排名。这样能够提高网站的访问量，增加其产品的曝光率和强化其品牌认知度。

除了对网站进行优化外，SEO还可以结合搜索引擎的算法特点进行网络营销，传播企业所需营销的目标信息（如品牌、广告、产品）给目标用户。因此，SEO在网络营销中扮演着重要的角色。

以北京某健身会所为例，当用户在搜索引擎中搜索"北京健身"关键词时，如果该会所的网站能出现在搜索结果的前几页中，用户就相对更有可能看到并浏览其网站，进一步了解该健身会所，最终进行咨询和交易。反之，如果该网站没有出现在搜索结果的首页或前几页，那么用户就相对更难看到该网站，从而难以浏览和咨询有关该健身会所的信息。因此，SEO对该健身会所的收益具有至关重要的影响。

### 1.1.2 SEO对各类网站的作用

随着互联网的快速发展，SEO的应用领域正在不断扩大，无论是对门户网站、企业网站、电子商务网站还是个人网站，SEO都有着不可忽视的作用。

#### 1. SEO对门户网站的作用

对门户网站来说，SEO可以让网站获得更多的流量。由于门户网站拥有大量的页面和关键词，若要通过竞价排名的方式来获得更多的流量，将会产生巨大的成本。而通过SEO，网站可以获得较高的排名，以较低成本来获得巨大的流量。图1-1所示为腾讯网每天通过SEO在百度获得的流量，为587万~967万。

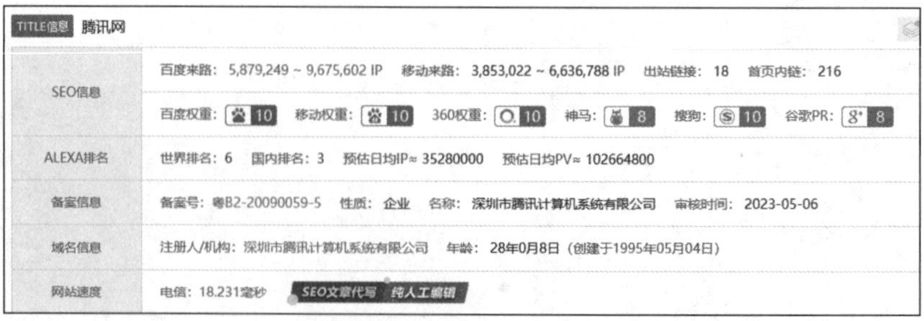

图1-1　腾讯网每天通过SEO在百度获得的流量

## 2．SEO对企业网站的作用

对企业网站来说，SEO不仅可以提高网站的流量，还可以提高流量的质量。高质量的流量往往来自企业的潜在用户，当浏览者通过企业网站了解企业的产品和信息后，就有可能成为企业的直接用户。因此，SEO对提高企业网站的转化率和销售量起着至关重要的作用。

图1-2所示为某运动品牌网站每天通过SEO在百度获得的流量，为1500～1800，和大型门户网站相比，流量非常少，但是这些流量一般都是精准流量，带来的收益也不容小觑。

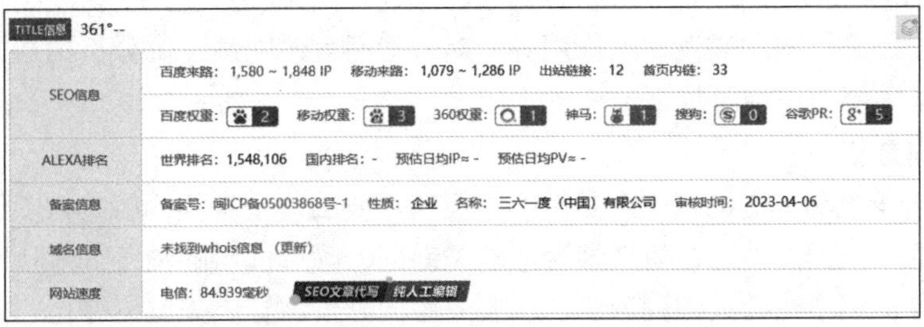

图1-2　某运动品牌网站每天通过SEO在百度获得的流量

## 3．SEO对电子商务网站的作用

对电子商务网站来说，SEO更是不可或缺的推广方式。电子商务网站只有拥有大量的潜在顾客，才能形成销售。通过SEO，企业可以向更多的潜在顾客展示自己的产品，这样不仅可以节省巨额的广告费用，还可以提高产品销量。图1-3所示为京东商城每天通过SEO在百度获得的流量，为66万～93万。

图1-3　京东商城每天通过SEO在百度获得的流量

## 4．SEO对个人网站的作用

个人网站一般资金有限，更需要成本低、效果好的推广方式，而SEO正好可以满足这种需要。通过SEO，个人网站可以获得更多的流量和关注，从而扩大网站的影响力和知名度。图1-4所示为某个人网站每天通过SEO在百度获得的流量，为53～129，这在个人网站中的表现还是很不错的。

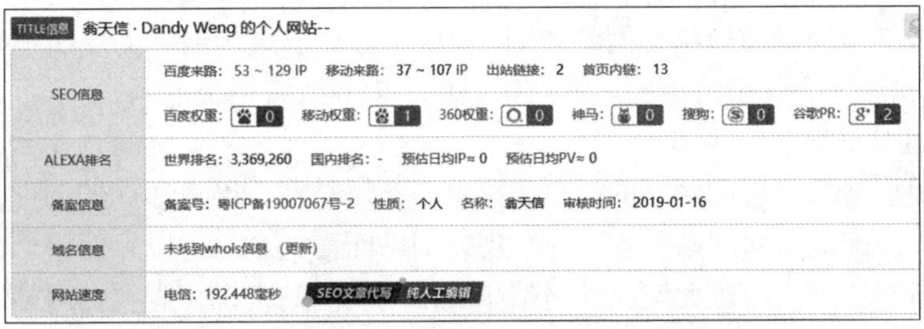

图1-4　某个人网站每天通过SEO在百度获得的流量

## ❋ 1.1.3 SEO的基本步骤

做事情一般都要有先后步骤，不然就会浪费时间，甚至事倍功半。对SEO而言，其技术要求相对较高，整个工作流程贯穿网站的策划、建设、维护的全部过程，需要按照相应的步骤来进行。下面就对SEO的基本步骤进行介绍。

### 1．网站定位分析

进行SEO的第一步是网站定位分析，其目的是确定网站在互联网上扮演的角色、需向目标群体传达的核心概念、网站需发挥的作用等。对SEO而言，网站定位分析相当关键，只有明确了网站的定位，才能有序地开展下一步的工作。

### 2．关键词分析

关键词分析（也称关键词定位）是SEO中极其重要的一个步骤，后续的工作都是围绕选定的关键词进行的。根据网站的定位选择合适的关键词、筛选优质的关键词能让网站获得更多的流量。关键词分析包括核心关键词分析、次要关键词分析、长尾关键词分析、关键词关注度分析、关键词相关度分析、关键词布局分析等。

### 3．网站结构优化

好的网站结构更有利于搜索引擎收集网站内容，从而使网站在搜索结果页面中排名靠前。好的网站结构需遵循以下原则。

（1）采用扁平结构或树形结构

当前，比较有利于SEO的网站结构主要是扁平结构和树形结构。扁平结构网站如图1-5所示，整个网站以首页为起点，延伸出的页面都是以网站主域名为基础的页面或栏目，所有页面只需单击1～2次即可到达。该结构适用于产品单一的企业官方网站。

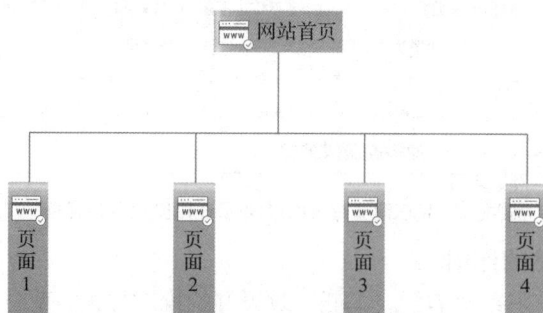

图1-5 扁平结构网站

树形结构网站如同一棵枝繁叶茂的大树，由主干、主分支、子分支、树叶4部分组成。主干相当于网站的首页，主分支相当于二级栏目，子分支相当于三级栏目，树叶相当于每个栏目的子页面或者最终页面。树形结构网站如图1-6所示。树形结构网站的层次不宜过多，从首页开始最多单击4次就应到达最终页面。该结构适用于电商或资讯类的网站。

（2）优化网站导航

网站导航是引导用户访问网站的栏目、菜单、布局结构等网页形式的统称，其主要功能为引导用户方便、快捷地访问网站内容。对小规模网站而言，全站可以只使用一个导航，通过该导航即可抵达所有栏目。而对大型电商网站和资讯门户网站来说，需要在网站首页中设置主导航，然后在其中设置次级导航。需要注意的是，主导航应该在网站首页第一屏的醒目位置，且建议采用文本链接的形式。图1-7所示为搜狐网站主导航。

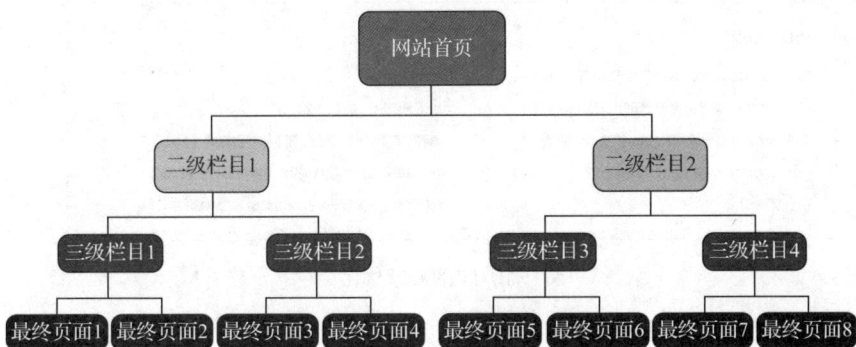

图1-6　树形结构网站

图1-7　搜狐网站主导航

如果网站的主导航包括多个次级导航，并且次级导航也有很多分支，可以将次级导航独立，使其成为二级频道。图1-8所示为搜狐体育频道导航。

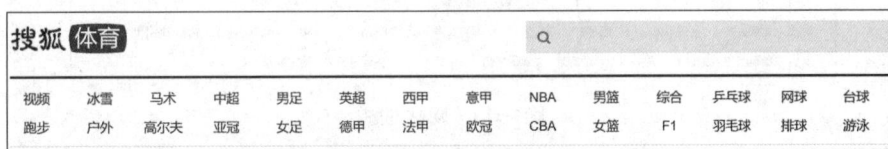

图1-8　搜狐体育频道导航

除了主导航和次级导航外，还要有面包屑导航（详见7.2.3小节），其作用是显示当前网页在整个网站中所处的逻辑位置，其形式为"主分类>一级分类>二级分类>三级分类>……>最终内容页面"，如图1-9所示。一般情况下，分类层级不超过4层，这样既可以让用户快捷地找到当前网页所处的位置，又能保证栏目分类后各个栏目的权重不至于太分散。

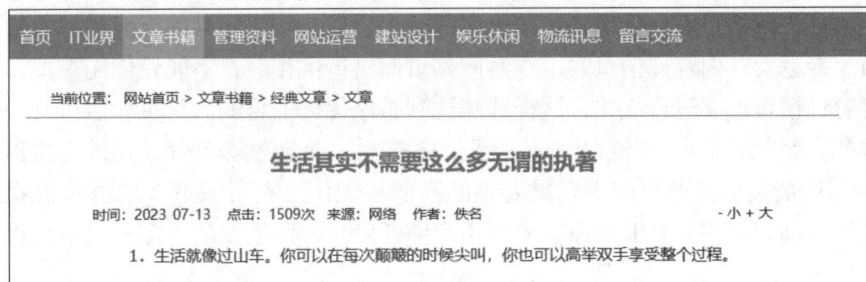

图1-9　面包屑导航

（3）优化内部链接

一般情况下，用户都希望单击一次就能到达目标页面，但实际上一个页面很难满足用户搜索同一个或同一类关键词的所有需求，因此就出现了将所有相关页面的链接聚合在一起的聚合页面，或者在目标内容页面中添加相关内容页面链接的网站架构优化策略。一般页面中包含"相关""推荐"等文本的栏目都是基于这个目的建设的，如图1-10所示。

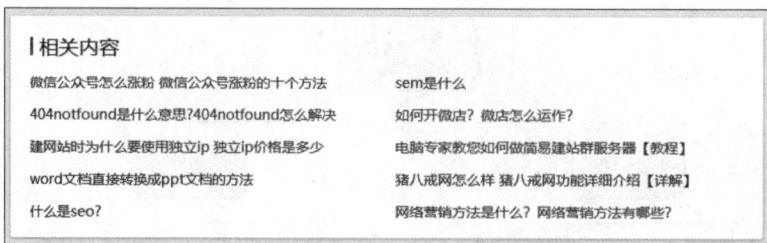

图1-10　内部链接优化

（4）建立网站地图（Sitemap）

根据自己的网站结构制作网站地图，让搜索引擎通过网站地图就可以访问站点上的所有栏目和网页，如图1-11所示。

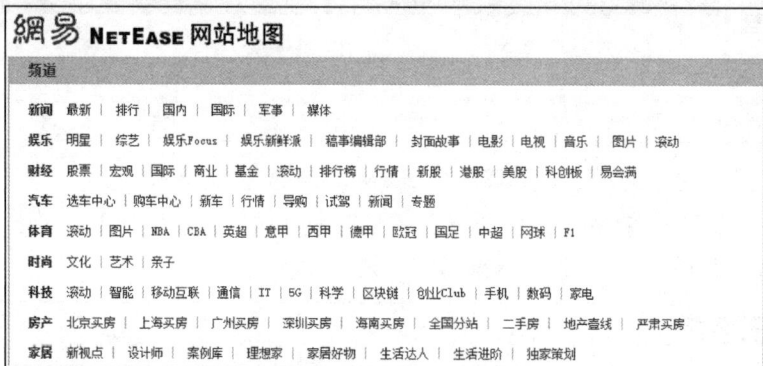

图1-11　网站地图

网站地图有两种格式，一种是HTML（Hyper Text Markup Language，超文本标记语言）格式，可以方便用户快速查找站点信息；另一种是XML（Extensible Markup Language，可扩展标记语言）格式，可以方便搜索引擎获取网站的更新频率、更新时间和页面权重等信息。

### 4．网站页面优化

网站页面的好坏将直接影响网站在搜索引擎中的收录量，而收录量是搜索引擎权重的一个重要指标。因此，网站页面优化也是比较重要的一个步骤。一般网站的页面类型大致可分为首页、栏目页、专题页、内容详情页等。在对网站页面进行优化时，不能只优化首页，栏目页、专题页和内容详情页也要进行优化，这样才能达到整站优化的目的。首页和栏目页一般是比较固定且重要的，因此要重点进行优化；专题页的时效性、针对性非常强，在优化过程中需要有所体现；内容详情页则需要根据内容重要性的高低在优化上有所偏重，如虽然企业网站中的"关于我们"页面，对树立企业形象、提高用户信任度是非常重要的，但一般不会将其作为优化的重点。

### 5．网站内容优化

网站内容优化首先要做到的就是坚持更新。如果网站定期添加新的内容，就会使网站有大量的页面被搜索引擎收录，使网站有机会抢占更多的关键词，这对网站权重的积累有一定的帮助。其次要提高内容的质量，符合用户需求的原创内容是积累搜索引擎信任度的最佳途径，这不仅是为了短期内提高网站的排名，更是为了长期提高网站权重。网站权重对网站来说非常重要，例如，在多个网站上都有一篇相同的文章，有着较高权重的网站会让搜索引擎更愿意相信来源于此网站的信息，从而给予其更高的排名。

一般来说，企业网站的常规栏目包括企业新闻、产品介绍、企业简介等与企业有关的内容，要想做到经常更新比较困难，可以考虑建立行业新闻、问答、专家讲堂等资讯类栏目。另外，在保持网站推广更新的同时还要注意内容的质量，权威性的内容更有机会在站外被引用。

### 6．主动向外提交网站

除了被动地等待搜索引擎抓取网站的页面外，还可以主动地向各大搜索引擎及各种分类目录网站提交要推广的网站。

### 7．导入外部链接

外部链接是指从别的网站导入自己网站的链接。外部链接的质量会在很大程度上决定网站在搜索引擎中的权重。导入外部链接的方法有很多，主要包括友情链接、知识问答、网络收藏、软文推广、分类网站、在线黄页、论坛等。

### 8．数据监控与分析

要真正做好SEO，数据监控与分析是必不可少的。通过对网站SEO数据的监控和分析，能对网站的SEO健康指数进行评估，及时发现网站的SEO趋势，并采取相应的措施，提升网站的SEO健康指数。数据监控与分析主要包括以下7个方面的内容。

- **监控页面抓取情况**：监测搜索引擎对网站页面的抓取情况，是网站SEO数据监控与分析的第一步。这需要分析网站日志，统计出各类主流搜索引擎的来访情况，并记录下来，每日更新。
- **监控页面收录情况**：分别统计每个搜索引擎总的收录情况，对有多个分站的网站，要分别记录每个分站的情况。
- **监控页面快照**：分别统计每个搜索引擎的网站快照更新情况，对网站首页、频道页要予以特别关注和记录。
- **监控关键词排名**：分别统计网站核心关键词和长尾关键词的每日排名情况。
- **监控SEO流量**：分别统计每个搜索引擎每日给予网站的SEO流量，包括访问数、页面数、跳出率、停留时间等。
- **监控反向链接**：记录主流搜索引擎的反向链接数据。记录下所有外部链接URL（统一资源定位符）地址，检查、记录异常外部链接，并中断其链接。
- **使用百度站长等工具**：每日使用百度站长等工具进行检测，对发现的问题及时进行记录，并予以解决。

SEO不可能一步到位，需要日积月累、坚持不懈才能取得一定的成效。只有通过长期的数据监控和分析，找到网站SEO动态发展曲线，才能够对网站未来的SEO发展趋势进行准确判断，从而给网站的优化带来较大的帮助。

## 1.2 SEM入门必备

SEO具有成本低、效果好的特点，但是也存在一个很大的缺点——见效太慢。商机是稍纵即逝的，为了快速地提升网站的流量，就需要借助SEM的力量。下面将简单介绍SEM，让读者对其有基本的了解。

## ❄ 1.2.1　什么是SEM

SEM（Search Engine Marketing，搜索引擎营销）是一种新的网络营销形式，它利用用户对搜索引擎的依赖和用户的使用习惯，在用户进行搜索的时候将信息传递给目标用户。SEM的基本思想是让用户发现信息，并通过单击搜索结果进入网页，进一步了解所需的信息。SEM追求较高的性价比，即追求以较小的投入获得较大的来自搜索引擎的访问量，并产生商业价值。

## ❄ 1.2.2　SEM的服务方式

SEM的服务方式主要有3种，分别为搜索引擎广告、网络广告以及SEO。下面分别进行介绍。

● **搜索引擎广告**：搜索引擎广告是指在搜索引擎搜索结果页面中显示的广告，其样式与其他自然搜索结果相同，只是在末尾会显示"广告"字样。图1-12所示为在百度中搜索"化妆品"关键词时显示的搜索引擎广告。搜索引擎广告通过竞价排名的方式控制其排名，并按点击次数进行计费。网站可以为搜索引擎广告设置多个不同的关键词，并通过调整每次点击的付费价格，控制其在特定关键词搜索结果中的排名。

● **网络广告**：网络广告是指将广告投放到有联盟关系的多家网站、软件或手机App中，其投放形式有信息流、Banner、视频、贴片等。图1-13所示为百度App中的网络广告。企业可以在后台设置广告的投放地域、目标人群、投放网站、主题词等，从而将广告精确地投放至潜在用户群体。其收费模式分为按点击收费和按展现量收费两种。

图1-12　搜索引擎广告

图1-13　百度App中的网络广告

● **SEO**：SEO指通过对网站进行优化设计，使网站信息在自然搜索结果中靠前显示。SEO作为一种免费营销方式，在SEM中占有重要的地位。SEO涉及的内容较多，主要包括网站内容优化、关键词优化、外部链接优化、内部链接优化、代码优化、图片优化等。

## ❄ 1.2.3　SEM的特点

SEM与其他网络营销方法相比，具有一定的特点。充分了解这些特点，能够有效地利用搜索引擎来进行网络营销和推广。归纳起来，SEM主要有以下4个特点。

- **目标精准**：企业在寻找用户，用户也在寻找企业。网络用户使用搜索引擎，就是想找到自己需要的信息，用户的需求通过所搜索的关键词表现出来，如果某个网站能够提供用户需要的信息，并且该信息出现在搜索结果的前列，就能取得很好的营销效果。
- **竞争性强**：每个网站都希望自己的信息出现在搜索结果中靠前的位置，否则被用户发现的概率就较低，因此，对搜索引擎结果排名位置的争夺成为许多企业进行网络营销的重要手段之一。
- **动态更新**：企业根据服务内容的变化，可以随时调整与更新广告内容和网站内容，为用户提供及时的资讯，吸引新用户、留住老用户。
- **门槛低，投资回报率高**：搜索引擎是开放性平台，门槛比较低，任何企业都可在搜索引擎上进行推广宣传，且机会均等。与传统广告和其他网络推广方式相比，使用搜索引擎进行网络推广更实惠，也更有效。

## ✵ 1.2.4 SEM的基本步骤

进行SEM必须有清晰、合理的营销策略，并按照相应的步骤和流程稳步推进，这样才能取得较好的效果。否则投入大量的人力、物力、资金等成本，可能却无法换来良好的回报。下面就来了解SEM的基本步骤。

### 1. 确定营销目标

SEM的第一步就是确定营销目标，其主要目的是明确企业进行SEM的商业目的。行业差异、市场地位、竞争态势、产品生命周期、消费人群等因素会影响企业的营销目标和后续工作。例如，某企业进行SEM的目的是销售某款产品，那么其所有的后续工作都应围绕销售该产品实施。

### 2. 市场调查分析

确定营销目标后，还需要进行市场调查分析，主要需要关注以下3个方面的内容。

- **关键词**：根据目标用户确定并分类整理关键词的范围；另外，还应当估算不同类型关键词的搜索量，挖掘尚未被竞争对手发现的关键词。
- **历史数据**：通过历史数据辅助预估销量、效果和趋势。
- **竞争对手**：调查竞争对手的工作，并分析其做法的优势和不足，并确定应对策略。

### 3. 制订营销方案

首先应基于营销目标，结合市场调查数据，根据费用、时间、资源等因素，制订可行的营销方案，并预估效果。然后结合历史数据，为营销方案设置合理的效果指标，如总体访问量、平均点击费用、转化量、转化成本、平均访问停留时间等。

### 4. 方案实施及监测

协调各方面人员及时在营销平台上开通账户，并按照方案实施。实施后，每日对投放数据和效果数据进行紧密监测，并进行细微调整以保持投放的稳定，避免出现大幅波动。

### 5. 数据分析与优化

每周、每月、每季度对数据进行汇总，生成报告，然后进行趋势和效果的数据分析，并与效果指标进行比对，指出取得的成绩与存在的不足。基于历史数据、投放数据、效果数据等更新对市场认识的分析，有步骤地对关键词、创意、网站构架及具体内容等进行调整，以达到或超越之前制订的目标。如果实际情况与预估效果差异很大，则需要回到第1步"确定营销目标"，调整整体营销方案。

## 1.3 SEO和SEM的联系与区别

SEM与SEO既有一定联系，又有一定区别。SEM是指在搜索引擎上推广网站、提高网站可见度，从而带来流量的网络营销活动。SEM包括SEO、按点击付费（Pay Per Click，PPC）、精准广告、付费收录等形式，其中以SEO和PPC最为常见。

SEM和SEO有着相同的目的，即网站推广和品牌建设。不同的是实现的方法，SEO通过纯技术手段使网站在搜索引擎上获得好的自然排名，而SEM同时使用技术手段和付费手段来对网站进行推广。

SEM付费排名与SEO有着各自的优势和劣势，如图1-14所示。

| SEM付费排名 | SEO |
| --- | --- |
| 提升排名速度：快 | 提升排名速度：慢 |
| 广告数量：庞大 | 广告数量：依据网站结构 |
| 稳定性：差 | 稳定性：强 |
| 成本：持续消耗 | 成本：相对低 |
| 排名位置：靠上 | 排名位置：靠下 |
| 恶意点击：需要担心 | 恶意点击：不用担心 |
| 关键词排名难易度：容易 | 关键词排名难易度：需要竞争 |
| 搜索引擎跨越：1对1 | 搜索引擎跨越：可跨越 |

图1-14　SEM付费排名与SEO的优劣势对比

## 1.4 行业实战

本章主要介绍了SEO和SEM的基础知识，通过对本章的学习，读者可以了解SEO和SEM的基本概念、特点以及基本步骤等。本节将练习如何在搜索引擎中查看SEO和SEM的显示效果。

### 1.4.1 实战背景

"数多宝"是一家专注于销售各类高质量数码产品的网站，提供手机、计算机、数码相机、智能家居等众多数码产品的销售服务。网站上线以来相关关键词在搜索引擎搜索结果中的排名较为靠后，网站访问量较低。为了解决这个问题，"数多宝"决定通过SEO和SEM来提高网站的流量。为了更好地完成这项工作，"数多宝"的工作人员决定先了解关键词"数码相机"在百度搜索引擎中进行SEO和SEM的显示效果，以及在百度贴吧中的信息流广告效果。

## 1.4.2 实战要求

（1）在百度搜索中查看关键词“数码相机”的SEO和SEM的显示效果。

（2）在百度贴吧中查看信息流广告的显示效果。

## 1.4.3 实战步骤

行业实战

步骤 01 在浏览器中打开百度搜索的主页。

步骤 02 在搜索文本框中输入“数码相机”文本，按【Enter】键得到搜索结果。可以看到前面几项的末尾都有“广告”文本，这就是SEM竞价排名结果，如图1-15所示。

步骤 03 向下滚动页面，可以看到后面几项没有包含“广告”文本，这就是SEO的排名结果，如图1-16所示。

图1-15 SEM竞价排名结果

图1-16 SEO的排名结果

步骤 04 在页面上方单击“贴吧”超链接，进入“数码相机”的百度贴吧页面，向下滚动网页，可以看到嵌入的信息流广告，其右上角有“广告”文本，如图1-17所示。

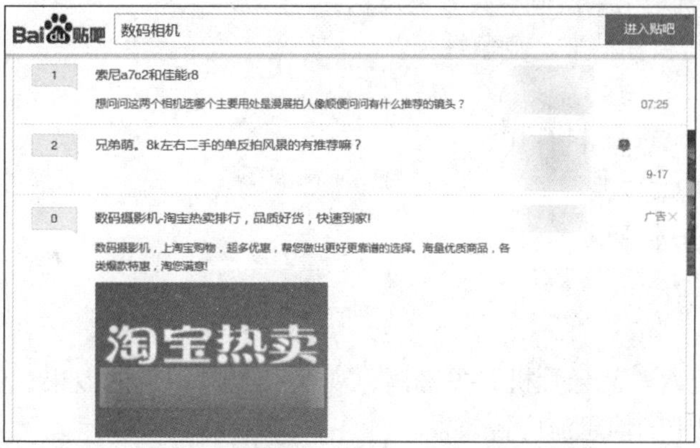


图1-17 信息流广告

### 职业素养

SEO人员不仅要关注搜索结果的关键词匹配程度，以及网站在搜索引擎搜索结果中的排名情况，还要关注搜索结果的真实性、合法性和公正性，全心全意地为广大用户提供准确、客观、公正、可靠的搜索结果，以及确保搜索结果的质量、专业性和权威性。此外，还要让用户在搜索查询过程中，能够直观、高效地找到自己所需的信息和知识，为用户提供更为便捷、人性化的搜索体验。

## 课后练习

### 一、填空题

1. SEO的中文含义是＿＿＿＿＿＿＿，SEM的中文含义是＿＿＿＿＿＿。
2. SEO是通过利用搜索引擎的＿＿＿＿＿来提高目标网站在相关搜索引擎搜索结果中的＿＿＿＿＿的一种方法。其目的是使网站获得更多的＿＿＿＿＿，让网站在行业内占据领先地位，从而获得更多的＿＿＿＿＿。

### 二、选择题

1. SEO涉及的内容较多，下列不属于SEO的是（　　）。
   A. 关键词优化　　　　　　　　B. 外部链接优化
   C. 代码优化　　　　　　　　　D. 广告内容优化
2. 下列选项中，属于SEO优点的是（　　）。
   A. 成本低　　　　　　　　　　B. 提升排名速度快
   C. 广告数量庞大　　　　　　　D. 排名位置靠上

### 三、判断题

1. SEM利用用户对搜索引擎的依赖和用户的使用习惯，在用户进行搜索的时候将信息传递给目标用户。（　　）
2. SEM的优点就是结果明确、见效速度快。（　　）
3. SEO的特点是目标精准、竞争性强。（　　）

### 四、简答题

1. 简述SEO对各类网站的作用。
2. 简述SEO的基本步骤。
3. 简述SEM的基本步骤。
4. 简述SEM的特点。

### 五、操作题

利用搜索引擎搜索"蓝牙耳机"关键词，观察SEM与SEO的效果，然后在百度贴吧中观察"蓝牙耳机"贴吧中的信息流广告效果。

# 第 2 章

# 认识搜索引擎

在互联网的浩瀚海洋中，信息如此之多，且缺乏有序排列，因此要快速找到所需信息并非易事。而正是在这个时候，搜索引擎就好比一张精心绘制的航海地图，为我们在信息海洋中指引前进的方向。那么，这张航海地图是如何绘制的呢？搜索引擎又是如何将网站标注在重要位置的呢？要了解这些，就需要深入了解搜索引擎的工作原理，掌握搜索引擎抓取、收录网页以及对网页进行排名的依据。

## 🛒 知识目标

- 了解搜索引擎的作用和发展。
- 了解国内外主要的搜索引擎。
- 熟悉搜索引擎的类型。
- 熟悉搜索引擎的工作原理。
- 掌握搜索引擎的使用方法。

## 🛒 素养目标

- 培养分析、解决问题的能力，能够通过SEO提升网站排名和增加网站流量。
- 具备对互联网营销和SEO的敏感性及洞察力。
- 培养学生理想信念，传承工匠精神，助力科技强国。

# 2.1 什么是搜索引擎

搜索引擎犹如一个巨大的互联网信息图书馆，能够自动地收集、整理和分类互联网上的海量信息，并将其提供给用户进行查询。那么，搜索引擎具体有哪些作用呢？它又是如何发展起来的呢？

## ❋ 2.1.1 搜索引擎的作用

搜索引擎作为当今互联网中至关重要的应用之一，在多个方面发挥着重要作用。接下来，将从信息来源、信息受众、SEO行业这3个角度进行介绍。

### 1. 信息来源

信息来源是指提供信息的组织、机构、企业或个人。在互联网时代，搜索引擎在信息传播中扮演着重要的角色。它不仅可以帮助信息的提供者实现定向传播，还能够持续、有效地跟踪信息的受众，从而高效地把控整个传播过程。

例如，一家摄影工作室要吸引想拍摄婚纱照的用户，通过搜索引擎，该摄影工作室就可以精确地定位到这个目标群体，如近期搜索过"婚纱照""旅拍"的用户很有可能是正在考虑拍摄婚纱照的用户。利用搜索引擎提供的数据，可以监控和分析用户的搜索行为，进一步优化信息的组织和传播方式，从而更加有效地将信息传达给目标受众。

### 2. 信息受众

信息受众是指广大的网络用户，他们在获取网络信息时经常依赖于搜索引擎这一重要工具。搜索引擎以其快速、便捷的特点，可帮助用户迅速找到所需的信息。如果没有搜索引擎，当用户需要查找一篇关于"九寨沟风景介绍"的文章时，他需要逐个输入各个旅游网站的网址，然后耗费大量时间和精力一个个地浏览和搜索。然而，有了搜索引擎，用户在短时间内就能轻松找到成百上千个相关网页。

### 3. SEO行业

SEO行业致力于帮助信息提供者更加灵活地利用搜索引擎进行信息传播，从而帮助广大网络用户更高效地获取有益的信息资源。在这个数字化时代，搜索引擎已成为信息传播的基石。因此，作为SEO从业者，了解并善于运用搜索引擎的规则尤为重要。

## ❋ 2.1.2 搜索引擎的发展

了解搜索引擎的发展对SEO从业者而言至关重要，它不仅有助于SEO从业者理解搜索引擎的历史和现状，还能帮助他们更准确地预测未来的发展趋势。下面将简要介绍搜索引擎的发展史。

### 1. 搜索引擎的雏形

Archie，诞生于1990年，被视为搜索引擎的雏形。当时还没有基于HTTP（HyperText Transfer Protocol，超文本传送协议）的Web网页，Archie仅适用于检索FTP（File Transfer Protocol，文件传送协议）服务器上的文件。然而，正是这个早期的搜索工具为后来搜索引擎的发展奠定了基础。

### 2. 第一代搜索引擎：分类目录时代

在分类目录时代，搜索引擎会收集互联网上各个网站的站名、网址和内容提要等信息，然后将它们分门别类地编排在一个网站中，形成分类目录。通过这些分类目录，用户可以逐级浏览，寻找与自己需求相关的网站。著名的分类目录网站有搜狐目录和hao123等。

### 3. 第二代搜索引擎：文本检索时代

在文本检索时代，搜索引擎通过对用户输入的查询信息进行运算，以判断查询信息与目标网页内容相关程度的高低，并将相关度较高的网页返回给用户。在这一时代，Alta Vista、Excite等搜索引擎是这一领域的代表。

### 4. 第三代搜索引擎：整合分析时代

在整合分析时代，搜索引擎通过分析网站的外部链接数量（即其他网站指向该网站的链接数量）来判断一个网站的流行度和重要性。这是因为当其他网站主动引用某个网站的链接时，意味着此网站具有一定的知名度和价值。然而，仅凭链接数量无法完全衡量一个网站的品质，因此搜索引擎还以网页内容的重要性和相似程度作为补充指标。通过综合考量这些因素，搜索引擎可以更精准地判断网站的相关性和价值。最后，搜索引擎会智能整合海量反馈信息，将其呈现为具有门户网站形式的页面，而不再像文本检索时代那样返回无分类的链接清单。

### 5. 第四代搜索引擎：用户中心时代

所谓以用户为中心，就是在用户进行查询时，为不同的用户提供不同的查询内容。例如，当输入关键词"苹果"时，办公室白领和果农对于这个关键词的需求显然是不同的。甚至对同一个用户来说，由于所处的时间和场合不同，他们的需求也会有所不同。因此，当前所有主流的搜索引擎都在努力解决一个问题——如何通过用户输入的简短关键词来准确判断用户的真实需求。

为了解决这个问题，搜索引擎必须深入了解用户。随着移动互联网的发展，移动智能设备上的搜索引擎可以通过用户在移动设备上的搜索行为、上网时间、操作习惯、搜索内容等多个特征来建立用户画像。这样可以帮助搜索引擎更加准确地理解用户的需求，从而为他们提供更加个性化、精准的搜索结果。

## 2.2 国内外主要的搜索引擎

目前，国内主要的搜索引擎包括百度、360搜索和搜狗搜索，而国外则主要依赖Google和Bing等搜索引擎。这些搜索工具在互联网发展中起到了关键作用，为各个行业网站提供了更多的展示机会，同时让用户能够更加便捷地找到所需信息。

### 2.2.1 百度

百度公司成立于2000年1月，总部位于北京，其使命是为用户提供便捷、可靠的信息获取方式。百度这个名字源自宋朝词人辛弃疾所作《青玉案·元夕》中的"众里寻他千百度"，体现了百度公司对中文信息检索技术的执着追求。百度网站的界面如图2-1所示。

图2-1　百度网站的界面

经过多年发展，百度网站已经收录了数百亿个中文网页，并且这个数量每天都在以惊人的速度增长。此外，百度公司的服务器分布在全国各地，能够直接从最近的服务器上将搜索结果返回给当地用户，从而实现极快的搜索传输速度。百度网站每天处理来自100多个国家和地区的数亿次搜索请求，用户通过百度网站可以找到全世界及时、全面的中文信息。

## ✳ 2.2.2　360搜索

360搜索是目前广泛应用的主流搜索引擎之一，其界面如图2-2所示。360搜索提供网页、新闻、影视等多种搜索产品，为用户带来安全、真实的搜索服务体验。360搜索不仅具备常见的搜索技术，还独创了PeopleRank算法和拇指计划等创新技术。这些技术的引入使得360搜索在搜索结果的准确性和相关性方面具有独特的优势。360公司建立了一个由数百名工程师组成的核心搜索技术团队，并拥有上万台服务器。每天，这个庞大的搜索引擎系统能够抓取数十亿个网页，并对优质网页进行收录。无论是网页搜索的速度还是质量，360搜索都表现出色。

图2-2　360搜索的界面

## ✳ 2.2.3　搜狗搜索

搜狗搜索的界面如图2-3所示。搜狗搜索致力于深度挖掘中文互联网信息，并努力帮助互联网用户更快地获取所需的信息，为用户创造更大的价值。

图2-3　搜狗搜索的界面

在搜狗搜索中，音乐搜索的"死链率"低于2%，这意味着用户能够高效地找到所需的音乐资源。而图片搜索则具有独特的组图浏览功能，让用户能够更方便地浏览和欣赏精彩的图片。同时，新闻搜索提供了"看热闹"首页，能够及时反映互联网热点事件，使用户不错过任何重要的资讯。而地图搜索则提供了全国无缝漫游功能，让用户能够更加便捷地查找地点和规划路线。这些出色的功能可极大地满足用户的日常需求，并帮助用户更好地利用互联网资源，探索更广阔的世界。

## ✳ 2.2.4　Google

Google（谷歌）是全球公认的最大搜索引擎之一，也是互联网上备受欢迎的网站。Google的界面设计简洁、清晰，如图2-4所示。Google支持多种语言，并提供30余种语言的操作界面。

Google以其简洁明了的页面设计和相关度极高的搜索结果赢得了广大用户的青睐。每天，Google需要处理约2亿次的搜索请求，在其庞大的数据库中存储着超过30亿个网页文件。用户可以通过常规搜索和高级搜索两种功能满足不同的需求。

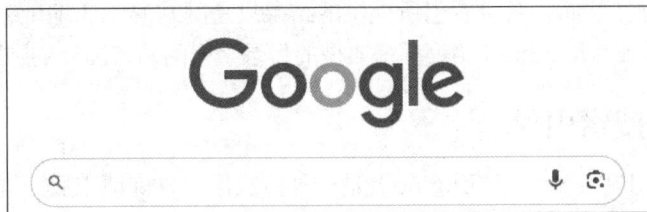

图2-4 Google的界面

## ✱ 2.2.5 Bing

Bing（必应）是由微软公司于2009年推出的搜索品牌，它集成了许多令人惊叹的功能和创新体验，为用户带来全新的搜索体验。Bing的界面如图2-5所示。

Bing具有许多独特的功能，包括搜索首页图片设计、全新的搜索结果导航模式、创新的分类搜索和相关搜索用户体验模式等。这些功能使用户能够更方便地找到他们需要的信息，并为用户提供了更个性化的搜索体验。

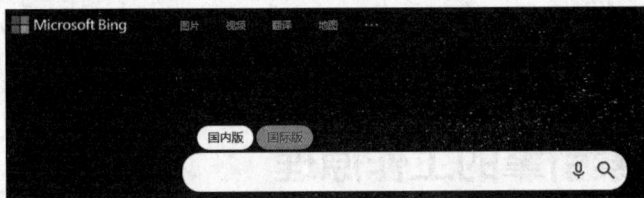

图2-5 Bing的界面

## 2.3 搜索引擎的类型

随着搜索引擎技术的快速发展，多种类型的搜索引擎不断涌现，为用户提供了更多样的搜索选择。下面将对全文搜索引擎、目录索引、元搜索引擎、垂直搜索引擎进行介绍。

## ✱ 2.3.1 全文搜索引擎

全文搜索引擎（Full Text Search Engine）是目前广泛应用的一种搜索引擎。这种搜索引擎通过从互联网中提取各个网站的信息（主要是网页文字），构建起庞大的数据库。用户在进行查询时，它们会根据用户的查询条件，检索与之匹配的记录，并按照一定的排列顺序返回搜索结果。全文搜索引擎的优势在于其广泛的覆盖面和极高的搜索效率，使得用户可以快速找到所需的信息。国外最具代表性的全文搜索引擎是Google，国内的则是百度和360搜索。

## ✱ 2.3.2 目录索引

目录索引（Search Index/Directory）又被称为分类检索，是最早在互联网上提供网站资源查询的一种服务。它主要通过搜集和整理互联网上的资源，并根据搜索到的网页内容，将对应网址分配到相应的分类主题目录中的不同层次类目下，形成一种像图书馆目录的分类结构索引。

当用户想要在目录索引中查找特定的网站时，可以使用关键词进行查询，也可以按照相关的目录逐级进行查询。然而，目录索引所提供的结果只是网站的URL地址，并非具体的网站页面内容。在国内，搜狐目录、hao123等都是典型的目录索引网站；国外的则是Dmoz等。

## ❈ 2.3.3　元搜索引擎

元搜索引擎（META Search Engine）是一种接收用户查询请求后，同时在多个搜索引擎上进行搜索，并将结果返回给用户的搜索工具。元搜索引擎的优势在于它能够扩大搜索范围，提供更全面的搜索结果。用户可以通过元搜索引擎一站式获取来自多个搜索引擎的信息，节省搜索的时间和精力。一些著名的元搜索引擎包括InfoSpace、Dogpile、Vivisimo等。

## ❈ 2.3.4　垂直搜索引擎

垂直搜索引擎（Vertical Search Engine）与全文搜索引擎不同，它更专注于满足特定领域和需求的搜索服务，因此在特定领域具有显著的优势。首先，垂直搜索引擎通过有针对性的算法和数据索引，能够提供更准确、相关性更强的搜索结果。其次，垂直搜索引擎往往会整合特定领域的资源，并为用户提供更丰富多样的内容，满足不同层次和类型的需求。最后，垂直搜索引擎通常拥有更深入的领域知识和更强的专业性，能够提供更专业、权威的搜索服务。一些著名的垂直搜索引擎包括百度专利、百度文库、Google学术等。

# 2.4　搜索引擎的工作原理

要想做好SEO，就必须了解搜索引擎的工作原理。

搜索引擎的工作原理如图2-6所示，主要包括蜘蛛爬行、抓取建库、网页处理、检索服务和结果展现5个方面的内容，下面分别进行介绍。

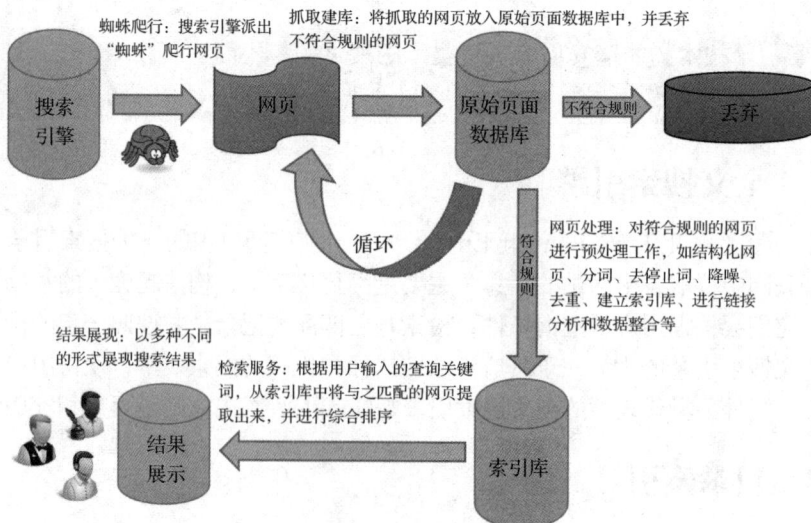

图2-6　搜索引擎的工作原理

## ❋ 2.4.1　蜘蛛爬行

　　搜索引擎首先要解决的问题是如何有效地获取并利用互联网上的海量信息。为了达到这一目标，数据抓取系统成为搜索引擎不可或缺的组成部分之一。数据抓取系统主要负责搜集、保存和更新互联网上的信息。可以把搜索引擎比作蜘蛛，它们在互联网中爬行，因此其也被称为网络蜘蛛或搜索引擎蜘蛛。每个网络蜘蛛都有自己的名称，例如百度的BaiduSpider、搜狗的Sogou Web Spider、Google的Googlebot和Bing的Bingbot等。

　　在抓取网页时，搜索引擎会同时运行多个蜘蛛程序。它们从一些重要的种子网址开始，通过网页上的超链接不断发现和抓取新的网址，并不断重复这个过程，以尽可能多地抓取网页。由于互联网中的网页可能随时被修改、删除或出现新的超链接，所以像百度这样的大型搜索引擎需要不断对过去抓取过的页面进行更新。

　　当蜘蛛爬行到某个网站时，首先会检查该网站根目录下是否存在Robots.txt文件。如果存在，则根据其中的约定来确定网页的抓取范围。进入网站后，蜘蛛会采用深度优先、宽度优先或最佳优先等策略来爬行至该网站中的所有网页。

### 1．深度优先策略

　　早期的网络蜘蛛通常采用深度优先策略进行爬行。深度优先策略的运行方式是，在抓取一个网页后，如果其中存在其他链接，蜘蛛会沿着其中一个链接继续爬行到下一个网页，然后在这个网页中寻找新的链接，并继续深入抓取。这一过程将一直进行下去，直到没有未爬行的链接可供选择，蜘蛛才会返回到最初的网页，然后通过另一个链接继续深入抓取。只有当所有链接都被遍历完毕，整个爬行过程才会结束。

　　图2-7所示为深度优先的爬行策略，网络蜘蛛的爬行顺序：首页→A1→A2→……→An→首页→B1→B2→……→Bn→首页→C1→C2→……→Cn→首页→……

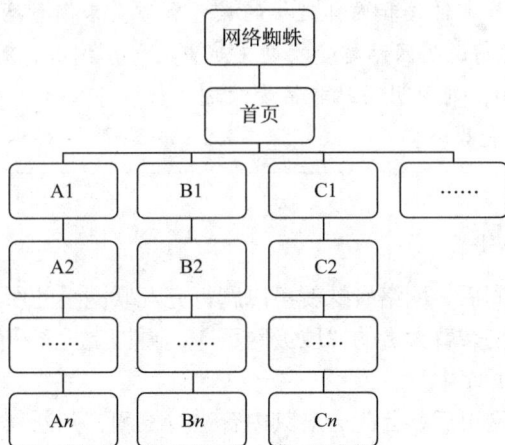

图2-7　深度优先的爬行策略

### 2．宽度优先策略

　　宽度优先策略是网络蜘蛛来到一个网页后，先爬行该网页上所有的链接，然后爬行下一层网页链接的爬行策略。

　　图2-8所示为宽度优先的爬行策略，网络蜘蛛的爬行顺序：首页→第一层链接的所有页面（A、B、C……）→第二层链接的所有页面（A1、A2……B1、B2……）→第三层链接的所有页面（A11、A12……A21、A22……）。

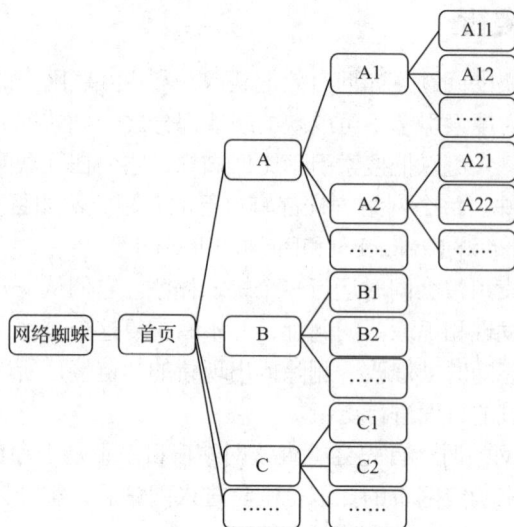

图2-8　宽度优先的爬行策略

### 3．最佳优先策略

最佳优先策略是当网络蜘蛛到达一个网页时，将其中的所有链接收集到地址库中，并对其进行分析，从中筛选出重要性较高的链接进行爬行的爬行策略。影响链接重要性的因素主要有PR（PageRank，页面排序算法）值、网站规模和反应速度等。在该策略下，当一个链接的PR值越高、网站规模越大、反应速度越快时，它就越会被优先抓取。

> 📖**知识链接**
>
> PR值是根据网站的外部链接和内部链接的数量和质量来衡量网站受欢迎程度的标准，其分为0～10级。PR值越高说明网站越受欢迎（越重要）。例如，PR值为1；表明网站不太受欢迎；而PR值在7～10，则表明网站非常受欢迎（极其重要）。一般而言，网站的PR值达到4，则表明网站较为受欢迎。

## ✳ 2.4.2　抓取建库

在经过一段较长的时间后，网络蜘蛛就可以爬行完互联网上的所有网页，但这些网页的资源极其庞大，并且其中还夹杂着大量的"垃圾网页"，再加上搜索引擎的资源有限，通常只会抓取其中的部分网页到数据库中。

当网络蜘蛛到达一个网页后，首先会对其内容进行检测，判断其中的信息是否为"垃圾信息"（如存在大量的重复内容、乱码或与已收录的内容高度重复等）。检测后，网络蜘蛛会对有价值的网页进行收录，并将网页的信息存储到原始页面数据库中。

## ✳ 2.4.3　网页处理

网络蜘蛛抓取到网页数据后，由于数据量过于庞大，网页不能直接用于索引服务，网络蜘蛛还要做大量的预处理工作，如结构化网页、分词、去停止词、降噪、去重、建立索引库、进行链接分析和数据整合等。

## 1．结构化网页

在网络蜘蛛抓取到的网页数据中，除了用户在浏览器上可以看到的可见文字外，还包含HTML标签、JavaScript程序、导航、友情链接、广告等无法用于排名计算的内容。结构化网页就是从网页数据中去除这些内容，保留可以用于排名的正文文本、<meta>标签内容、锚文本、图片视频的注释等内容。

如下面这段代码。

```
01    <div id="baike-title">
02        <h1>
03            <span class="title">红色翅膀火烈鸟的故事</span>
04        </h1>
05    </div>
```

在经过结构化网页后，剩下的用于排名的文字为"红色翅膀火烈鸟的故事"。

## 2．分词

分词是中文搜索引擎所特有的，因为英文等语言的单词与单词之间是有空格分隔的，而中文的词与词之间是没有任何分隔符的，所以搜索引擎必须先将一句话分解成若干个词语。例如"红色翅膀火烈鸟的故事"将被分为"红色""翅膀""火烈鸟""的""故事"5个词。

分词的方法有很多，主要包括基于字典的分词法、基于词义的分词法和基于统计的分词法3种。目前，主要的搜索引擎通常会结合这3种方法，构成一套分词系统。

## 3．去停止词

无论是英文还是中文，页面内容中都会有一些出现频率很高，却对文章内容没有实际意义的停止词，如中文的"啊""哈""呀""的""地""得"等，英文的"a""an""the""of""to"等。因为停止词对页面内容的主要意思没什么影响，所以搜索引擎会去掉这些词，这样既可以使索引数据的主题更为突出，又可以减少很多无谓的计算。

## 4．降噪

在页面内容中，还有一部分与页面的主题没有什么关联的内容，如版权声明文字、导航条、广告等。这些与网页主题完全不相关的内容属于噪声，对页面主题只能起到分散作用。因此，搜索引擎需要识别并消除噪声。降噪的基本方法是根据HTML标签对页面进行分块，区分出页头、导航、正文、页脚、广告等区域，将无关区域的内容剔除，剩下的就是页面的主体内容。

## 5．去重

互联网中还存在大量的重复内容，它主要是由网站之间的相互转载及使用网页模板产生的。在用户进行搜索时，如果搜索结果包含大量的相同内容，就会降低用户体验，所以搜索引擎需要在进行索引前对重复内容进行识别和处理，这个过程就称为"去重"。

去重的基本方法是计算页面的特征关键词指纹，即从页面主体内容中选取出现频率最高的一部分关键词，然后计算这些关键词的数字指纹。如果页面的关键词指纹相同，相关页面就会被判定为内容重复，不予收录。

另外，简单地增加"的""地""得"或调换段落顺序的伪原创方式，并不能逃过搜索引擎的去重算法，这是因为此类操作无法改变文章的特征关键词。

## 6．建立索引库

对网页中的内容进行分词、去停止词、降噪和去重处理后，就可以得到能反映页面主体内容的关键词的集合。搜索引擎会记录每一个关键词在页面中出现的频率、次数、格式（如标题、加粗、锚文本等）、位置等信息，并根据这些信息计算每个关键词的重要性，再按照重要性对关键词进行排序。搜索引擎会将页面及其对应的关键词构建为正排索引并存储进索引库。

通过正排索引可以快速找到一个页面中包含哪些关键词，但是，实际搜索时是通过关键词来寻找包含它的页面的。在正排索引中，就需要扫描每一个页面来判断它是否包含相应关键词，计算量较大，无法满足实时返回排名结果的要求。所以，搜索引擎还会将正排索引重新构建为倒排索引，把页面到关键词的映射转换为关键词到页面的映射。

在倒排索引中，每个关键词都对应一系列页面。当用户搜索某个关键词时，只要在倒排索引中定位该关键词，就可以马上找出所有包含该关键词的页面。

### 7. 进行链接分析

在互联网上购买商品，用户不仅要浏览卖家的商品介绍，还要查看买家对商品的评价。搜索引擎对页面进行排序时也有类似的情况，它除了需要考虑网页本身的关键词密度和位置外，还需要引入网页以外的标准来衡量网页。在网页以外的标准中，链接分析是相当重要的，搜索引擎会分析链接到网页的所有外部链接，外部链接的数量和质量都能反映该网页的质量及其与关键词的相关度。

由于互联网中网页的数量非常庞大，并且网页之间的链接关系又会时刻进行更新，因此链接分析会耗费很多时间。搜索引擎在进行倒排索引前就需要完成链接分析，这将会对索引的排序产生影响。

### 8. 进行数据整合

除了HTML文件外，搜索引擎通常还能抓取和索引以文字为基础的多种文件类型，如PDF、XLS、PPT、TXT文件等。但对图片、视频、动画等非文字内容，搜索引擎还不能直接进行处理，只能通过其说明性文本进行处理。

不同的数据格式被分别存储，但是在建立索引及排序时，搜索引擎往往又会联系与数据相关的内容，以判断其相关性与重要性，然后形成最终的、有利于搜索排名的检索数据库。

## ✳ 2.4.4  检索服务

搜索引擎建好检索数据库后，就可以为用户提供检索服务了。当用户输入一个搜索关键词后，搜索引擎会先处理搜索关键词，将其进行过滤和拆分，然后从索引库中将与之匹配的页面提取出来，再通过不同的维度对页面的得分进行综合排序，最后通过收集用户搜索数据对结果进行优化，得到最终的搜索结果。

### 1. 处理搜索关键词

与处理页面的关键词类似，搜索引擎对用户输入的搜索关键词也需要进行分词和降噪等处理，即将其拆分为关键词组，并剔除对搜索结果意义不大的词。如输入"电脑蓝屏了怎么办啊"，搜索引擎就会将其拆分为"电脑""蓝屏""怎么办"3个关键词，如图2-9所示。

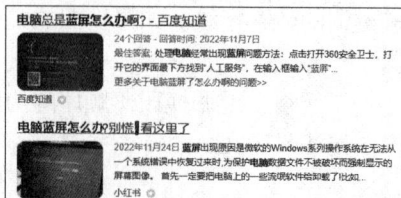

**图2-9  拆分搜索关键词**

## 2．提取页面

确定好关键词后，搜索引擎就会从检索数据库中提取包含该关键词的页面，但是这些页面并不会全部参与排名。因为搜索结果一般都会有几十万甚至上千万条，如果全部进行排名，搜索引擎的计算量会非常大，速度也会非常慢，并且用户通常也只会查看前面几页的结果。所以，搜索引擎通常只显示100页以内的搜索结果。按照默认每页10条搜索结果计算，搜索引擎一般只需要返回1000条结果就可以了。

例如，在百度网站中搜索"电脑蓝屏了怎么办啊"，百度提示找到的结果约为47 700 000条，但百度只显示了76页（即约760条结果），如图2-10所示。

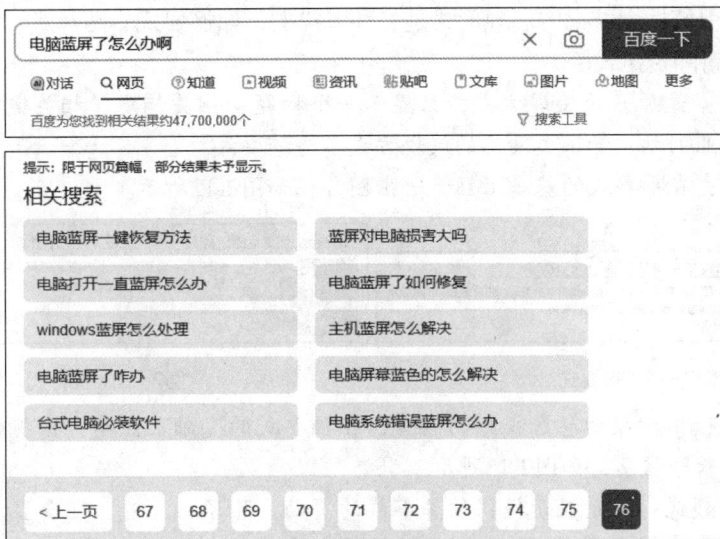

图2-10　搜索结果页面

## 3．综合排序

搜索引擎会根据不同方面的得分对参与排名的页面进行综合排序，以得到最终的搜索结果。综合排序的标准主要包括以下几个方面。

- **相关性**：页面内容与搜索关键词的匹配程度。搜索引擎会基于页面中包含搜索关键词的个数、关键词在页面中的位置以及其他网页指向该页面所使用的锚文本等因素，评估页面与搜索关键词的匹配程度。
- **权威性**：权威性网站通常提供更真实、可靠的内容，因此在排名中具有较高的优势。搜索引擎会根据网站的信誉和声誉来判断其权威性，并使权威性较高的网站网页排名靠前。
- **时效性**：搜索引擎会关注页面是否为最新发布的网页，以及页面内容是否为最及时的信息。随着时间的推移，时效性在搜索引擎的排序中变得越来越重要。
- **丰富度**：页面内容的多样性和全面性。如果页面内容丰富多样，不仅可以满足用户的单一需求，还能够满足用户更广泛的需求。
- **加权**：搜索引擎还会对一些特殊的页面进行加权处理。例如，官方网站和特殊通道等页面可能会被提高排名。
- **降权**：搜索引擎也会降低一些存在作弊嫌疑的网页的排名，以保证搜索结果的质量和可靠性。

#### 4．检索优化

最后，搜索引擎还会根据IP地址、搜索时间、以往的搜索记录及浏览过的网页等信息对搜索结果进行优化。

一般而言，通过IP地址，可以获取用户所在的地区，根据各地区用户的搜索习惯，可以返回用户所在的特定地域的排名结果。通过搜索时间、以往的搜索记录及浏览过的网页等信息可以了解用户的兴趣爱好、关注的内容等，从而可以提供更加准确、个性化的搜索结果。

## ❋ 2.4.5　结果展现

目前，搜索引擎搜索结果的展现形式是多种多样的，如摘要式、图片式、视频式、软件下载式、步骤式和新闻资讯式等。

- **摘要式**：最原始的展现方式，只显示一个标题、相关摘要、相关链接，如图2-11所示。企业网站、资讯类网站的展现方式多为摘要式。
- **图片式**：在摘要式的基础上显示一张图片，如图2-12所示。

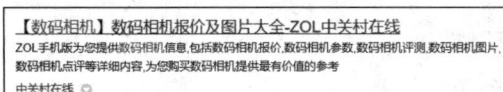

图2-11　摘要式

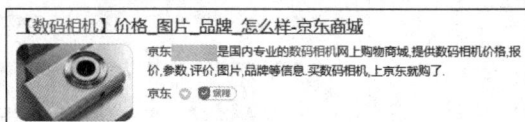

图2-12　图片式

- **视频式**：用于显示包含视频的网页，在摘要式的基础上显示一张视频缩略图以及视频的时长等信息，如图2-13所示。
- **软件下载式**：用于显示提供软件下载的页面，除了标题外，还会显示软件的图标、版本、大小、更新时间、运行环境等信息及用于下载的按钮，单击相应按钮可直接下载软件，如图2-14所示。

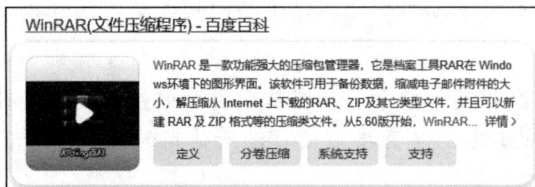

图2-13　视频式

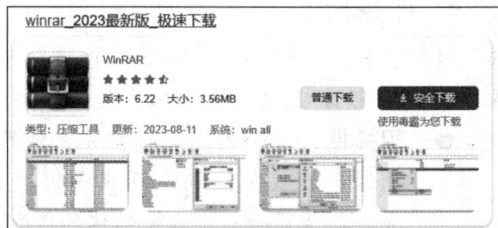

图2-14　软件下载式

- **步骤式**：主要用于显示操作步骤，会显示多张缩略图及步骤简略文本，如图2-15所示。
- **新闻资讯式**：会显示多条新闻的标题、发布网站及其发布时间，并会显示新闻的摘要信息，如图2-16所示。

图2-15　步骤式

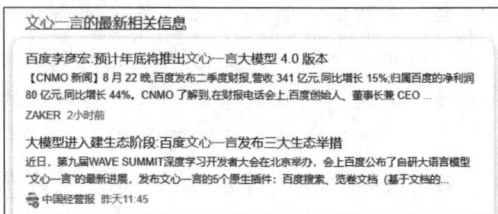

图2-16　新闻资讯式

## 2.5 搜索引擎的使用方法

SEO人员需要熟练掌握搜索引擎的使用方法，包括基本查询、高级查询和使用搜索引擎指令。下面分别进行讲解。

### ✿ 2.5.1 基本查询

搜索引擎的基本查询方法就是直接输入关键词进行查询。下面以百度为例进行讲解，其具体操作如下。

**步骤 01** 在浏览器中打开百度首页，在中间的文本框中输入要查询的关键词"电脑维修"，按【Enter】键或单击"百度一下"按钮，即可得到搜索结果，如图2-17所示。

**步骤 02** 单击右上角的"搜索工具"按钮，显示出搜索工具，再单击"站点内检索"按钮，在弹出的对话框的文本框中输入百度的网址，如图2-18所示，单击"确认"按钮，得到只在百度网站中的搜索结果。

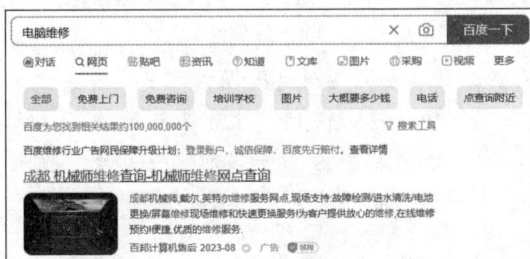

图2-17 搜索结果

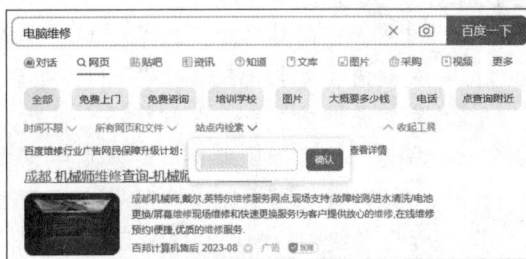

图2-18 输入网址

**步骤 03** 单击"所有网页和文件"按钮，在弹出的下拉列表中选择要搜索的文件格式，此处选择"PDF（.pdf）"选项，如图2-19所示。选择后将只显示搜索到的PDF文件，如图2-20所示。

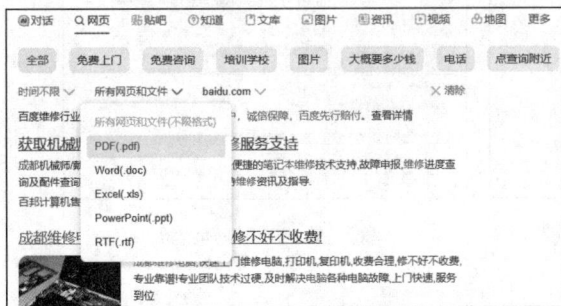

图2-19 选择文件格式

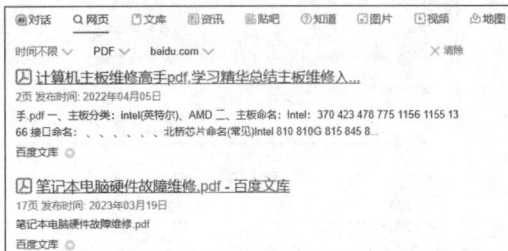

图2-20 只显示PDF文件

**步骤 04** 单击"时间不限"按钮，在弹出的下拉列表中选择要搜索的文件的发布时间，此处选择"一年内"选项，如图2-21所示。最终搜索结果为百度网站中一年之内发布的包含"电脑"和"维修"关键词的PDF文件，如图2-22所示。

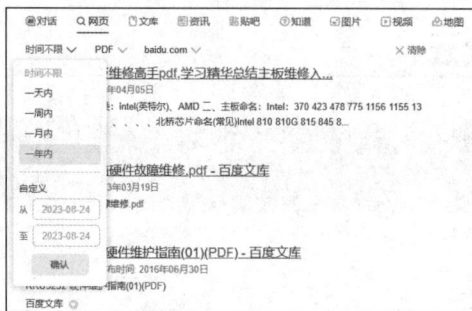

图2-21 选择发布时间

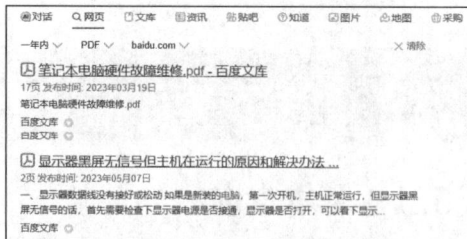

图2-22 最终搜索结果

## ✳ 2.5.2 高级查询

使用搜索引擎的高级查询方法可以在搜索时实现包含全部关键词、包含完整关键词、包含任意关键词或不包含关键词的功能，其具体操作如下。

高级查询

**步骤 01** 在百度主页面的右上角单击"设置"超链接，在弹出的下拉菜单中选择"高级搜索"命令，打开"高级搜索"对话框。

**步骤 02** 在"包含全部关键词"文本框中输入"成都 重庆"文本，要求查询的网页中同时包含"成都"和"重庆"两个关键词。在"包含完整关键词"文本框中输入"手机专卖店"文本，要求查询的网页中包含"手机专卖店"完整关键词，完整关键词不会被折分。在"包含任意关键词"文本框中输入"小米 华为"文本，要求查询的网页中包含"小米"或者"华为"关键词。在"不包括关键词"文本框中输入"苹果 三星"文本，要求查询的网页中不包含"苹果"和"三星"关键词，如图2-23所示。

**步骤 03** 单击"高级搜索"按钮完成搜索，结果如图2-24所示。

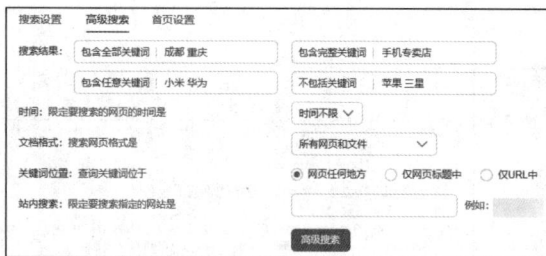

图2-23 高级搜索

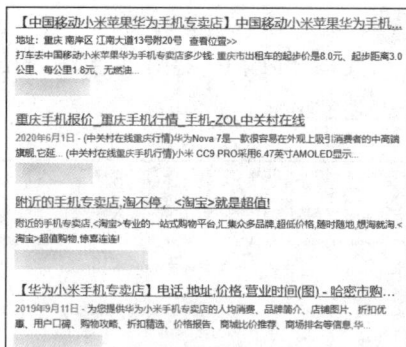

图2-24 高级搜索结果

### 📖知识链接

用户也可以直接在搜索文本框中输入"成都 重庆"手机专卖店"(小米|华为)-(苹果|三星)"文本实现高级搜索，其中，在关键词两侧加半角的双引号表示要包含的完整关键词；两侧加半角小括号，中间用竖线分隔表示要包含的任意关键词；在小括号前再加一个空格和-符号表示不包含的关键词。

## ❋ 2.5.3 使用搜索引擎指令

使用搜索引擎指令可以实现较多功能，如查询某个网站被搜索引擎收录的页面数量、查找URL中包含指定文本的页面、查找网页标题中包含指定的文本的页面等。下面分别进行介绍。

### 1. site指令

使用site指令可以查询某个域名被该搜索引擎收录的页面数量，其格式如下。

"site" + ":"（半角冒号）+网站域名

例如，在百度中查询QQ网站的收录情况，其具体操作如下。

**步骤 01** 在百度的搜索文本框中输入"site:qq.com"文本。

**步骤 02** 按【Enter】键得到查询结果，在其中可以看到该网站共有约74 400 000个网页被收录，如图2-25所示。

**步骤 03** 继续在搜索文本框中输入"site:www.qq.com"文本。

**步骤 04** 按【Enter】键得到查询结果，可以看到该网站只有12 873个页面被收录，如图2-26所示。

site 指令

图2-25 查看网站收录结果（1）　　　图2-26 查看网站收录结果（2）

### 2. inurl指令

使用inurl指令可以查询在URL中包含指定文本的网页，其格式如下。

"inurl" + ":"（半角冒号）+指定文本

"inurl" + ":"（半角冒号）+指定文本+空格+关键词

例如，在百度网站中查询所有URL中包含"music"文本的页面，以及URL中包含"music"文本同时页面关键词为"搜狐"的页面，其具体操作如下。

inurl 指令

**步骤 01** 在百度的搜索文本框中输入"inurl:music"文本，按【Enter】键得到查询结果，其中每个页面的网址中都包含"music"文本，如图2-27所示。

**步骤 02** 继续在搜索文本框中输入"inurl:music 搜狐"文本，按【Enter】键得到查询结果，其中每个页面的网址中都包含"music"文本，并且页面内容中还包含"搜狐"关键词，如图2-28所示。

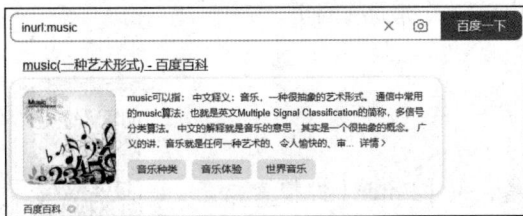

图2-27 输入"inurl:music"的搜索结果　　　图2-28 输入"inurl:music 搜狐"的搜索结果

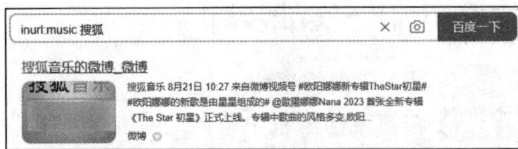

### 3. intitle指令

使用intitle指令可以查询在页面标题（<title>标签）中包含指定关键词的网页，其格式如下。

"intitle" + ":" （半角冒号）+关键词

例如，在百度中查询所有标题中包含"坚果"关键词的页面，其具体操作如下。

**步骤 01** 在百度的搜索文本框中输入"intitle:坚果"文本。

**步骤 02** 按【Enter】键得到查询结果，其中每个页面的标题中都包含"坚果"文本，如图2-29所示。

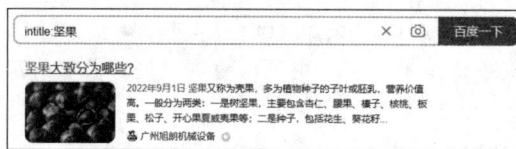

图2-29 输入"intitle:坚果"的搜索结果

## 2.6 行业实战

本章主要对搜索引擎的基本概念、类型及使用方法进行了介绍。本节将通过搜索引擎搜索"数多宝"网站的相关信息，以进一步了解产品。

### ✱ 2.6.1 实战背景

"数多宝"的工作人员为了能够更加高效、专业地完成SEO工作，经过反复讨论和慎重考虑，决定先通过搜索引擎搜索"笔记本电脑"关键词的相关信息，并重点查看与公司产品相关的"华硕""华为"等品牌的信息，且不查看"联想"品牌的信息。

### ✱ 2.6.2 实战要求

（1）在百度搜索中通过搜索引擎的基本查询方法查询包含"笔记本电脑"关键词的网页。

（2）使用高级查询方法查询包含"笔记本电脑"关键词、包含"华硕"或"华为"关键词、不包含"联想"关键词的网页。

（3）使用搜索指令在淘宝网站搜索页面中包含"笔记本电脑"关键词的网页。

（4）使用搜索指令搜索标题中包含"笔记本电脑"关键词的网页。

### ✱ 2.6.3 实战步骤

**步骤 01** 进入百度搜索的首页。

**步骤 02** 在搜索文本框中输入"笔记本电脑"文本，按【Enter】键搜索包含"笔记本电脑"关键词的网页，如图2-30所示。

**步骤 03** 在搜索文本框中输入"笔记本电脑(华硕|华为)-(联想)"文本，按

【Enter】键搜索包含"笔记本电脑"关键词，同时包含"华硕"或者"华为"关键词，不包含"联想"关键词的网页，如图2-31所示。

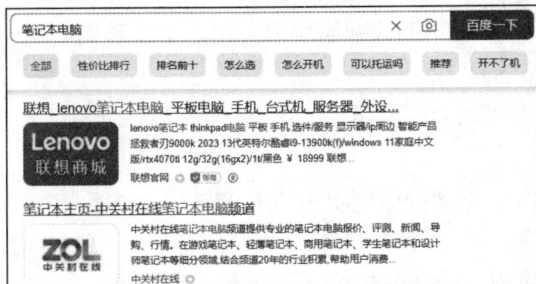

图2-30 使用基本查询的搜索结果

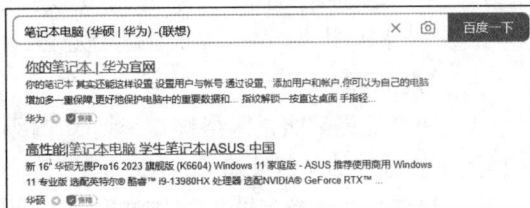

图2-31 使用高级查询的搜索结果

步骤04 在搜索文本框中输入"site:www.taobao.com 笔记本电脑"文本，按【Enter】键搜索淘宝网中包含"笔记本电脑"关键词的网页，如图2-32所示。

步骤05 在搜索文本框中输入"intitle:笔记本电脑"文本，按【Enter】键搜索页面标题中包含"笔记本电脑"关键词的网页，如图2-33所示。

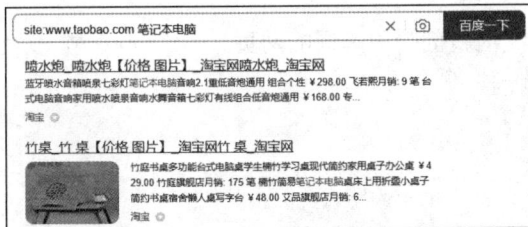

图2-32 使用site指令的搜索结果

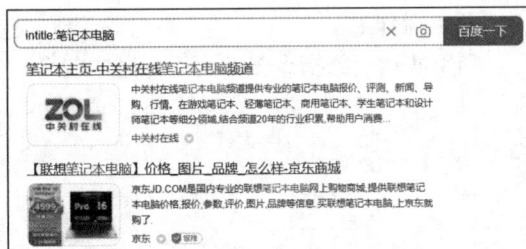

图2-33 使用intitle指令的搜索结果

### 职业素养

在当今快速变化的数字营销环境中，SEO技术也在不断发展和变化。因此，要想成为一名合格的SEO人员，需要不断学习和掌握新技术，以跟随SEO技术的发展和变化，这包括对最新的搜索引擎算法、新的SEO工具、行业趋势和竞争情况的了解。

## 课后练习

### 一、填空题

1. 搜索引擎的工作原理主要包括_____、_____、_____、_____和_____等方面的内容。

2. 网络蜘蛛爬行网页的策略包括_____、_____和_____。

**二、选择题**

1. 下列选项中，对搜索引擎发展时代描述正确的是（　　　）。
　A. 第一代搜索引擎：文本检索时代　　　B. 第二代搜索引擎：整合目录时代
　C. 第三代搜索引擎：分类分析时代　　　D. 第四代搜索引擎：用户中心时代

2. 下列选项中，不属于网络蜘蛛的爬行策略的是（　　　）。
　A. 深度优先　　　B. 高度优先　　　C. 最佳优先　　　D. 宽度优先

**三、判断题**

1. 深度优先策略是网络蜘蛛来到一个网页后，先爬行该网页上所有的链接，然后爬行下一层网页的链接的爬行策略。　　　　　　　　　　　　　　　　　（　　　）

2. 最佳优先策略是当网络蜘蛛到达一个网页时，会将其中的所有链接收集到地址库中，并对其进行分析，从中筛选出重要性较高的链接进行爬行的爬行策略。　　（　　　）

3. 百度权重是百度官方发布的网站权重数值。　　　　　　　　　　　　　（　　　）

**四、简答题**

1. 国内外主要的搜索引擎有哪些？简述其主要特点。

2. 简述搜索引擎的作用。

3. 简述搜索引擎的工作原理。

**五、操作题**

利用搜索引擎指令查询页面标题中包含"空气清新剂"关键词的网页。

# 第3章
# SEO的前期准备工作

在对一个网站进行SEO时，需要考虑一些问题。首先，需要进行SEO项目分析，这个过程包括确定网站的类型、关键词、推广目标及目标用户群体。通过仔细分析这些因素，可以制定一套有效的优化策略来提升网站的曝光度和排名。其次，寻找合适的域名和选择合适的网站空间也是非常关键的。一个好的域名能够提升品牌形象和网站的可信度，而一个高质量的网站空间则能够提供稳定的网站运行环境，并帮助搜索引擎更好地收录网站的内容。

## 🛒 知识目标

- 掌握SEO项目分析的方法。
- 掌握选择网站域名的方法。
- 掌握选择网站空间的方法。

## 🛒 素养目标

- 培养组织与策划能力，能够根据SEO的需要制订相应的优化计划。
- 培养发现问题的能力，能够挖掘事物的本质，为解决问题提供支持。

# (3.1) SEO项目分析

SEO的第一步是进行SEO项目分析，这一步对于网站的未来发展和展现效果至关重要。只有进行准确的分析并确定稳健的优化目标，才能制定出精准、高效的网站优化策略。

## ❋ 3.1.1 网站的市场定位

有些SEO人员或许认为网站的市场定位与SEO没有直接联系，但实际上网站的市场定位决定了SEO目标的明确性。如果忽视了网站的市场定位，将导致SEO目标模糊，进而无法保证优化效果。

那么，什么是网站的市场定位呢？网站的市场定位是指在目标市场中，网站及其产品所处的位置。它主要包括行业定位、商业模式定位和盈利模式定位3个方面。

### 1．行业定位

网站的行业定位是指明确网站内容与哪个行业相关，如是办公文具、体育用品还是数码产品等。行业定位对网站来说非常重要，它不仅能够帮助用户快速找到所需的内容，还能提供更好的用户体验，避免用户流失。

一个明确的行业定位有助于网站在市场中建立自己的品牌形象，并吸引目标用户群体。明确网站所处的行业后，能够更好地了解该行业的竞争态势、用户需求及潜在机会，同时为制定针对性的营销和推广策略提供方向。

### 2．商业模式定位

网站的商业模式定位是指明确网站能够为用户提供什么样的产品、给用户创造什么样的价值，从而获得盈利和收益。网站确定商业模式时，需要考虑到自身的核心竞争力、资源配置、盈利能力以及可持续发展性。下面介绍几种主要的商业模式。

- **跨界商业模式**：传统企业利用网站进行跨界营销，将产品直接推向用户，有效缩短流通渠道，降低成本并提高效率。通过跨界营销，企业能够更好地满足用户需求，并实现更大范围的市场覆盖。

- **免费商业模式**：通过提供免费的产品和服务吸引用户的注意力，将用户转化为流量，然后通过延伸价值链或增值服务实现盈利。这种商业模式注重用户规模的扩大和用户黏性的提高，在吸引足够数量的用户后，通过其他手段实现盈利。

- **线上+线下商业模式**：这种商业模式结合了线上交易和线下体验消费的特点。它包括两个场景：一是用户在线上购买或预订服务，然后到线下商户实地享受服务；二是用户通过线下实体店体验并选好商品，然后通过线上购买商品。这种模式能够给用户带来更灵活的消费方式，同时为商户提供更多的销售渠道。

### 3．盈利模式定位

网站的盈利模式定位主要决定了网站如何实现盈利，包括显示广告、销售产品、提供服务、售卖虚拟产品等。对一个网站而言，选择一个主要的盈利模式非常重要，其他盈利模式可以作为辅助手段。

## ❋ 3.1.2 竞争对手分析

在进行SEO前，对竞争对手进行分析是非常重要的一个环节。竞争对手分析主要有两个方面的作用，一是可以借鉴竞争对手网站的优点，二是可以将竞争对手的不足作为自己的特色。

进行竞争对手分析前，需要先收集竞争对手网站的数据，然后通过相关数据深入分析竞争对手的网站，其工作内容主要如下。

● **分析竞争对手网站的PR值**：如果竞争对手网站的PR值较高，则说明该网站的外部链接建设良好，要想在Google、百度等搜索引擎中超越该网站难度较大。

📖**知识链接**

百度等搜索引擎主要是通过外部链接来计算要推广的网站的权重的。网站的PR值越高，其拥有的优秀外部链接越多，那么它在搜索引擎搜索结果中的排名就会越高。

● **分析竞争对手网站的外部链接数量**：外部链接是指从别的网站导入自己网站的链接，外部链接数量是判断竞争对手网站的质量及其建设力度的重要因素。在进行外部链接查询时，需要注意两个方面的内容：一是分析竞争对手网站的外部链接数量，以及指向其网站首页的外部链接数量；二是分析竞争对手在哪些网站建设了外部链接。

● **分析竞争对手网站的外部链接质量**：外部链接不仅数量要多，质量也要高。因为高质量的外部链接直接决定着网站在搜索引擎中的权重。

● **分析竞争对手网站的收录量**：收录量的多少可以反映该网站权重的高低，通常网站的收录量越大，权重也就越高。

● **分析竞争对手网站的内容质量**：网站的内容质量可以对收录量造成影响。如果一个网站权重不高，但是有很多有价值的原创内容，其收录量也会很多。复制一段竞争对手网站中的内容，并在搜索引擎中进行查询，如果搜索结果中有很多相同的内容，那么该内容就不是原创的。如果竞争对手网站中的内容全是原创的，则本网站的超越难度较大。

● **分析竞争对手网站的更新频率**：查看竞争对手网站近期的更新频率，如在百度中查看网页的收录时间。如果其内容都是最近几天收录的，则说明竞争对手网站的更新很频繁，那么本网站的超越难度也较大。

● **分析竞争对手网站的内部链接**：一个网站的内部链接对整站优化的作用很大。内部链接可以提高内容页的权重，让内容页的排名靠前，从而带来更多的流量。另外，内部链接的合理分布也能让搜索引擎更好地检索整个网站，从而收录更多网页。

● **分析竞争对手网站的TDK设置**：TDK设置是指网页标题（title）、网页描述（description）和网页关键词（keyword）的设置，如图3-1所示。网站的标题和描述不能只是简单的企业名称或一句话，需要融入主要的关键词并具有意义。

```
▶<style type="text/css">...</style>
<meta charset="UTF-8">
<title>香水时代-新手入门知识|适合新手的香水|如何挑选香水-香水时代网NoseTime.com</title>
<meta name="keywords" content="香水指南,入门香水推荐,如何挑选香水,怎样选择适合自己的香水,香水入门知识">
<meta name="description" content="香水时代(NoseTime.com)提供香水学习指南,新手如何学习香水,香水入门推荐,适合新人的香水,如何挑选香水,怎样选择适合自己的香水">
<meta http-equiv="Cache-Control" content="no-transform ">
<meta http-equiv="Cache-Control" content="no-siteapp">
<link rel="shortcut icon" href="/favicon.ico" type="image/x-icon">
```

图3-1　网站的TDK设置

● **分析竞争对手网站的关键词排名**：分析竞争对手网站的关键词排名情况，可以了解竞争对手优化了哪些关键词及整体的优化情况如何等。本网站可以参考优化后的关键词及优化情况数据来制订自己的关键词优化计划。

- **分析竞争对手网站的用户体验**：一个网站怎样才算用户体验好？简单点说就是能够让大多数用户在较短的时间内找到他们想要的内容。分析竞争对手网站的用户体验较直接做法就是查看竞争对手网站中是否具有产品搜索、站内搜索、在线客服、留言系统、相关认证等内容。网站要想做好用户体验，就要通过合理布局，使用户从进入网站开始就产生信赖感，让用户觉得网站是正规且有保障的。

- **分析竞争对手网站的友情链接**：查看与竞争对手网站做交换链接的网站主要有哪些，是不是相关性强的网站，是不是高权重的网站，有没有不良网站等。如果这些友情链接的网站都是同类网站，那么会增加本网站超越竞争对手网站的难度。

- **分析竞争对手网站的流量**：网站流量分析可以判断出竞争对手网站的市场价值和市场占有率。分析竞争对手网站的流量，可以了解竞争对手所占的市场份额，从而判断出主要的竞争对手及其实力如何等。在计算网站流量时可以参考Alexa流量、百度关键词流量、360搜索流量等数据。通过这些数据可以估算出网站的大致流量。不过需要注意的是，由于查询结果是理想状态下的流量数据，所以会略高于网站实际的流量。

- **分析竞争对手网站的运行速度**：目前，搜索引擎已经将网站运行速度作为排名的一个重要因素。用户大多不愿意花费时间在运行速度较慢的网站上，因此，如果网站的运行速度较慢，则一般不会有好的排名和流量。

## ✳ 3.1.3　关键词分析

关键词对网站来说非常重要，合适的关键词会使网站在搜索引擎中获得更高的排名，从而获得更多的流量。关键词分析就是为网站筛选出所需的关键词并确定关键词优化目标的过程，这样就可以更好地达到预期的效果。

关键词分析主要包括以下5个方面的内容。

- **关键词范围分析**：在确定网站关键词时，应当设置合适的关键词范围。范围设置得太宽，不能精准定位客户需求，且增加了竞争难度；设置得太窄，又可能损失掉部分潜在用户。例如，对于一个只针对四川省用户销售一次性餐具的网站，那么"一次性餐具"关键词的范围就太大，而"成都一次性餐具"的范围又太小。

- **关键词竞争度分析**：要想在短时间内提升网站流量，建议不要把竞争非常激烈的关键词作为核心关键词，而应该选择一些竞争度适中的关键词作为核心关键词，这样不仅容易获得较好的排名，而且也不会花费太多的时间。

- **用户搜索习惯分析**：不同的用户所关注的事物和内容是有差异的，因此关键词应当符合目标用户的搜索习惯。例如，小苏打即碳酸氢钠，对关键词"小苏打"和"碳酸氢钠"而言，如果网站的目标用户是普通大众，那么使用"小苏打"作为关键词更合适；如果目标用户是专业人士，则用"碳酸氢钠"会更合适。

- **网站相关度分析**：与网站内容相关的关键词，不仅可以正确指引用户，还可以使网站在搜索引擎中获得较高的排名。例如，一个关于化妆品的网站，它的关键词应当和化妆品相关，如"粉底液""化妆品购物网站""什么牌子的香水好"等；而不能设置与化妆品无关的关键词，如"婚纱摄影""运动鞋""运动健身"等。

- **流行度分析**：在设置关键词时，还要分析关键词的流行度。如果一个关键词的流行度过高，那么想通过该关键词上搜索引擎首页是比较困难的。这是因为流行度高的关键词一般竞争都比较激烈。当然也不能选择一些流行度过低的关键词，流行度过低的关键词是相对冷门的关键词，搜索的用户很少，即使排名很高，也不能给网站带来较多流量。所以，在设置关键词时，一定要细致分析关键词的流行度。

通过上述分析，会得到一系列关键词；然后可以根据关键词排名的难易程度及关键词的指数等情况，确定关键词的优化目标。

## ✳ 3.1.4  客户需求分析

一个网站要想长期生存下去，就必须了解用户有哪些需求。例如，对一家空调公司的网站来说，用户会希望从其中了解该公司的空调有哪些型号，每个型号的性能和价格是怎样的，购买后怎么进行配送和安装，出现故障时如何维修、谁来维修，保修期是多长等，这些都是客户的需求。在各个行业中，不同的用户有不同的需求，那又该如何对用户的需求进行分析呢？主要有以下3种方法。

● **通过搜索引擎下拉列表进行分析**：在百度等搜索引擎的搜索文本框中输入关键词时，会弹出下拉列表，其中会显示与输入的关键词相关的内容，这就是最近一段时间内一些用户搜索的内容，搜索量按照从上到下的顺序依次递减。图3-2所示为输入"空调"关键词后搜索引擎下拉列表显示的内容。

● **通过相关搜索进行分析**：在百度等搜索引擎中搜索某个关键词后，在搜索结果页面的底部有一个"相关搜索"栏目，其中会显示一些与搜索的关键词相关的关键词，如图3-3所示。

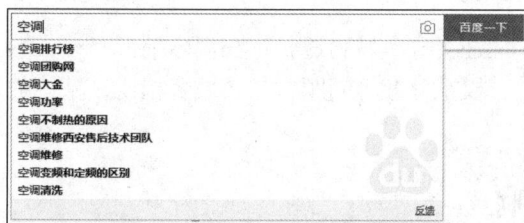

图3-2  输入"空调"关键词后搜索引擎下拉列表中显示的内容

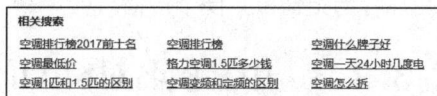

图3-3  "相关搜索"栏目

● **通过百度指数进行分析**：百度指数是一个以分析海量网民行为数据为基础的数据分析平台，是当前互联网中重要的数据分析平台之一。通过它可以知道某个关键词在一段时间内的涨、跌趋势，还可以添加与这个词相关的其他关键词来进行比较。图3-4所示为"空调"和"空调不制冷"关键词的百度指数对比结果。从中可以看出，"空调"关键词的百度指数在2023年8月有大幅度的增长，"空调不制冷"关键词在2023年7月初有小幅增长。

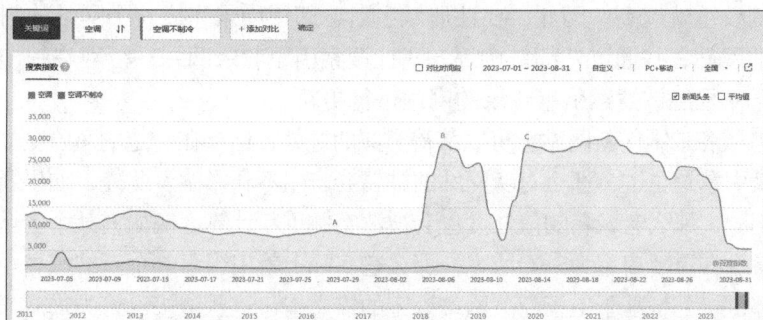

图3-4  百度指数

## 3.2 寻找合适的域名

网站的域名一旦选定，就不能够再做任何更改。因此，必须选择一个容易记忆并且包含站点重要关键词的域名，这样才可以更好地对网站进行优化。

### 3.2.1 域名的种类对SEO的影响

根据级别的不同，域名可以分为国际域名、国家（地区）顶级域名和国内域名。

- **国际域名**：国际域名全世界通用，其后缀包括用于公司和商业机构的.com、用于网络服务的.net、用于非营利性组织的.org、用于政府部门的.gov和用于教育机构的.edu等。
- **国家（地区）顶级域名**：国家（地区）顶级域名是区分不同国家与地区的域名，例如.cn代表中国、.jp代表日本等。
- **国内域名**：这里的国内域名特指中国国内域名，以.cn结尾，如.com.cn（中国公司和商业机构）、.net.cn（中国网络服务）、.org.cn（中国非营利性组织）、.gov.cn（中国政府部门）、.edu.cn（中国教育机构）等。

### 3.2.2 域名的长短对SEO的影响

注册域名时，如果其中包含目标关键词，往往会导致域名过长。在很多情况下，长域名并不会给网站带来优势，因为会产生用户体验差、权重分散等问题。与长域名相比，精练的短域名更加容易记忆，且便于传播。

### 3.2.3 中文域名对SEO的影响

中文域名是含有中文的新一代域名，其作用与英文域名相同，注册后可以对外提供Web、E-mail、FTP等服务。随着中文域名的流行与普及，目前Google、Yahoo、百度等搜索引擎已经支持收录中文域名的网站。不过，有些浏览器并不支持中文域名，而且输入也不方便，用户的体验并不好。所以综合来看，英文域名还是首选。

### 3.2.4 域名存在时间的长短对SEO的影响

域名在搜索引擎中存在时间的长短对SEO会产生影响。一个网站在搜索引擎中存在的时间越长，其获得的权重就越高。因此，在注册域名后，即使尚未完成整个网站的制作，也应该先发布一个简单的网站，并通过外部链接等方式让搜索引擎收录网站；待网站制作完成后，再重新发布，相当于对已经被搜索引擎收录的网站进行更新。

通过购买老域名来制作新网站也可以获得类似的好处，但存在一定的风险。如果该域名的原始网站曾被搜索引擎处罚过，那么对新网站的排名会产生不利影响。此外，如果新网站的内容与原始网站完全不同，那么老域名的信任度也会被清空并重新计算。例如，某个老域名曾经是一个电子商务网站，现在重新启用为SEO博客，那么它实际上就相当于一个新的域名了，之前建立的友情链接和外部链接都是基于电子商务网站设定的锚文本，这些链接也将失去意义。另外，之前与该域名相关的外部链接将变成无效链接，搜索引擎在抓取这些链接时会对其产生怀疑。

## ✳ 3.2.5　选取域名的注意事项

域名在用户寻找网站的过程中起着重要的作用。尽管用户可以通过搜索引擎来搜索他们想要的网站，但网站的名称是可以重复的。如果其他网站的权重更高，在用户搜索相同的名称时，本网站可能就没有什么优势可言了。然而，域名是独一无二的，每个网站都有不同的域名。因此，在推广网站时，通常使用域名来配合网站的名称（品牌）进行宣传，以避免用户进入错误的网站，造成分流。在选取域名时应注意以下事项。

- **要尽量短小易记**：为了使用户迅速记住网站的域名，域名应当短小易记，可以使用企业名称或品牌名称的汉语拼音或缩写形式，也可以使用数字加英文或拼音等形式的域名。例如，某招聘网站的域名为51job.com，就是采用的数字谐音加英文单词的形式，可以理解为"我要工作"，既短小又方便记忆。
- **不要使用非主流的后缀**：.com、.cn、.net等常见的域名后缀不仅容易记忆，并且搜索引擎也会给予其更高的权重。而像.cc、.ai、.im、.me等非主流的域名后缀，很多是一些小国家或地区的顶级域名，由于管理较为松懈，容易被不法分子用来制作非法网站，因此搜索引擎给予其的信任度也是较低的。
- **不要和其他域名混淆**：在注册域名时，不要设置成和知名域名相类似的域名，否则容易让用户造成误解，不利于自己网站的推广。
- **与核心业务相关**：一个好的域名应该与公司的核心业务相关，让用户一看到域名就知道网站的主要业务，这样的域名不仅便于记忆，还有利于网站的推广。如销售书籍的网站，域名中可以包含books；与网络营销相关的网站，域名中可以包含yingxiao等。
- **尽量避免文化冲突**：一些域名在本国是通俗易懂的，但在其他国家或地区就有可能与当地的文化传统相违背，从而遭到抵制。所以在选择域名时，特别是对国际化的网站来说，应该尽量避免使用可能引起文化冲突的域名。
- **域名与网站名关联**：通常情况下，用户最容易记住网站的名称，因此域名应尽可能使用与网站名称相同的拼音、英文全称或缩写形式。这对品牌的传播和SEO都是非常有利的。

## 🔵 3.3　选择合适的网站空间

网站空间是网站的重要组成部分，是存放网站内容的地方。网站打开速度的快慢、网站的稳定性，都与网站空间有很大关系。因此，选择一个合适的网站空间，不仅有利于提升用户体验，还有利于提升网站在搜索引擎搜索结果中的排名。

## ✳ 3.3.1　网站空间提供商的选择

建设网站时，如果选择自己建立服务器，不仅需要购置服务器计算机、铺设光纤，还需要学习复杂的服务器配置和维护的相关专业知识。这对中小企业来说成本太高。所以，企业可以在网上选择网站空间提供商，利用其提供的虚拟主机、云服务器等搭建自己的网站。

互联网上有很多网站空间提供商，如万网、西部数码和新网等，下面简要介绍。

### 1．万网

万网是阿里云旗下的品牌，提供域名注册、云服务器、虚拟主机、企业邮箱、网站建设等相关服务。万网的首页如图3-5所示。

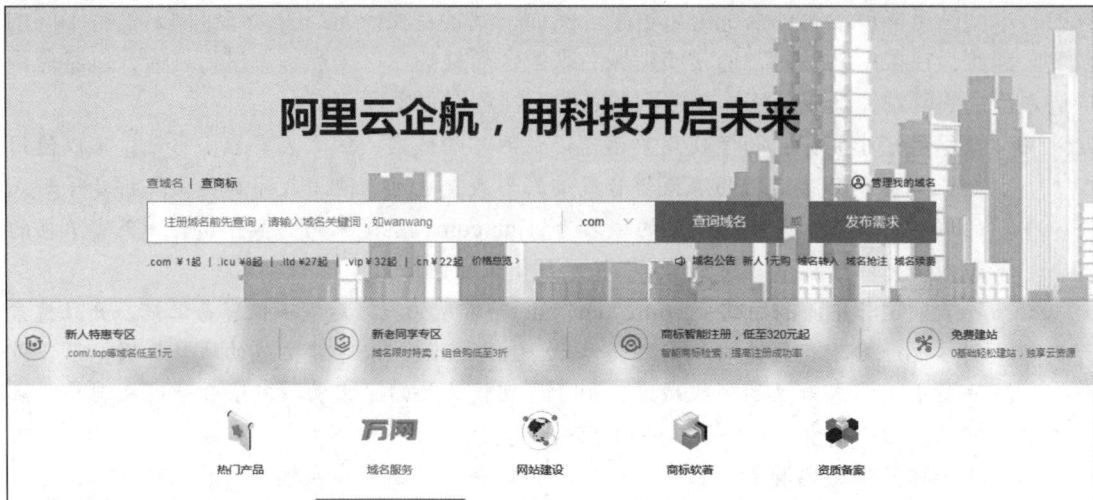

图3-5　万网的首页

### 2．西部数码

西部数码的服务项目包括域名注册、域名抢注、虚拟主机、云服务器、企业邮箱等。西部数码的首页如图3-6所示。

图3-6　西部数码的首页

### 3．新网

新网的服务种类很丰富，涉及网络的各个方面。新网在全国的代理非常多，服务也因地而异，是国内比较有名的主机空间商之一。新网的首页如图3-7所示。

图3-7 新网的首页

## ❋ 3.3.2 网站空间类型的选择

常用的网站空间类型主要有虚拟主机和云服务器两种。虚拟主机是一种发展了较长时间的技术，随着技术的不断成熟，其价格也越发便宜，成为众多中小企业网站和个人网站的首选。近几年，云计算的出现衍生出了云服务器。这时，很多人便不知是选择技术比较成熟的虚拟主机，还是选择新兴的云服务器。下面就先对虚拟主机和云服务器进行介绍，然后对相应的选择进行说明。

### 1．虚拟主机与云服务器

虚拟主机主要利用虚拟技术将一台物理服务器划分成多个"虚拟"服务器，其关键技术在于即使在同一个硬件、同一个操作系统上运行着多个用户打开的不同的服务器程序，它们也互不干扰；并且每一台虚拟主机的表现和独立主机并没有什么差别。但是虚拟主机也有缺点，由于是多个用户共享一台服务器，所以其访问速度及流量会受到一定的限制。

云服务器又称云主机，是一种简单高效、安全可靠、处理能力可弹性伸缩的计算服务。云服务器具有独立的带宽和IP地址，用户可以根据需求自主安装各种操作系统和配置相应的运行环境，可以按需购买，升级方式也比较灵活。此外，云服务器还提供双重备份功能，这使网站数据更加安全。

### 2．虚拟主机与云服务器的选择

虚拟主机与云服务器是两种不同类型的网站空间，企业在选择时应当参考自身网站的特点。

● 如果网站暂时不能带来收益且预算较低，建议选择虚拟主机，因为虚拟主机价格便宜，是中小企业网站和个人网站的首选。

● 在安全防护方面，云服务器要强于虚拟主机。

● 虚拟主机的软件配置，防病毒、防攻击等安全措施都由专业服务商提供，通常只需要几分钟的时间就可以开通相关服务，网站建设的效率非常高。因此，如果缺乏技术人员，可以选择虚拟主机。

● 如果企业预算充足、网站规模较大、对安全性要求较高，则可以选择云服务器。虚拟主机的性能限制比较严格，如流量限制、空间限制等。当网站发展到一定规模后，其性能就会成为网站发展的障碍。而云服务器可以在不断网的情况下很灵活地对带宽、空间大小、CPU、内存等进行升级。

## ✱ 3.3.3  网站空间速度对SEO的影响

网站空间的速度会影响搜索引擎对网站页面的收录效率，每个网站在搜索引擎中都有一个权重值，搜索引擎会根据网站权重值分配一个与之对应的抓取总时间。网站权重越高，分配的时间就越长。如果网站速度较慢，搜索引擎抓取一个页面的时间就会很长，抓取页面的数量就会减少，这样就会影响网站的收录页面数量。因此，网站空间速度将直接影响SEO的效果。此外，网站空间速度还会影响用户体验，如果客户在挑选产品准备下单时页面打开速度特别慢，就可能降低用户的购买欲望，造成订单流失。

## ✱ 3.3.4  网站空间稳定性对SEO的影响

如果网站空间不稳定、经常死机，必然会影响搜索引擎对网站页面的收录。如果网站无法访问，搜索引擎蜘蛛就无法进入网站内部爬行页面，更不能进行抓取。这样不但无法及时更新页面内容，而且会让搜索引擎认为网站已经关闭，从而降低抓取频率。如果网站经常出现打不开的情况，企业应及时更换网站空间服务商。

## ✱ 3.3.5  网站空间必要功能的支持

在对网站进行优化时，经常需要对网站空间的功能进行设置，但是某些网站空间（主要是虚拟主机）并不支持相关功能设置，从而导致无法对网站进行优化。因此，在购买网站空间时，需要了解网站空间是否具备以下必要功能。

### 1. 是否支持404页面设置功能

用户在浏览网页时，经常会遇到404错误。例如，网页URL生成规则发生改变、网页文件更名或移动位置、导入链接拼写错误等，都可能导致原来的URL地址无法访问。这时服务器会返回一个404状态码，告诉浏览器要请求的资源并不存在。如果没有设置404页面，在浏览器中将提示该页面无法显示或404.0-Not Found等信息，如图3-8所示，此时用户只能关闭网页。

在设置了404页面后，当用户打开的页面不存在或链接错误时，会打开设置的404页面，在该页面中可以引导用户使用网站的其他页面或直接跳转到网站的首页，而不是关闭网页并离开。图3-9所示为百度百科的404页面，该页面将自动跳转到百度百科的首页。

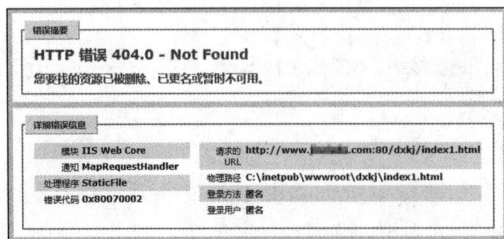

图3-8  404错误

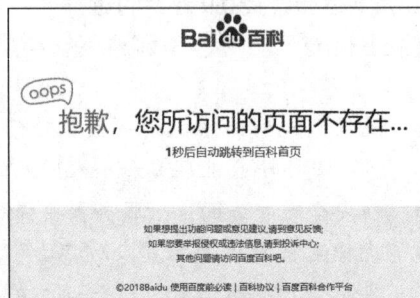

图3-9  百度百科的404页面

### 2．是否支持网站日志下载功能

网站日志文件是记录Web服务器接收处理请求以及运行错误等各种原始信息的文件，扩展名为.log。通过网站日志文件，网站的相关人员可以获取用户访问网站的情况，包括IP地址、访问时间、使用的操作系统、使用的浏览器、显示器分辨率、访问的页面、是否访问成功等信息。

对从事SEO的人而言，通过网站日志文件可以获取搜索引擎蜘蛛爬行网站的情况，包括搜索引擎蜘蛛名称、IP地址、访问时间、访问次数、访问了哪些页面、访问页面时返回的状态码等。上述数据都能让SEO人员有针对性地对网站进行优化调整。

### 3．是否支持301重定向功能

在网站建设中，可能会遇到需要网页重定向的情况，例如，改变网站的目录结构、移动网页的位置、改变网页的扩展名等。在这些情况下，如果不进行重定向，用户收藏夹或搜索引擎数据库中的旧地址只能让访问用户得到404错误信息，让访问量白白流失。另外，若网站注册了多个域名，也需要通过重定向功能让用户的访问自动跳转到主站点。

网页"自动转向"技术较多，301重定向是其中非常重要也非常可行的一种方法。在设置301重定向后，用户或搜索引擎向网站服务器发出浏览请求时，服务器返回的HTTP数据流的头（header）信息中包含301状态码，用于告诉浏览器本网页永久性地转移到另一个地址。

## 3.4 网页编辑的基础知识

在互联网上，有很多免费的网站系统。企业根据建站目的选择合适的系统，然后按照说明进行安装即可快速建立一个网站。建站系统包括企业网站系统、博客系统、网店系统和论坛系统等。这些系统已经非常完善，受到搜索引擎的青睐，企业利用这些系统进行SEO也比较方便。

### 3.4.1 认识HTML网页文件

网页文件是指使用HTML编写的、扩展名为.html的文件。网页中可以添加文本、图片、超链接、音乐和视频等内容。HTML的版本有很多，目前的最新版本是HTML5，其基本结构如下。

```
01  <!DOCTYPE html>
02  <html>
03    <head>
04      <title></title>
05      <meta></meta>
06      <style></style>
07      <link />
08      <script></script>
09    </head>
10    <body>
11      ......
12    </body>
13  </html>
```

其中各部分作用如下。

- **第01行**：用于对网页进行声明，告诉浏览器以怎样的规则来显示页面内容，<!DOCTYPE html>为HTML5的写法。
- **<html>标签**：第02行的<html>和第13行的</html>标签之间是整个网页的内容，必须包含一个<head>标签和一个<body>标签。
- **<head>标签**：第03行的<head>和第09行</head>标签之间是HTML文件的"头"部分，主要用于设置网页的各种属性、样式和脚本等内容，其中可以包含<title>、<meta>、<style>、<link>和<script>等标签。
- **<title>标签**：第04行的<title>标签用于设置网页的标题。
- **<meta>标签**：第05行的<meta>标签用于设置网页的各种属性信息，如作者、网页描述、关键词和页面刷新等。
- **<style>标签**：第06行的<style>标签用于设置网页中显示内容的CSS（串联样式表）样式。
- **<link>标签**：第07行的<link>标签用于引入各种外部文件，常用于引入外部CSS样式文件。
- **<script>标签**：第08行的<script>标签用于添加脚本程序或引入外部脚本文件。
- **<body>标签**：第10行的<body>和第12行的</body>标签之间为网页的主体部分，其内部结构非常复杂，可以包含多种不同类型的标签。

## ❈ 3.4.2 掌握HTML标签

标签是HTML的基本单位，每一个标签都是由<开始、以>结束的。标签通过指定信息来标识文档中的内容。本小节介绍HTML 中常用的一些标签。

### 1. 文本标签

文本标签主要用来设置网页中的文本效果，如文字的大小、粗细等。文本标签是写在<body>标签内部的。

常用的文本标签介绍如下。

- **<h1>～<h6>**：这 6 个标签为文本的标题标签，<h1>标签用于设置字号最大的标题，而<h6>标签则用于显示字号最小的标题。
- **<b>**：文本加粗标签，用于设置需要加粗的文本。
- **<i>**：文本倾斜标签，用于设置需要倾斜的文本。
- **<em>**：文本强调标签，用于设置需要强调的文本。
- **<strong>**：该标签用于设置需要加重的文本，即粗体的另一种表示方式。
- **<font>**：该标签用于设置文本的字体、字号和颜色，对应的属性分别为 face、size和color。

### 2. 图像标签

图像是网页中不可缺少的元素之一，HTML中使用<img>标签对图像进行处理。在<img>标签中，src属性是不可缺少的，该属性用于设置图像的路径。设置图像的路径后，在网页中就能够显示出路径所链接的图像。其基本应用格式如下。

```
<img src="images/item1.png" />
```

<img>标签除了有 src 属性之外，还包含一些其他的属性，介绍如下。

- alt：用于设置图像的提示性文本。
- align：用于设置图像与其周围文本的对齐方式，共有 4 个属性值，分别为 top、right、bottom和 left。
- border：用于设置图像边框的宽度，该属性的值为大于或等于 0 的整数，以像素为单位。
- width：用于设置图像的宽度。
- height：用于设置图像的高度。

### 3．格式标签

格式标签主要用于对网页中的各种元素进行排版布局。格式标签放在HTML文件中的<body>与</body>标签之间。格式标签可以定义文本段落格式、对齐方式等。其基本应用格式如下。

```
<body>
 <center>这里显示的文本将会居中</center>
 <p>这里显示的是一个文本段落</p>
</body>
```

常用的格式标签介绍如下。

- <p>：用于定义一个段落，在该标签之间的文本将以段落的格式在浏览器中显示。
- <br>：换行标签。
- <center>：居中标签，可以使页面元素居中显示。
- <dl>、<dt>、<dd>：<dl>标签用于创建普通的列表，<dt>标签用于创建列表中的上层项目，<dd>标签用于创建列表中的下层项目。其中，<dt>标签和<dd>标签一定要在<dl>标签中使用。
- <ol>、<ul>、<li>：<ol>标签用于创建有序列表；<ul>标签用于创建无序列表；<li>标签用于创建列表项，只能在<ol>标签或<ul>标签中使用。

### 4．表格标签

在HTML中，表格标签是开发人员常用的标签，尤其是在DIV+CSS（DIV+CSS是一种网页布局方法，可实现网页页面内容与表现相分离）布局还没有被广泛应用的时候，它是网页布局的主要方法。表格的标签是<table></table>，在表格中可以放入任何元素，其基本应用格式如下。

```
<table>
  <tr>
    <td>这是一个一行一列的表格</td>
  </tr>
</table>
```

表格常用属性介绍如下。

- width：用于设置表格的宽度。
- height：用于设置表格的高度。

- cellpadding：用于设置表格中单元格边框与单元格中内容之间的距离。
- cellspacing：用于设置表格中单元格之间的距离。
- border：用于设置表格的边框。
- align：用于设置表格的水平对齐方式。
- bgcolor：用于设置表格的背景颜色。

**5．超链接标签**

超链接可以说是HTML文件的命脉，HTML通过超链接标签来整合分散在"世界各地"的图像、文本、视频和音频等信息，此类标签的主要用途为标识超文本文件的链接。<a>、</a>是超链接标签，其基本应用格式如下。

```
<a href="http://www.qq.com">打开腾讯网首页</a>
```

超链接一般是设置在文本或图像上的，单击设置了超链接的文本或图像，可以跳转到其链接的页面。超链接标签的主要属性介绍如下。

- href：属性值为超链接指定目标页面的地址，如果不想链接到任何位置，则可以设置为空链接，即 href="#"。
- target：用于设置链接的打开方式，有_blank、_parent、_self、_top和new 4个属性值。设置为_blank，则在新的标签页中打开链接；设置为_parent，则在上一级框架中打开链接；设置为_self，则在当前框架中打开链接；设置为_top，则在定义的顶级框架中打开链接；设置为new，则在新的浏览器窗口中打开链接。
- name：用于创建锚记链接。

**6．分区标签**

在 HTML 文件中常用的分区标签有两个，分别为<div>标签和<span>标签。

其中，<div>标签称为区域标签（又称为容器标签），用来作为多种 HTML 标签组合的容器，对该区域进行操作和设置，就完成了对区域中元素的操作和设置。

使用<div>标签能让网页代码具有很高的可扩展性，其基本应用格式如下。

```
<body>
    <div>这里是第一个区域的内容</div>
    <div>这里是第二个区域的内容</div>
</body>
```

<span>标签用来作为片段文本、图像等简短内容的容器，其意义与<div>标签类似，但是和<div>标签是不一样的。<span>标签是文本级标签，默认情况下是不会占用整行的，可以在一行显示多个<span>标签。<span>标签常用于段落、列表等项目中。

## ❋ 3.4.3　使用Dreamweaver编辑网页文件

Dreamweaver CC 2020提供了代码视图、拆分视图、实时视图、设计视图，以满足不同的编辑需求。

- **代码视图**：在代码视图中，可以方便地对网页的HTML代码进行编辑和修改。
- **拆分视图**：通过拆分视图，可以在进行页面的可视化编辑与制作的同时，实时查看相应的 HTML 代码，这样可以更加高效地进行页面的设计工作。

- **实时视图**：通过实时视图，设计人员可以随时查看所制作页面的实际效果，从而及时进行调整和优化。
- **设计视图**：设计视图可以帮助设计人员进行可视化的页面编辑与制作，设计人员可以根据自身需求选择并使用相应的工具和功能。

下面将在Dreamweaver CC 2020的代码视图中编写一个HTML页面。

**步骤 01** 选择"文件"→"新建"命令，打开"新建文档"对话框，按图3-10所示进行设置。单击"创建"按钮，创建一个 HTML 页面。单击文档工具栏中的"代码"按钮，切换到代码视图，可以看到页面的代码，如图3-11所示。

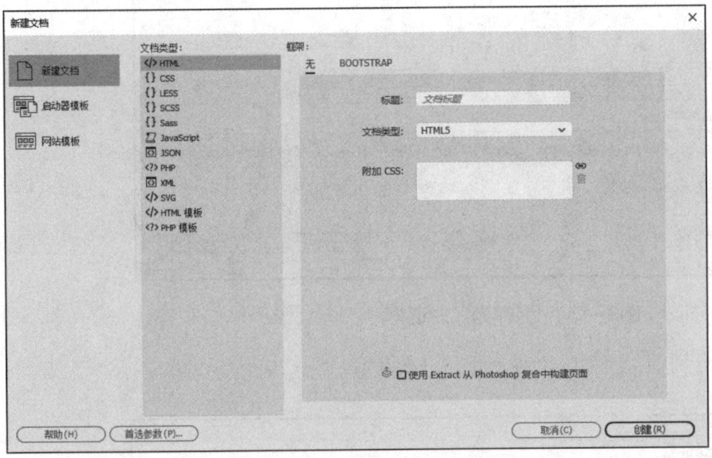

使用 Dreamweaver
编辑网页文件

图3-10 "新建文档"对话框

图3-11 页面代码

**步骤 02** 在页面HTML代码中的<title>与</title>标签之间输入页面标题，在<body>与</body>标签之间输入页面的主体内容，如图3-12所示。

图3-12 输入页面代码

**步骤 03** 选择"文件"→"保存"命令，打开"另存为"对话框，将文件保存为网页文件（配套资源：效果\第3章\3-1.html），如图3-13所示。

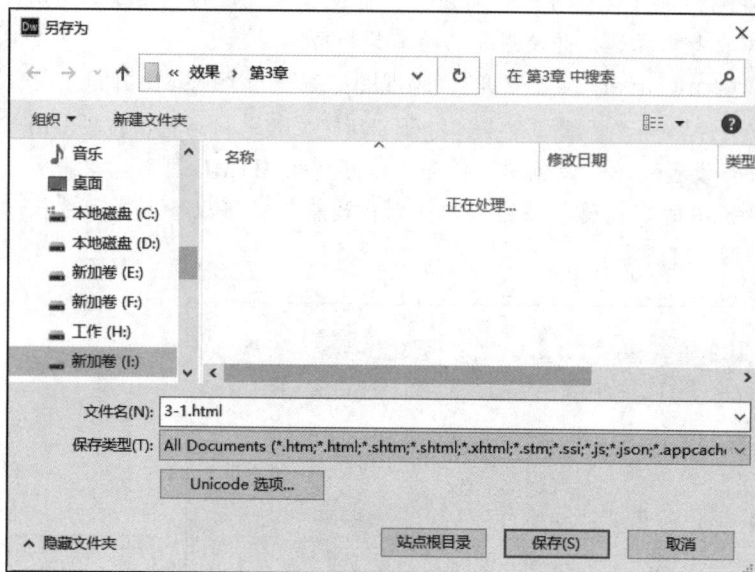

图3-13 "另存为"对话框

**步骤 04** 在浏览器中打开保存的网页文件，效果如图3-14所示。

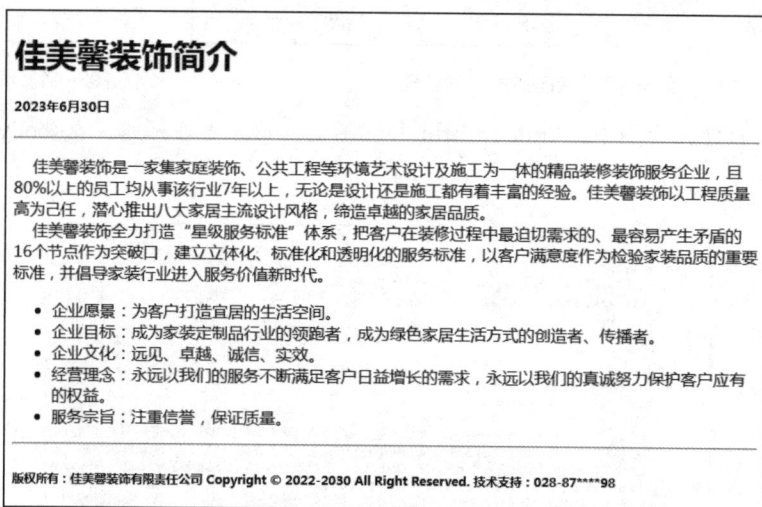

图3-14 网页效果

# 3.5 行业实战

本章主要介绍了SEO的前期准备工作，包括SEO项目分析，寻找合适的域名、选择合适的网站空间以及网页编辑的基础知识等。本节将为"成都宠物商店"网站选择适合进行SEO的域名和网站空间。

## ✳ 3.5.1　实战背景

"成都宠物商店"是一家专注于宠物销售的商店，致力于为各类宠物提供高品质且多元化的产品与服务。"成都宠物商店"主要销售狗、猫等小型哺乳动物和鸟类宠物的用品，并为宠物提供护理服务，现在准备在互联网上进行推广，决定建设"成都宠物商店"网站。为了使网站在搜索引擎中获得更好的排名，"成都宠物商店"需要选择适合进行SEO的域名和网站空间。

## ✳ 3.5.2　实战要求

（1）为"成都宠物商店"网站选择一个合适的域名，并在万网中进行注册。

（2）为"成都宠物商店"网站选择一个合适的网站空间并购买。

## ✳ 3.5.3　实战步骤

步骤 01　进入万网的首页，注册并登录后，在域名文本框中输入要注册的域名文本"mmcpetshop"，单击"查询域名"按钮，如图3-15所示。其中"mmc"为"萌萌宠"的汉语拼音首字母，"pet"为"宠物"的英文，"shop"为"商店"的英文，这样意思很明确，便于用户记忆，同时包含要优化的关键词。

行业实战

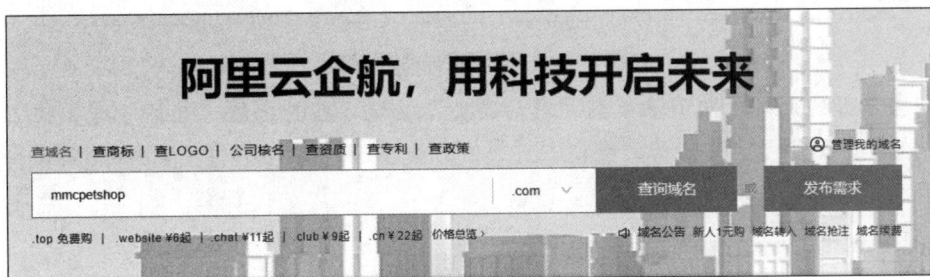

图3-15　输入域名

步骤 02　在打开的页面中可以看到"mmcpetshop.com"还没有被注册，根据需要单击相应域名右侧的"加入清单"按钮将该域名添加到域名清单，然后单击"域名清单"按钮，如图3-16所示。

步骤 03　在打开的"域名清单"列表中单击"立即购买"按钮，如图3-17所示。

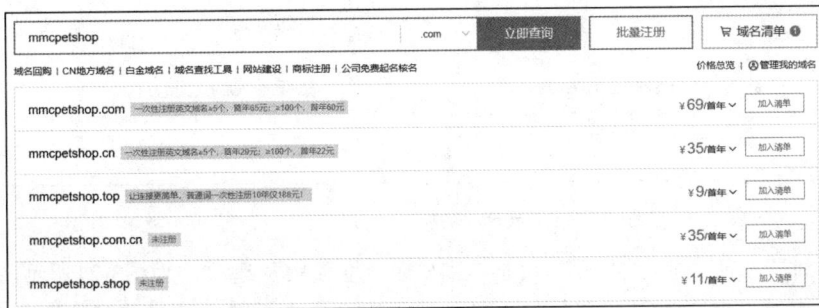

图3-16　选择域名

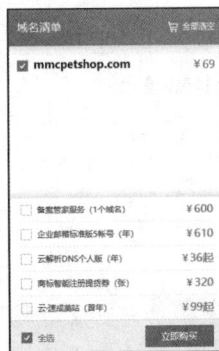

图3-17　域名清单

步骤04 此时将打开"确认订单"页面，在其中设置域名的购买年限和域名持有者的信息，并选中"我已阅读，理解并接受〔域名服务条款〕"复选框，然后单击"立即购买"按钮，在打开的"支付"页面中支付款项后，即可完成域名的购买。

步骤05 在网页上方的搜索文本框中输入"虚拟主机"文本，如图3-18所示，再单击"搜索"按钮。

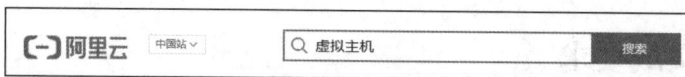

图3-18　搜索"虚拟主机"

步骤06 在打开的网页中单击"产品详情"按钮，如图3-19所示。

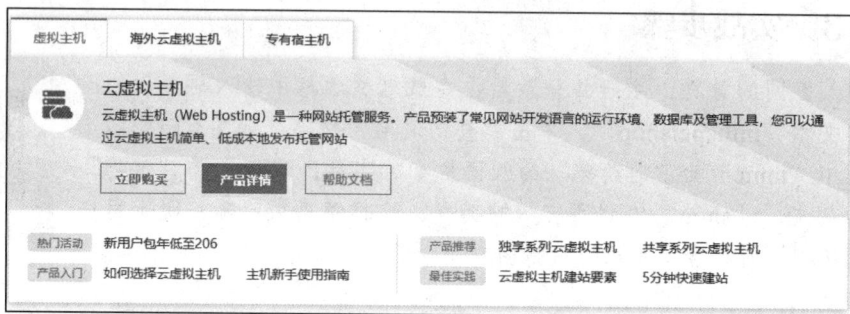

图3-19　单击"产品详情"按钮

步骤07 在打开的网页中向下滚动到"产品功能"区域，在其中的"文件管理"和"环境设置"中可以看到阿里云的虚拟主机支持网站日志下载、301重定向和404错误页面设置功能，如图3-20所示。

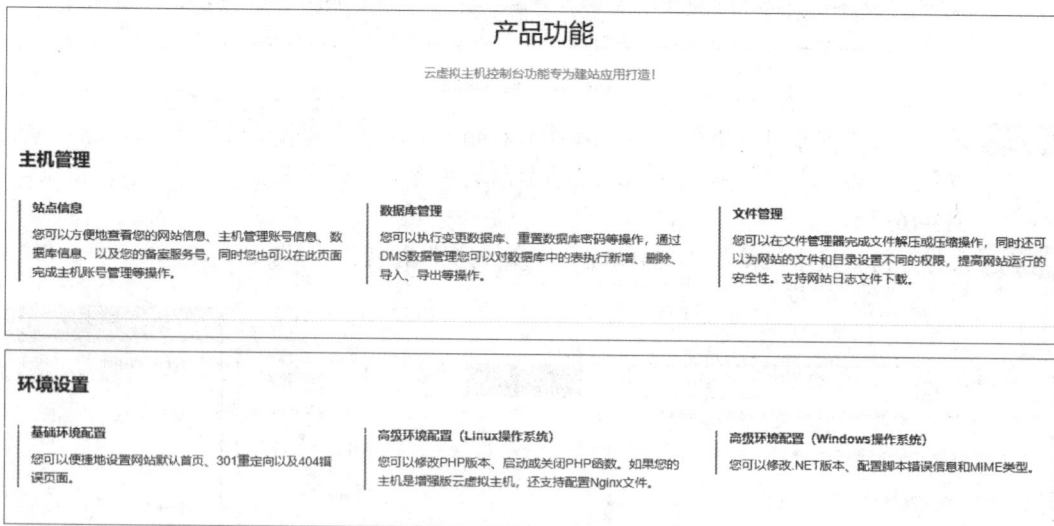

图3-20　查看产品功能

步骤08 向上滚动网页到"产品规格"区域，单击"独享标准增强版"选项，如图3-21所示。

步骤09 在打开的网页中可以对服务器的配置做更详细的调整，完成后单击"当前配置"栏中的"立即购买"按钮，如图3-22所示。

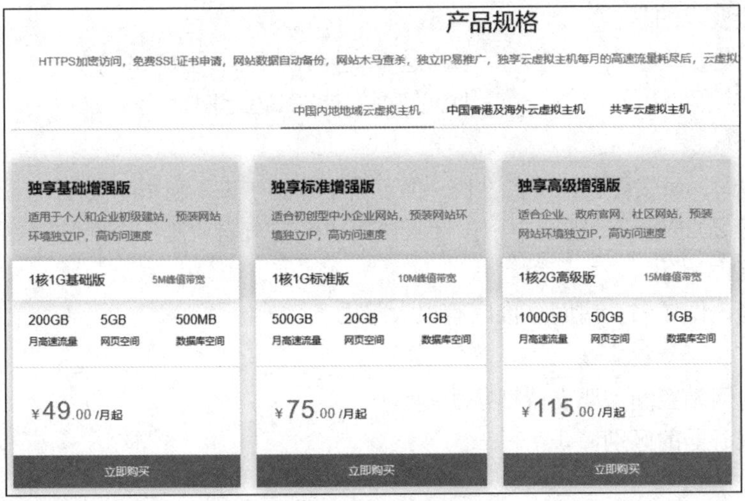

图3-21　选择虚拟主机

图3-22　"当前配置"栏

**步骤 10** 此时将打开"确认订单"页面，选中"我已阅读，理解并接受〔网页独享虚拟主机标准增强版在线服务条款〕"复选框，然后单击"立即购买"按钮，在打开的"支付"页面中支付款项后，即可完成网站空间的购买。

### 📖 职业素养

在注册域名时，SEO人员需仔细考察，确保域名不会侵犯他人的商标和版权。域名侵犯商标和版权将对网站形象和信誉造成负面影响。SEO人员注册域名时必须慎重，既要保护自身权益，也要尊重他人的知识产权。

## 📊 课后练习

### 一、填空题

1. 网站的市场定位主要包括_____、_____以及_____3个方面的内容。

2. 域名根据级别的不同可以分为_____、_____与_____等。

3. _____标签用于显示需要加粗的文本，_____标签用于显示需要倾斜的文本。

### 二、选择题

1. 不同的域名有不同的含义，下列选项中，属于国际域名的是（　　）。

　　A．.cn　　　　　　B．.com　　　　　　C．.net.cn　　　　　D．.com.cn

2. 下列关于域名的选择，说法错误的是（　　）。

　　A．域名要短小易记　　　　　　　　C．可以使用较为独特的域名后缀

　　C．应尽可能与网站名称相同　　　　D．不要和其他域名混淆

3. 不属于网站空间功能要求的是（　　　）。

　　A. 是否支持二次开发　　　　　　　　B. 是否支持404页面设置功能

　　C. 是否支持网站日志下载功能　　　　D. 是否支持301重定向

### 三、判断题

1. 域名中包含目标关键词，虽然会导致域名过长，但不会给网站带来不利影响。（　　　）

2. 在Dreamweaver CC 2020的设计视图中，设计人员可以随时查看所制作页面的实际效果，从而对网页及时进行调整和优化。（　　　）

3. 使用与品牌相关的词语做域名，对网络推广有很大帮助。（　　　）

### 四、简答题

1. 简述适合进行SEO的网站空间需要支持哪些功能。

2. 简述虚拟主机与云服务器的区别。

### 五、操作题

"茶缘坊"是一家专业的茶叶销售网站，致力于为茶叶爱好者提供高品质、正宗的茶叶产品。请为"茶缘坊"选择一个合适的域名。

# 第 4 章

# 网站基础优化

网站基础优化是SEO的重要组成部分，包括优化网站结构、避免蜘蛛陷阱、限定抓取范围、URL优化等。这些优化不仅能使网站准确体现其主要内容和内容之间的逻辑关系，有利于网络蜘蛛的爬行和抓取，还能让用户更快地获取所需信息，从而吸引更多精准用户。

## 🛒 知识目标

- 了解网站的结构。
- 掌握避免蜘蛛陷阱的方法。
- 掌握限定搜索引擎抓取范围的方法。
- 掌握URL优化的方法。

## 🛒 素养目标

- 培养独立思考和分析问题的能力。
- 培养创新设计和解决问题的能力。
- 培养团队协作和沟通的能力。

# 4.1 网站结构

网站结构是指通过网站文件夹和文件的存储位置来呈现的组织结构。良好的网站结构对于SEO至关重要，对保证搜索引擎友好性和用户体验有着重要的影响。常见的网站结构主要有两种：扁平网站结构和树形网站结构。

## ❋ 4.1.1 扁平网站结构

扁平网站结构是指将网站的所有页面都保存在网站根目录下。这种结构可使网络蜘蛛的抓取效率较高（因为网络蜘蛛只需要一次访问就可以遍历整个网站的所有页面），有助于网站被更好地检索和提高排名。扁平网站结构如图4-1所示。

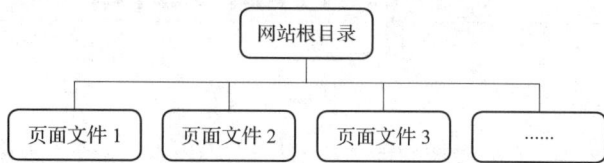

图4-1 扁平网站结构

通常情况下，扁平网站结构更适用于相对简单的小型网站。而对大型网站来说，由于网页数量较多，如果大量的网页文件都存放在网站根目录下，将增加整个网站组织、查找和维护工作的难度。

## ❋ 4.1.2 树形网站结构

树形网站结构是指将网站中的网页文件按照类别和从属关系保存到不同的文件夹和子文件夹中。这种结构的优势在于具有清晰的类别层次和高识别度，使得管理和维护变得非常方便。同时，搜索引擎在处理树形网站结构的内部链接时，也更易于传递权重。图4-2所示为树形网站结构，适用于内容类别多且内容量大的综合性网站。

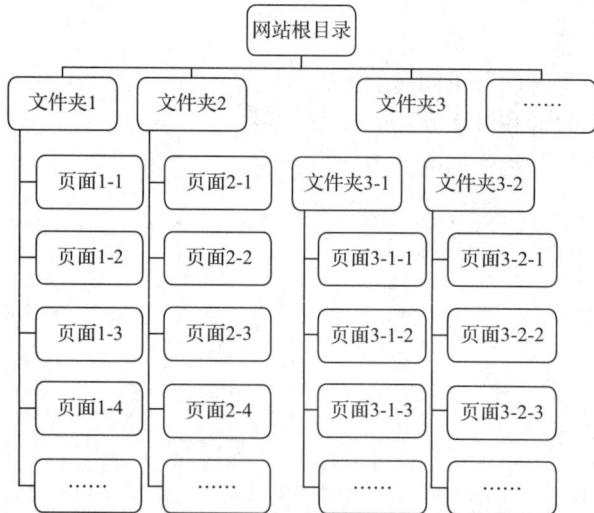

图4-2 树形网站结构

　　随着树形网站结构层次的增加，可能会导致网络蜘蛛的收录速度下降。此外，如果网站的结构过于密集，还可能导致网站混乱、链接复杂等问题，从而严重影响网络蜘蛛的工作效率。因此，对树形网站结构来说，栏目组织和链接优化非常重要。树形网站结构的文件夹通常包含多个不同层级，如图4-3所示。

- **一级文件夹**：在一级文件夹中，应该存放最重要或对网站运行有帮助的文件，包括网站的首页文件、系统文件、网站地图文件等，其中还包括下级目录文件夹。
- **二级文件夹**：二级文件夹主要用于区分不同的内容，比如前端文件，后台管理、配置文件和日志记录文件等。例如，admin文件夹保存了控制网站后台的文件、图片和更新文章等；includes文件夹保存网站所需要的公用文件，如图片、CSS样式文件和JavaScript脚本文件等；contents文件夹存放着网站的主要内容，如商品信息和服务信息；log files文件夹则用来保存网站的日志文件。
- **三级文件夹**：三级文件夹主要保存各类内容文件，是对二级文件夹的再次细分，可以降低二级文件夹的维护量。

图4-3　网站文件夹分级

## 4.2 避免蜘蛛陷阱

　　蜘蛛陷阱是指一些影响网络蜘蛛爬行的网页制作技术，虽然这些技术可以提升显示效果或增强交互性，但会对网络蜘蛛造成困扰。为了使搜索引擎能够更好地收录网页内容，需要消除这些蜘蛛陷阱。下面介绍几种常见的蜘蛛陷阱。

### 4.2.1 Flash

　　Flash曾经是一种非常流行的网站设计技术，许多网页设计师都倾向于使用Flash来制作网站的首页、导航甚至整个网站。然而，使用Flash存在一些问题。首先，网络蜘蛛无法读取Flash中的文字以了解其内容。此外，它们也无法通过抓取Flash中的链接来访问网站的其他页面。所以，Flash技术如今已经被淘汰，绝大多数浏览器都已经停止支持Flash。

为了解决这些问题，可以考虑使用HTML5等新的网页制作技术来取代Flash。HTML5可以提供类似的特效和交互效果，同时保证搜索引擎能够正确索引和抓取网页的内容。

### 4.2.2 Session ID

为了分析用户的信息，一些网站会使用Session ID来进行跟踪。每次用户访问网站时，URL中会添加一个Session ID信息。然而，同样的情况也适用于网络蜘蛛的访问。每当网络蜘蛛访问网站时，URL中都会添加一个Session ID，这将导致同一页面URL不同的情况出现。由于这种重复内容的存在，搜索引擎会降低对网页的爬行效率。

### 4.2.3 JavaScript链接

为了实现特殊效果的导航，一些网站使用了大量的JavaScript，并且网页链接基本上都是通过JavaScript来实现的。尽管搜索引擎可以跟踪、解析和分析JavaScript链接，但为了提高网站对搜索引擎的友好度，使网页更容易被网络蜘蛛爬行，应该尽量避免使用JavaScript来实现链接。

解决方法是在网页代码中添加<noscript>标签，并在其中为不支持JavaScript的浏览器提供备选代码。这样，网络蜘蛛可以通过<noscript>标签中的链接来抓取其他网页。通过这种方式，我们可以确保即使浏览器不支持JavaScript，用户仍然能够正常访问网站的其他页面。

### 4.2.4 动态URL

动态URL是指由符号或网址参数组成的动态生成的网页URL。尽管随着搜索引擎技术的发展，网络蜘蛛已经能够更好地抓取动态URL的网页，但从搜索引擎友好度的角度来看，静态URL（甚至是伪静态URL）相对更有优势。

### 4.2.5 登录要求

有些网站要求用户在注册、登录之后才能访问页面，然而这对网络蜘蛛来说并不友好。网络蜘蛛无法进行注册，更不能输入用户名和密码进行登录。对网络蜘蛛来说，只有那些直接点击便可以查看的网页才是可以爬行的网页。

因此，对于那些公开展示且不仅限于会员访问的页面，就没有必要将其设置为需要登录才能访问。只有将这些页面设为公开可见，它们才有可能被搜索引擎收录。

### 4.2.6 跳转

一些网站采用了大量的跳转方式，如JavaScript跳转、MetaRefresh跳转、Flash跳转、302跳转等。这样设置跳转后，用户打开网页时会被自动转向其他网页，而且大部分的转向都是没有合理理由的。这种做法是非常不可取的，因为任何跳转都会在一定程度上给网络蜘蛛的爬行带来障碍，同时还可能涉嫌欺骗用户和搜索引擎。

如果确实有必要使用跳转，推荐使用301永久跳转。这种跳转方式可以传递权重，同时将原始页面的排名和权重转移到目标页面上。除此之外的其他跳转方式都不建议使用。

### ❋ 4.2.7　强制使用cookie

为了实现某些功能，一些网站会采用强制使用cookie的方式，如跟踪用户的访问路径、记住用户信息，甚至可能涉及盗取用户的隐私信息等。如果用户在访问这类网站时没有启用cookie，所显示的页面可能会无法正常工作。

对搜索引擎来说，这种强制使用cookie的网站同样会对网络蜘蛛的正常访问造成障碍。网络蜘蛛无法像普通用户一样启用或接受cookie，因此无法正确加载和解析这类网站的内容。使用其他技术手段（如会话标识、本地存储等），可以达到相似的功能效果，且不会对搜索引擎和网络蜘蛛的访问造成障碍。

### ❋ 4.2.8　框架结构

早期的网站出于对网站页面维护方便性的考虑，大量采用了框架结构。这样的结构确实能够简化网站的维护工作。然而，随着各大内容管理系统（Content Management System，CMS）的发展和普及，现在的网站维护变得更加简单，因此框架结构在许多网站中已经较少使用。

另外，使用框架结构也对搜索引擎的收录不利。框架结构常常对搜索引擎的蜘蛛造成困扰，从而导致其无法正确解析和收录网页的内容。

### ❋ 4.2.9　深层次的网页

在某些网站中，有些页面与网站的首页距离较远，用户需要进行多次点击才能访问到这些页面，这些远离首页的页面很难被网络蜘蛛抓取到。要使网站中的页面能够被搜索引擎有效收录，页面需要具有一定的权重。一般来说，首页的权重是最高的，然后通过链接传递给下一层的页面。每向下一层传递一次，页面的权重会降低一次。当权重降低到一定程度时，搜索引擎就不再收录对应页面。因此，为了使页面更容易被搜索引擎收录，应尽量缩短内部页面和首页的距离。这样可以确保页面获得更多的权重，从而增加被收录的机会。

## ❖ (4.3)　限定搜索引擎抓取范围

网站中有些内容不希望被搜索引擎抓取，如一些不重要的内容、不对外开放的内容或由网友生成的内容。这时可以使用robots.txt文件或nofollow标签属性等来告诉搜索引擎不要抓取这些内容，以避免分散重要内容的权重。

### ❋ 4.3.1　使用robots.txt文件

robots.txt文件是一个文本文件，可以使用任意文本编辑软件对其进行编辑，如Windows系统自带的记事本。robots.txt文件的主要功能是指导网络蜘蛛，告诉它们网站上的哪些文件可以被访问。使用robots.txt文件可以屏蔽掉一些较大的文件，如图片、音乐和视频等，以节省服务器的带宽。此外，它还可以用来屏蔽网站中不需要对外公开的内容，如网站后台管理文件等。此外，robots.txt文件还可以用来避免网站上的死链接被搜索引擎抓取。

当网络蜘蛛访问一个网站时，会先检查该网站根目录下是否存在robots.txt文件。如果存在，网络蜘蛛会根据文件中的内容来确定其访问的范围。如果不存在，网络蜘蛛将访问所有没有被口令保护的页面。这种精巧的机制使得网站管理员可以精确地控制哪些信息可以被搜索引擎看到，以及哪些文件可以被访问等。

### 1．robots.txt文件的结构

robots.txt文件通常以一行或多行User-agent开始，后面加上若干Disallow和Allow行，最后通常还会有一个Sitemap行，如下面这段代码。

```
01    User-agent:baiduspider
02    Disallow:/folder1/
03    Allow:/dolder1/myple.html
04    Disallow:/admin/*?*
05    Disallow:*.asp$
06    Sitemap: http://www.abc**123.com/sitemap.xml
```

各行代码的含义如下。

- **User-agent**：该项的值用于描述网络蜘蛛的名字。如第01行中的"baiduspider"表示是百度的网络蜘蛛，第02行和第03行的设置将只对百度的网络蜘蛛有效。在robots.txt文件中至少要包含一条User-agent记录，如果将该项的值设为*，则表示对所有搜索引擎有效。
- **Disallow**：该项的值用于描述不希望被访问的URL。这个值可以是一条完整的URL，如"/folder1/index.html"，表示不允许访问"folder1"文件夹下的"index.html"文件；也可以是URL的前缀，以该前缀开头的所有URL都不允许访问，例如"/folder1/"表示不允许访问"folder1"文件夹下的所有文件和文件夹。如果Disallow的值为空（即"Disallow:"），表示允许访问网站中的所有URL。在robots.txt文件中，至少要有一条Disallow记录，否则所有搜索引擎都可以访问网站中的所有URL。
- **Allow**：该项的值用于描述希望被访问的URL，与Disallow项一样，URL可以是一条完整的路径。一个网站的所有URL默认都是允许被访问的，所以Allow通常与Disallow搭配使用，首先利用Disallow禁止访问某个文件夹中的所有URL，然后利用Allow来允许访问其中可以被访问的URL。
- **Sitemap**：表示网站地图文件的URL，网络蜘蛛会根据该URL找到网站地图文件。

在Disallow和Allow行中还可以添加*通配符和$结束符，其作用如下。

- **\*通配符**：表示任意长度的字符，如第04行表示禁止抓取"admin"文件夹下的所有带"?"的URL。
- **\$结束符**：表示URL结束，后面没有任何字符，如第05行表示禁止抓取所有以".asp"结尾的URL。注意这里不能直接写成"Disallow:*.asp"，因为如果不加结束符"$"，则"asp"后面还可以跟任意字符，如".aspx"".asp?id=001"等，这些都会被禁止访问。

## 2．robots.txt文件实例

下面列举几个robots.txt文件的实例。

（1）允许所有搜索引擎访问所有URL，其代码如下。

```
01    User-agent:*
02    Disallow:
```

（2）所有搜索引擎都不允许访问"admin"文件夹下的所有URL，百度可以访问"admin"文件夹下带"?"的URL，其代码如下。

```
01    User-agent:*
02    Disallow:/admin/
03    User-agent:baiduspider
04    Allow:/admin/*?*
```

（3）不允许Google访问以".asp"结尾的URL，其代码如下。

```
01    User-agent:googlebot
02    Disallow:/*.asp$
```

第02行不能直接写成"Disallow:/*.asp"，因为若不加结束符"$"，则"asp"后面还可以跟任意字符，如".aspx" ".asp?id=001" ".aspx?name=Tom"等，它们都会被禁止访问。

## 3．使用工具生成robots.txt文件

robots.txt文件中包含很多指令，编写起来比较复杂，所以，互联网上有很多在线工具可以生成该文件，这样就方便多了。下面使用站长工具网站中的"robots.txt文件生成"工具生成robots.txt文件。

使用工具生成
robots.txt文件

步骤 01 进入站长工具网站，将鼠标指针移动到"热门工具"导航上，在弹出的区域中单击"robots.txt生成"超链接，如图4-4所示。

| 首页　SEO优化∨　权重查询∨　热门工具∧　星网词库∨　API接口∨　更多∨ |

| Whois域名查询 | IP查询 | ICP网站备案查询 HOT | HTTP状态查询 |
| 查询域名Whois信息 | 查询IP的详细信息 | ICP网站备案查询详细信息 | 网站HTTP状态检测 |
| Whois实时批量查询 NEW | IP实时批量查询 NEW | ICP备案实时批量查询 NEW | HTTP状态实时批量查询 NEW |
| 大批量查询域名Whois实时信息 | 大批量查询IP实时信息 | 大批量查询域名备案实时信息 | 大批量查询网址HTTP状态实时信息 |
| 查看网页源代码 | 编码转换 | robots.txt生成 | DNS查询 |
| 网页源代码查看和解密 | Unicode编码多种转换 | 指定或禁止蜘蛛抓取内容 | 查询网站DNS详细信息 |

图4-4　单击"robots.txt生成"链接

步骤 02 此时将进入"robots文件生成"页面，在其中可以设置要限制访问的目录、网站地图（Sitemap）、检索间隔以及搜索引擎等内容，如图4-5所示。

步骤 03 设置完成后，单击"生成"按钮，将在下面的文本框控件中生成robots.txt文件内容，如图4-6所示。

步骤 04 将其中的内容复制到文本文件中并保存为"robots．txt"文件，然后将文件上传到网站的根目录中。

图4-5 "robots文件生成"页面

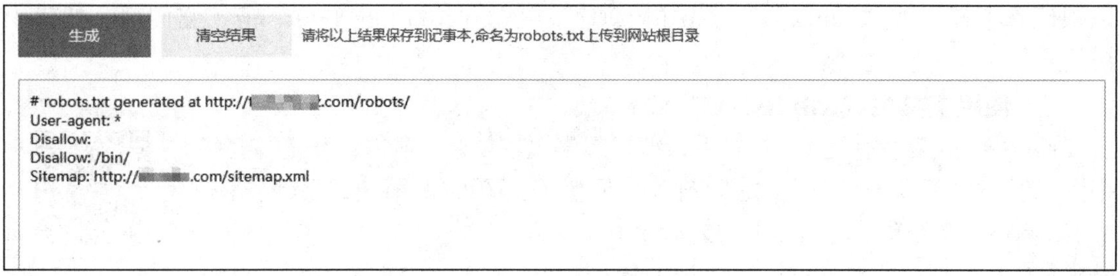

图4-6 生成robots.txt文件内容

## ✳ 4.3.2 使用nofollow标签属性

反向链接即外链，是搜索引擎对网站排名的重要参考因素。一些SEO作弊者会在论坛或博客等网页中大量发布带链接的内容，以便为自己的网站带来外部链接。这些"垃圾链接"会给原论坛或博客网页质量的评估带来麻烦，这时就可以在网页中加入nofollow标签属性，告诉搜索引擎"不要追踪此网页上的所有链接"或"不要追踪某个特定链接"。

另外，对于网站中不太重要的内容，也可以为通向这部分内容的链接添加nofollow标签属性，降低这部分网页的权重，使权重向重要的网页集中。

📖知识链接

nofollow标签属性是由Google领头创新的一个"反垃圾链接"标签属性，并被百度、雅虎等各大搜索引擎广泛支持，其作用是指示搜索引擎不要抓取网页中带有nofollow标签属性的任何出站链接，以降低"垃圾链接"占用的网站权重值。

nofollow标签属性通常有以下两种使用方法。

（1）写在<meta>标签中。将nofollow标签属性写在<meta>标签中，可以让搜索引擎不抓取该网页上的所有链接，包括外部链接和内部链接，其具体代码如下。

```
01  <html>
02      <head>
03          <meta name="robots" content="nofollow" />
04          <meta charset="UTF-8">
05          <title>nofollow标签属性写在<meta>标签中</title>
06      </head>
07      <body>
08      </body>
09  </html>
```

（2）写在超链接中。将nofollow标签属性写在超链接中，可以让搜索引擎不抓取该网页上的特定链接，其具体代码如下。

```
01  <html>
02      <head>
03          <meta charset="UTF-8">
04          <title>nofollow标签属性写在超链接中</title>
05      </head>
06      <body>
07          <a rel="nofollow" href="url">链接文本内容</a>
08      </body>
09  </html>
```

# 4.4 URL优化

URL是用户浏览网页及搜索引擎抓取网站的入口，其长度和复杂程度会影响搜索引擎对网页的抓取、收录和排名，所以对URL进行优化非常重要。URL优化包括URL规范化和URL静态化等。

## 4.4.1 URL规范化

很多网站在制作的过程中，会产生很多不规范的URL，导致出现多个不同的URL指向同一个页面的情况。但对搜索引擎而言，不同的URL所对应的就是不同的页面。不规范的URL会分散从上级页面传递下来的权重，从而影响网站的排名。URL规范化就是从多个不规范的URL中挑选一个最合适的URL来作为页面的URL。

### 1. 产生不规范的URL的原因

产生不规范的URL的原因主要有以下8种。

- **是否包含www**：在很多网站中，当其域名的主机名为www时，www是可以省略的。这样，一个网页的URL就会有包含www和不包含www两种情况，如图4-7所示，这两个URL都指向网站根目录下的默认网页文件。
- **是否包含默认网页文件名**：当要访问的网页是某个文件夹中的默认网页文件时，它在URL中是可以省略的，这样也会产生包含默认网页文件名和不包含默认网页文件名两种情况，如图4-8所示，这两个URL都指向news文件夹下的默认网页文件。

| http://abc.com<br>http://www.abc.com | http://www.abc.com/news<br>http://www.abc.com/news/index.html |
|---|---|

图4-7　是否包含www　　　　　　　　　图4-8　是否包含默认网页文件名

- **末尾是否包含"/"**：当一个URL指向一个文件夹时，文件夹名称后可以有"/"，也可以没有"/"，如图4-9所示，这两个URL都指向news文件夹下的默认网页文件。
- **是否为加密网址**：有些网站由于设置错误，让加密网址（https）和非加密网址（http）可以同时访问，如图4-10所示。

| http://www.abc.com/news<br>http://www.abc.com/news/ | http://www.abc.com<br>https://www.abc.com |
|---|---|

图4-9　是否包含"/"　　　　　　　　　图4-10　是否为加密网址

- **URL中有端口号**：网页服务的端口为默认的80端口时，它在URL中通常是省略的。如果URL包含端口号，就会产生两种URL，如图4-11所示。
- **包含跟踪代码**：有些网站为了跟踪用户信息，会在URL后面添加跟踪代码，如图4-12所示，这样会产生多个不同的URL。

| http://www.abc.com:80/<br>https://www.abc.com | http://www.abc.com/?affid=100<br>http://www.abc.com/?affid=50 |
|---|---|

图4-11　URL中有端口号　　　　　　　　图4-12　包含跟踪代码

- **网站程序**：有些CMS经常会出现一篇文章可以通过几种不同的URL进行访问的情况。
- **URL静态化设置错误**：这会使同一篇文章有多个静态URL，或者文章的静态URL和动态URL共存。

## 2. 不规范的URL的危害

网站出现多个不规范的URL并不会给用户访问网页造成麻烦，但是会影响搜索引擎的收录，主要有以下5个方面。

- 分散网站页面的权重，不利于网站排名。
- 搜索引擎收录的URL可能不是最合适的URL。
- 影响网站页面的收录量。
- 重复页面过多，搜索引擎可能会认为网站有作弊嫌疑。
- 对搜索引擎来说，浪费资源和带宽。

### 3．如何解决URL不规范的问题

要解决URL不规范的问题，主要应做好以下4点。

● 现在很多网站都是通过CMS制作的，在选择CMS时，应当考虑使用不会产生不规范的URL的CMS。

● 所有内部链接要保持统一，如确定URL包含www为规范网址后，网站的所有内部链接都要统一包含www。

● 对一些老网站进行更新时，原有的很多URL虽说不是很规范，但已经被搜索引擎收录或被其他网站链接使用，全部废弃不用是不可取的，这时可以通过301跳转把不规范的URL跳转到新的规范化的URL上，这样还可以将原有的权重传递过来。

● 使用canonical属性让搜索引擎只收录最权威的URL，从而避免产生重复内容。

## ✳ 4.4.2　使用301跳转

301跳转又称301重定向，是一种非常重要的自动转向技术。301是当用户或网络蜘蛛向网站服务器发出访问请求时，服务器返回的HTTP数据流中头信息部分中的状态码的一种，它表示本网址永久性转移到另一个URL。

使用301跳转可以将原URL的权重传递给目标URL，例如，将原URL用301跳转重定向到目标URL，搜索引擎就可以认定原URL永久性改变，并把目标URL当作唯一的有效目标。而且更重要的是，原URL积累的页面权重将被传递到目标URL。

根据网站服务器和使用的服务器端脚本程序的不同，301跳转的设置方法也不一样，下面分别进行讲解。

在 IIS管理器中设置 301跳转

### 1．在IIS管理器中设置301跳转

下面在IIS管理器中设置301跳转，其具体操作如下。

步骤 01 打开IIS管理器，在窗口左侧的"连接"栏中选择要定向的网站。在中间的功能模块中双击"HTTP重定向"按钮，如图4-13所示。

图4-13　双击"HTTP重定向"按钮

步骤 02 在打开的"HTTP重定向"界面选中"将请求重定向到此目标"复选框，并在下方的文本框中输入要跳转到的域名，选中"将所有请求重定向到确切的目标（而不是相对于目标）"复选框，在"状态代码"下拉列表中选择"永久（301）"选项，在右侧的"操作"栏中单击"应用"按钮完成设置，如图4-14所示。

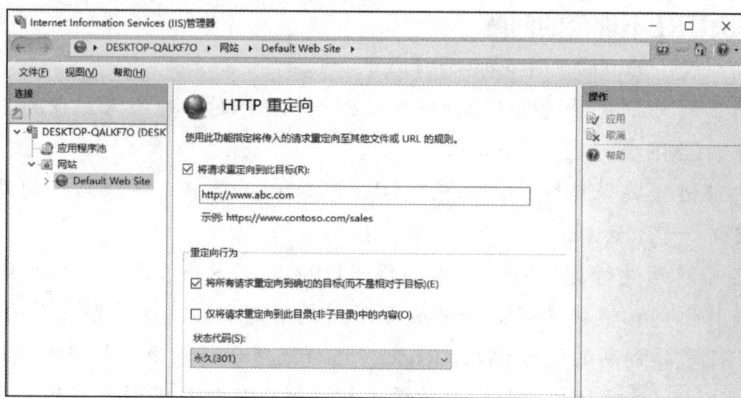

图4-14　设置301跳转

## 2．在Apache服务器中设置301跳转

Apache服务器中有个.htaccess文件，在这个文件中进行相应的设置，可以实现包括301跳转在内的很多功能。例如，要将域名www.123.com重定向到www.abc.com，只需在.htaccess文件中输入下列代码即可。

```
01   RewriteEngine On
02   RewriteCond %{HTTP_HOST} !^www.123.com$ [NC]
03   RewriteRule ^(.*)$ http://www.abc.com/$1 [R=301,L]
```

## 3．检测301跳转是否设置成功

设置301跳转后，还要检测301跳转是否设置成功。其方法是在站长工具网站中找到"HTTP状态查询"页面，在其中的文本框中输入要查询的不带www的URL，单击"查看分析"按钮后，在返回的检测结果中可以看到"返回状态码"为301，目标URL为带www的URL，如图4-15所示。

图4-15　检测301跳转是否设置成功

### 4.4.3 使用canonical属性

canonical属性可以有效地解决网址形式不同而内容相同造成的内容重复问题。对于一组内容完全相同或高度相似的网页，使用canonical属性可以告诉搜索引擎哪个页面比较规范，从而避免搜索结果中出现多个内容相同或相似的页面，还可以提升规范网页的权重，使规范网页获得较好的排名。

操作方法为在非规范版本页面的<head>标签中添加一个<link>标签，在其中设置rel="canonical" 属性，并用href来指定规范网页的URL。

例如，有3个展示相同型号手机的网页，内容完全相同，只是手机图片的颜色不同，其URL分别如下。

```
01  http://www.abc.com/phone/max3/show.html
02  http://www.abc.com/phone/max3/show.html?color=blue
03  http://www.abc.com/phone/max3/show.html?color=gold
```

如果不进行处理，搜索引擎就会收录大量的重复内容。这时如果要将第01行的URL作为规范的URL，只需在其他两个网页的<head>标签中输入如下代码。

```
<link rel="canonical" href="http://www.abc.com/phone/max3/show.html" />
```

进行上述设置后，搜索引擎只会收录第01行的URL，而将其他URL当作重复内容，其他URL不参与网页的权重分配。

### 4.4.4 URL静态化

网站URL有静态URL和动态URL两种，由于搜索引擎对动态URL的支持不如静态URL好，所以要对动态URL进行静态化处理。

**1．动态URL和静态URL的区别**

静态URL是直接以网页文件名或文件夹名结尾的URL，如图4-16所示；动态URL在网页文件名后还会添加很多参数，其中包含“?”“=”“&”“%”等特殊符号，如图4-17所示。

```
http://www.abc.com/phone/
http://www.abc.com/phone/item_mix3_blue.html
```

图4-16 静态URL

```
http://www.abc.com/message.html?id=2&type=5
http://www.abc.com/phone/item.html?id=mix3&color=blue
```

图4-17 动态URL

除了书写形式上的区别外，静态URL和动态URL对应网页的生成方式也是有区别的。静态URL的网页内容是固定的，而动态URL的网页会根据参数的不同而动态生成不同的网页内容。

**2．为什么要进行URL静态化**

动态URL在每次连接到网络时，由于参数不同所以会产生大量内容相近的网页，搜索引擎在抓取时就会进行大量的重复性工作，收录网站页面的效率就会降低，从而影响网页的收录和排名。对动态URL进行静态化处理，目的就是提高搜索引擎收录页面的工作效率，进而增加页面的收录量。

**3．如何进行URL静态化**

对URL进行静态化处理包括真静态和伪静态两种方式。真静态是将动态生成的网页保存为静态网页。有的CMS可以实现真静态化，当网站在后台增加产品或文章后，系统会自动生成真实存在的静态HTML文件。伪静态是通过服务器的Rewrite功能，将动态URL转换为静态URL的形式，这样，在浏览器端，搜索引擎访问的是静态化形式的URL，而在服务器端访问的还是原来的动态URL。不过，对搜索引擎来说，真静态与伪静态没有任何区别，下面只讲解伪静态的实现方法。

（1）在IIS管理器中实现静态化

在IIS管理器中实现静态化的URL需要先安装URL Rewrite组件，安装后在IIS管理器的功能区中会增加一个"URL重写"按钮，通过该按钮即可实现URL静态化的功能，其具体操作如下。

**步骤01** 下载并安装URL Rewrite后启动IIS管理器，在左侧的"连接"栏中选择要进行设置的网站。在中间的功能模块中单击"URL重写"按钮，然后在右侧的"操作"栏中单击"打开功能"超链接，如图4-18所示。

在IIS管理器中
实现静态化

图4-18 打开"URL重写"功能

**步骤02** 此时将打开"URL重写"界面，在"操作"栏中单击"添加规则"超链接，打开"添加规则"对话框，在"入站规则"栏中选择"空白规则"选项，然后单击 确定 按钮，如图4-19所示。

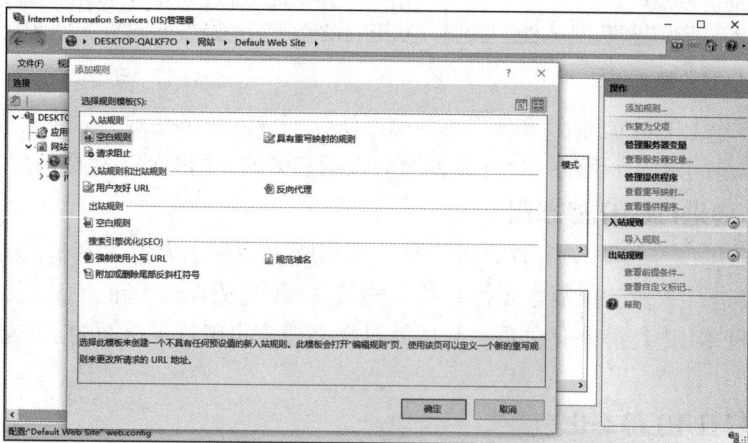

图4-19 "添加规则"对话框

**步骤 03** 此时将打开"编辑入站规则"界面，在"名称"文本框中输入规则名称"URL静态化"，在"模式"文本框中输入"^item_(\d+)_(.*)\.html$"，在"重写URL"文本框中输入"/item.html?id={R:1}&color={R:2}"，最后单击"操作"栏中的"应用"按钮，如图4-20所示。

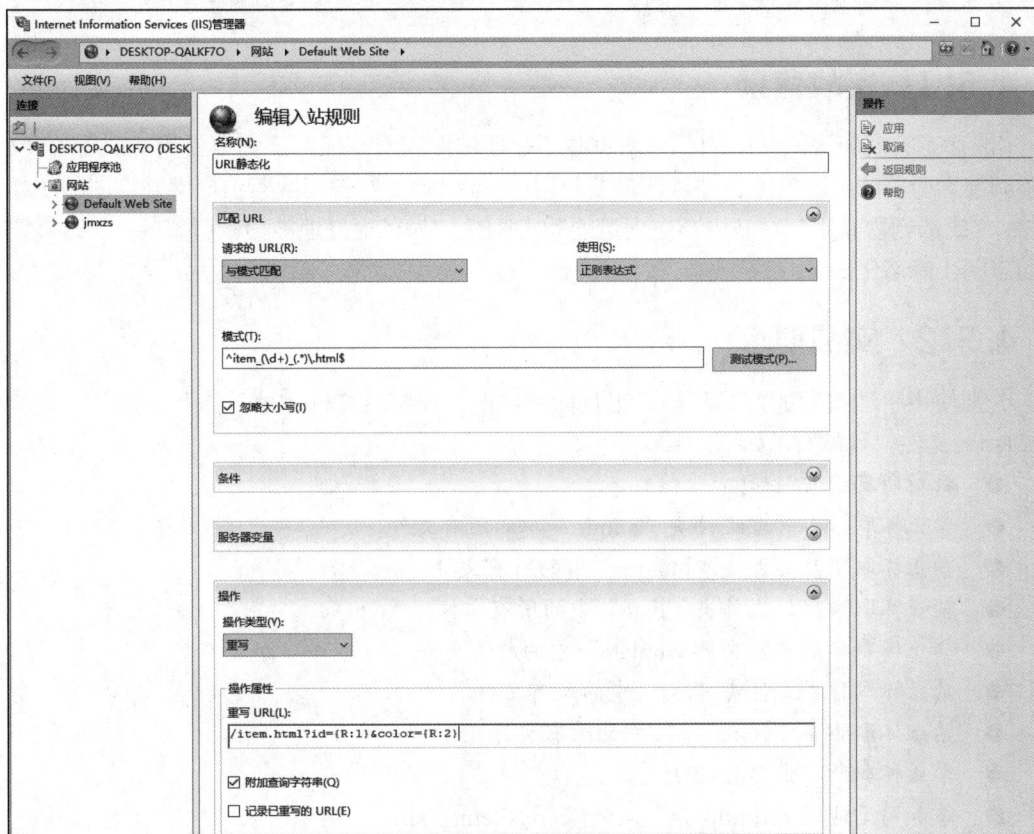

图4-20　编辑入站规则

此时在浏览器中使用静态URL"item_5_blue.html"进行访问，在服务器端就会自动访问动态URL"item.html?id=5&color=blue"。

> 📖 **知识链接**
>
> 模式中的(\d+)和(.*)是正则表达式，(\d+)表示只匹配数字，(.*)表示匹配任何字符，包括汉字、英文字母等。(\d+)处于第一位，对应重写URL中的{R:1}；(.*)处于第二位，对应重写URL中的{R:2}。如果动态URL有更多的参数，只需继续添加正则表达式及对应的{R:3}{R:4}等即可。

（2）在Apache服务器中实现静态化

在Apache服务器中启动mod_rewrite模块，然后在.htaccess文件中输入如下代码。

```
01  RewriteEngine On
02  RewriteBase /
03  RewriteRule /item_(\d+)_(.*)\.html /item.html?id=$1&color=$2
```

# 4.5 行业实战

本章主要讲解了网站结构、避免蜘蛛陷阱、限定搜索引擎抓取范围及URL优化等内容。本节将练习robots.txt文件的制作。

## ❋ 4.5.1 实战背景

"成都宠物商店"网站中的部分网页并不需要被搜索引擎抓取，需要使用robots.txt文件来限制搜索引擎的抓取范围，并且还需要利用robots.txt文件告知搜索引擎网站地图的URL。此外，"成都宠物商店"网站中存在大量的动态URL，为了更好地被搜索引擎收录，现在需要将动态URL静态化。

## ❋ 4.5.2 实战要求

分别使用手动编写的方式和站长工具网站中的"robots文件生成"工具生成的方式制作robots.txt文件，具体要求如下。

- 针对所有搜索引擎。
- 禁止抓取后台管理文件夹"admin"中的所有文件。
- 禁止抓取图片文件夹"images"中的所有文件。
- 禁止抓取数据库文件夹"data"中的所有文件。
- 禁止抓取模板文件夹"template"中的所有文件。
- 禁止抓取样式文件夹"css"中的所有文件。
- 禁止抓取脚本文件夹"js"中的所有文件。
- 禁止抓取所有带参数的URL。
- 添加网站地图文件http://www.***.com/sitemap.xml。

## ❋ 4.5.3 实战步骤

**步骤 01** 在记事本中输入一行文本"User-agent: *"，针对所有搜索引擎。

**步骤 02** 在第02行中输入一行文本"Disallow:/admin/"，禁止抓取后台管理文件夹"admin"中的所有文件。

**步骤 03** 在第03行中输入一行文本"Disallow:/images/"，禁止抓取图片文件夹"images"中的所有文件。

行业实战

**步骤 04** 在第04行中输入一行文本"Disallow:/data/"，禁止抓取数据库文件夹"data"中的所有文件。

**步骤 05** 在第05行中输入一行文本"Disallow:/template/"，禁止抓取模板文件夹"template"中的所有文件。

**步骤 06** 在第06行中输入一行文本"Disallow:/css/"，禁止抓取样式文件夹"css"中的所有文件。

**步骤 07** 在第07行中输入一行文本"Disallow:/js/"，禁止抓取脚本文件夹"js"中的所有文件。

**步骤 08** 在第08行中输入一行文本"Sitemap: http://www.***.com/sitemap.xml"，添加网站地图文件。最终代码如下所示。

```
01    User-agent: *
02    Disallow: /admin/
03    Disallow: /images/
04    Disallow: /data/
05    Disallow: /template/
06    Disallow: /css/
07    Disallow: /js/
08    Sitemap: http://www.***.com/sitemap.xml
```

步骤 09 在站长工具网站中进入"robots文件生成"页面，单击"增加限制目录"按钮2次，将"限制目录"后的文本框增加到6个，并分别在其中输入"/admin/""/images/""/data/""/template/""/css/""/js/"文本，然后在"Sitemap"文本框中输入"http://www.***.com/sitemap.xml"文本，如图4-21所示。

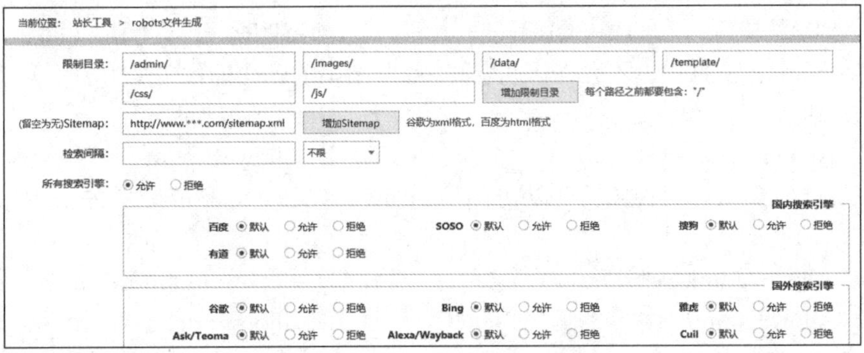

**图4-21 "robots文件生成"页面**

步骤 10 设置完成后，单击"生成"按钮，将在下面的文本框控件中生成robots.txt文件内容，如图4-22所示。

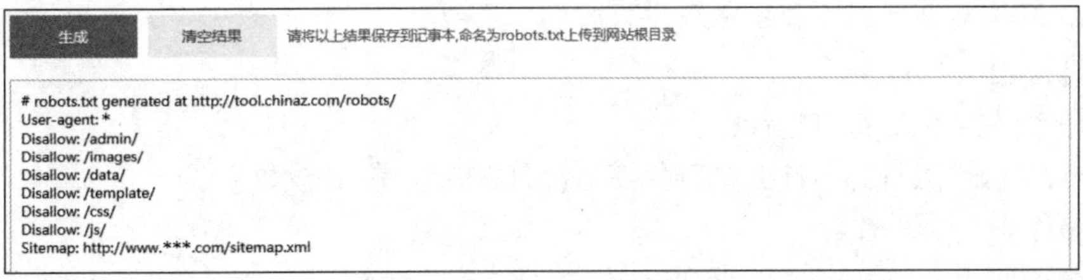

**图4-22 生成robots.txt文件内容**

步骤 11 将其中的内容复制到文本文件中并保存为"robots. txt"文件，然后将其上传到网站的根目录中。

---

**职业素养**

　　SEO人员需要了解用户的兴趣，把用户的喜好作为自己优化工作的核心，全面提升网站的用户体验。同时，还要关注市场动态，对行业的发展趋势、热门话题进行深入了解，从而为用户提供有价值、有深度的内容。

**📊 课后练习**

### 一、填空题

1. 网站结构主要有_____和_____两种。

2. 常见的蜘蛛陷阱有_____、_____、_____、_____、_____、_____、_____和_____。

3. robots.txt文件是一个_____，可以使用任意_____软件对其进行编辑，如Windows系统自带的_____。

### 二、选择题

1. 以下不是蜘蛛陷阱的是（　　　）。

   A. 302跳转　　　　　B. 301跳转　　　　　C. 动态URL　　　　D. Flash

2. 在robots.txt文件中，不允许访问以".asp"结尾的URL的代码是（　　　）。

   A. Allow:/*.asp$　　　　　　　　　　B. Disallow:/*.asp$

   C. Allow:/*.asp　　　　　　　　　　　D. Disallow:/*.asp

3. 在robots.txt文件中，可以访问"admin"文件夹下带"?"的URL的代码是（　　　）。

   A. Allow:/admin/*?　　　　　　　　　B. Disallow:/admin/*?

   C. Allow:/admin/*?*　　　　　　　　　D. Disallow:/admin/*?*

### 三、判断题

1. 随着新的网页制作技术HTML5的发展，Flash已经逐渐被淘汰，很多浏览器的最新版本已经不再支持Flash，所以可以使用HTML5替代Flash来制作网页特效和交互效果。（　　　）

2. 强制使用cookie的网站对网络蜘蛛来讲是可以正常访问的。（　　　）

3. 框架结构对搜索引擎收录网页没有影响。（　　　）

### 四、简答题

1. 扁平网站结构的特点是什么？

2. 什么是蜘蛛陷阱？为什么要避免使用含有蜘蛛陷阱的技术？

### 五、操作题

在IIS管理器中实现URL静态化，将"item.html?id=5&name=tom&age=33"形式的动态URL转换为"item_5_tom_33.html"形式的静态URL。

# 第5章 网站关键词的选择与优化

　　关键词的选择与优化是网站优化的核心环节之一，它既能影响网站在搜索引擎搜索结果中的排名，也能决定网站的流量。许多SEO新手常常陷入选择的困境，关键词要么过于热门、竞争激烈，要么过于生僻、搜索率低。那么，如何挑选合适的关键词，如何判断关键词的竞争程度呢？这是每个SEO人员都需要面对和解决的问题。

## 🛒 知识目标

- 了解关键词的定义和分类。
- 掌握关键词的优化策略。
- 学会利用数据指标评估关键词的优化效果。

## 🛒 素养目标

- 关注搜索结果的真实性、合法性和公正性，避免被虚假信息欺骗。
- 培养客户服务意识，能够在优化网站的过程中提供专业、高水平的建议和服务。

# 5.1 认识关键词和关键词优化

在当今的互联网时代，优化关键词是企业网站在搜索引擎中获得更好排名的关键。通过精心策划和实施SEO策略，网站可以吸引更多的潜在客户，并直接带来更多的流量。这不仅可以提升企业品牌的知名度和影响力，还能为业务发展提供强大的支持。

## ❋ 5.1.1 什么是关键词

在SEO领域，关键词是指用户为了寻找某个相关信息（产品、服务或公司等内容），在百度等搜索引擎的搜索文本框中输入的一段文本。关键词可以是一个词语、一个短语或一句话。搜索引擎会自动将较长的关键词分割为多个关键词，图5-1所示为在百度中输入"空调有异味怎么处理"关键词进行搜索的结果。

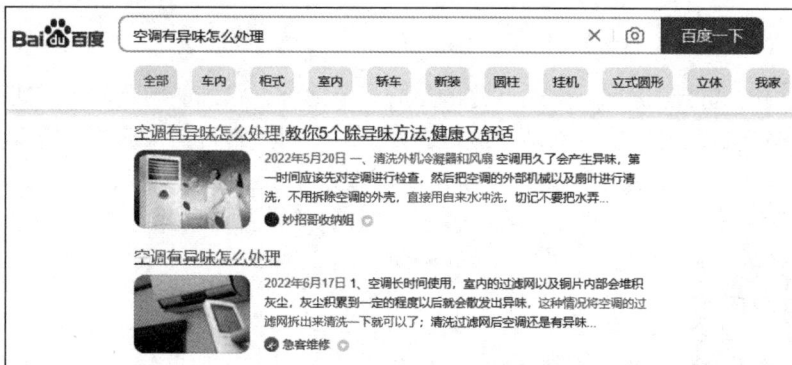

图5-1 输入关键词进行搜索

## ❋ 5.1.2 关键词的分类

关键词的选择影响着SEO的效果，然而，在选择关键词之前，还需要明确关键词的分类，这样才能根据网站的特性来筛选、布局和优化关键词。

### 1. 按热度进行分类

关键词的热度主要是指一个关键词近期的综合搜索量。一般来说，关键词的搜索量越大，其热度就越高；反之，则热度越低。根据热度可以将关键词分为热门关键词、普通关键词和冷门关键词。

- **热门关键词**：热门关键词是当前搜索量非常高的关键词，涉及的内容通常是时事、流行趋势、热门事件等。这些关键词的搜索量非常大，同时有很高的竞争度。因此，对想要在搜索引擎中获得高排名的网站来说，选择热门关键词是一个挑战。如果能够在热门关键词的排名中获得排名靠前的位置，网站将获得大量的流量和曝光。

- **普通关键词**：普通关键词是指具有一定搜索量，且搜索量介于热门关键词和冷门关键词之间的关键词。这些关键词的竞争程度相对较低，但搜索量仍然相当可观。通过优化普通关键词，网站可以获得大量的流量。因此，普通关键词是许多网站选择关键词的发力点。

- **冷门关键词**：冷门关键词是指搜索量较小的关键词，通常涉及一些比较专业的领域。这些关键词的搜索量虽然较低，但是关键词的量比较大，用户目标也非常精准。就冷门关键词而言，如果网站的信息丰富、全面，也可能为网站带来比较可观的流量。

**知识链接**

如果是新设立的网站，建议多选择一些普通关键词和冷门关键词，这是因为热门关键词虽然搜索量较大，但用户搜索的目的性不强，搜索不够精准，不容易产生转化。相反，普通关键词和冷门关键词的搜索量虽然不及热门关键词，但搜索目标精准，并且竞争难度也相对较小。所以，在新设立网站的过程中，应该综合考虑关键词的搜索量和竞争难度，选择最适合网站的关键词。

**2．按相关度进行分类**

根据与企业的相关度，关键词可以分为品牌词、品类词和人群词。

- **品牌词**：品牌词是企业网站的重要组成部分，它是网站的专有品牌名称或企业名称。每个网站都需要创建一个属于自己网站的品牌词，这样才能有利于网站后期的品牌推广。
- **品类词**：品类词是企业主营产品或服务的关键词，如“化妆品”“数码相机”“婚纱摄影”等。这些关键词可以帮助企业精准地定位目标客户，提高产品或服务的曝光率。
- **人群词**：人群词是指目标客户群体所表现出的主流兴趣点，如篮球运动鞋厂家的人群词可以采用“灌篮技巧”“投三分球技巧”等。这些关键词可以帮助企业更好地了解目标客户的需求和兴趣，从而制定更精准的营销策略。

**3．按重要程度进行分类**

根据关键词的重要程度，可以将其分为核心关键词、次要关键词和长尾关键词。

- **核心关键词**：核心关键词是能直接表现网站主题的关键词，一般由2～4个字构成。核心关键词与网站的主题紧密相关，是网站内容的核心。例如，“形象设计”“时尚彩妆”“儿童画具”等都是相关领域的核心关键词。这些关键词的竞争比较激烈，但是带来的流量很大，对网站的主题发展和优化有极大的贡献。
- **次要关键词**：次要关键词是核心关键词的扩展词，重要程度仅次于核心关键词。它们可能与核心关键词相关，也可能涉及网站的某些具体内容。
- **长尾关键词**：长尾关键词是指字数较多、描述具体的关键词，一般由多个关键词组合而成。例如，“2023新款儿童运动鞋”就是一个长尾关键词。虽然长尾关键词的搜索量相对较小，但是用户的搜索目标非常精准，且竞争度较低。因此，合理利用长尾关键词，可以在提高网站流量的同时，提升网站的用户体验和品质。

## 5.1.3 关键词优化的作用

通过对关键词的优化，可以有效提升网站流量和用户体验。

首先，关键词优化可以提高网站在搜索引擎中的收录量和排名。一个网站的内容必须被用户浏览才能实现其最终目的，如传播信息、销售产品、提高知名度等。因此，如何让网站内容被搜索引擎更多地收录，并使网站拥有更好的排名，成为每个网站管理员的追求。而要做到这一点，需要对关键词进行优化，并使其符合搜索引擎的规律。只有这样，才能使网站的排名更靠前，被更多的用户发现，从而带来更多的流量和商业机会。

其次，关键词优化可以提升用户体验。不同的行业、不同的用户群体在搜索相关信息时使用的关键词都会有一定的习惯和规律。对这些关键词进行优化，可以使得用户在较短的时间内搜索并浏览到所需内容。这样的方式不仅可以提升用户体验，还能增加用户访问网站的概率，从而无形中增加网站的流量，留住更多的用户。

# 5.2 选择关键词

在确定网站关键词的过程中，首先需要明确关键词的选择标准，以便选择出适合网站的核心关键词。随后，需要对核心关键词进行扩展，以便选择出次要关键词和长尾关键词。

## ❋ 5.2.1 关键词的选择标准

在选择网站关键词时，不能仅根据个人的兴趣和喜好，还需考虑用户的需求和搜索习惯。因此，在选择关键词时，应遵循以下标准。

### 1. 关键词要与网站内容相关

用户在搜索引擎中搜索时，希望能够找到与他们需求相关的内容。因此，在选择关键词时，必须考虑关键词与网站内容的匹配度。如果打开的网页内容与搜索关键词无关，用户也不会停留在该网站上。能吸引大量流量但和网站内容无关的关键词没有意义。网站需要的是能转化为收益的有效流量。

### 2. 核心关键词不能太宽泛

选择过于宽泛的关键词，如"学校""电子商务""新闻"等，会面临激烈的竞争，优化难度也较大。此外，过于宽泛的关键词很难明确用户的搜索目标，转化率也会较低。

举例来说，如果一家成都的宠物医院将"宠物"作为核心关键词，那就过于不明确。用户搜索"宠物"可能是想找宠物图片或视频，也可能是想买宠物饲料，还可能是想寻找宠物市场。总之，搜索这种关键词的用户搜索意图非常不明确。即使将"宠物医院"作为核心关键词，也相对宽泛。一般来说，对于服务范围有明显地域性特点的网站，建议对核心关键词加上地域性标签，如"成都宠物医院"。

### 3. 核心关键词不要太特殊

过于特殊的关键词可能竞争度较小，但搜索这类关键词的人数也较少，甚至可能没有人搜索。一般来说，具体的公司名称、品牌名称或产品名称都属于特殊的关键词。以前面的案例为例，"宠物"这个关键词太宽泛，但选择"成都××宠物医院"就过于特殊了。因为很少有人使用公司名称进行搜索。同时，使用过于特殊的关键词也无法吸引新客户。

### 4. 站在用户的角度思考

有些网站在选择关键词时过于主观，选择的关键词可能过于专业，不符合用户的搜索习惯。在选择关键词时，应当从用户的角度去思考，借助网站数据调查工具，熟悉用户的搜索习惯，最终确定关键词。

**5．选择竞争度小的关键词**

尽管有些关键词的意义相同或相似，但它们的搜索量和竞争度是不同的。因此，在选择关键词时，应尽量选择搜索量较大、竞争度较小的关键词。关键词的竞争度在选择过程中非常重要，竞争度越小的关键词越容易优化，也越容易获得较好的排名。

在实际工作中，要找到搜索量大而竞争度小的关键词并不容易。此时，网站可以借助关键词挖掘和扩展工具，列出关键词的搜索次数和竞争度数据，从中找出搜索次数相对较多、竞争度较小的关键词。

**6．选择商业价值高的关键词**

不同的关键词具有不同的商业价值。例如，搜索"数码相机成像原理"关键词的用户购买意图较低，因为他们可能只是想了解数码相机的成像原理。而搜索"数码相机价格""数码相机购买""数码相机促销"关键词的用户购买意图明确，这类关键词的商业价值较高。如果企业能够及时推出促销活动，很可能促成用户的购买。

## ✳ 5.2.2 选择核心关键词

核心关键词是通过关键词分析确定的网站最重要的关键词。简单来说，核心关键词是那些能够获得较高搜索量、带来精准用户的产品词。以室内装修为例，有装修需求的客户通常会通过搜索与"装修"相关的关键词来寻找相关网站，比如"装饰""室内装修""家装""装修公司""装饰公司""装修公司哪家好"等。然而，网站标题的位置有限，不能把所有的关键词都放在首页标题上。通常，需要选出与业务最相关且转化率最高的3～5个关键词作为网站的核心关键词。

核心关键词与网站的内容紧密相关。一旦确定了网站的主要内容和主要服务领域，就可以通过一些方法和工具来确定核心关键词。

**1．进行自我分析**

在进行自我分析时，需要关注网站的定位和目标人群。在分析和讨论的过程中，可以思考以下几个问题：网站能够解决用户的哪些问题？当用户遇到这些问题时，他们会搜索哪些关键词？如果自己是用户，在寻找这些问题的答案时会如何搜索？通过自我分析，列出20个以上的关键词作为备选的核心关键词。

**2．分析竞争对手**

在确定网站的核心关键词时，也可以通过在百度等搜索引擎中搜索竞争对手的网站来进行分析，如查看这些网站首页的源文件，快速了解竞争对手网站的核心关键词。这样做不仅可以避开竞争度较高的关键词，还可以选择出更适合进行网站推广的关键词。

例如，如果要优化一家成都的装修公司网站，可以在百度中搜索关键词"成都装修"，然后打开排名靠前的网站，并查看其源文件，如图5-2所示。通过这种方式可以了解这个竞争对手的网站包含哪些关键词。

```
<title>成都装修网_成都家居网-房天下成都家居装修</title>
<meta http-equiv="Content-Type" content="text/html;charset=utf-8">
<meta http-equiv="Content-Language" content="zh-cn">
<meta http-equiv="X-UA-Compatible" content="IE=edge,chrome=1">
<meta name="keywords" content="成都装修,成都家居,成都装修网,成都家居网,成都家居装修网">
<meta name="description" content="权威门户房天下成都家居装修网,提供丰富的装修设计案例、装修效果图、灵感专辑、室内设计师、装修工长、建材家具导购、装修公司等全新装饰装潢信息,是包含装修问答、装修日记等装修知识的家居装修网,为您家居装修设计提供有价值的参考.">
```

图5-2 竞争对手网站源文件

从图中可以看出，该网站的标题、关键词和描述部分反复出现"成都装修""成都家居""成都家居装修"这3个关键词，说明这些词是该网站的核心关键词。

### 3．利用搜索引擎挑选关键词

利用搜索引擎挑选关键词是指使用百度等搜索引擎的相关搜索功能来挑选关键词。例如，在百度的搜索框中输入关键词"成都装修"进行搜索，搜索结果的下方会显示一个"相关搜索"栏目，如图5-3所示。在"相关搜索"栏目中显示的关键词通常是最近搜索量大、搜索频率较高的关键词，可以从中挑选核心关键词。

另外还可以利用搜索引擎搜索框的下拉列表来挑选关键词。例如，在搜索引擎的搜索框中输入关键词"成都装修"，在自动弹出的下拉列表中也会显示许多相关的关键词，如图5-4所示。这些关键词同样是最近搜索量大、搜索频率较高的关键词。

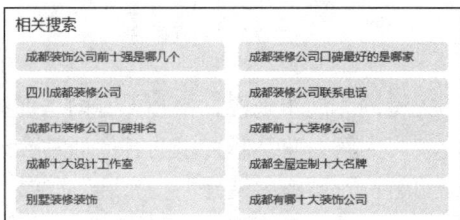

图5-3　相关搜索

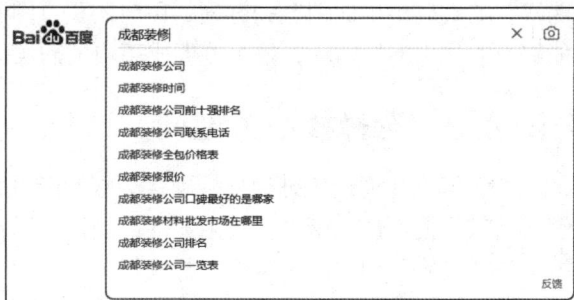

图5-4　搜索框的下拉列表

### 4．使用关键词扩展工具

利用前面几种方法，就已经可以筛选出很多关键词了。接下来就可以使用关键词扩展工具对关键词进行进一步选择。常用的工具有百度指数、站长工具、百度关键词规划师等。通过这些工具，可以查询关键词的搜索指数，筛选出搜索量高且竞争度低的关键词。

下面以百度关键词规划师为例进行讲解，其具体操作如下。

**步骤01** 在浏览器中打开百度营销网页，注册并登录。

**步骤02** 在"搜索推广"栏中单击"进入"按钮，如图5-5所示，进入"百度营销 搜索推广"页面。

**步骤03** 将鼠标指针移动到页面上方的"工具中心"菜单上，在弹出的下拉菜单中单击"关键词规划师"超链接，如图5-6所示。

使用关键词扩展工具

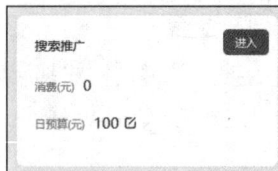

图5-5　"搜索推广"栏

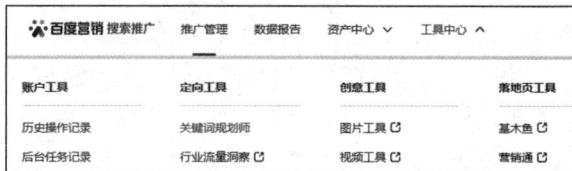

图5-6　单击"关键词规划师"超链接

**步骤04** 此时将进入"关键词规划师"页面，在关键词文本框中输入"成都装修"文本，单击"搜索"按钮，将显示出与"成都装修"相关的关键词，以及每个关键词的指导价、月均搜索量和竞争激烈程度等信息。根据这些信息找出所需的关键词，然后单击所需关键词右侧的"添加"超链接，将其添加到右侧的"关键词"栏中，如图5-7所示。

图5-7　搜索并添加关键词

## ❋ 5.2.3　选择次要关键词

确定核心关键词之后，就需要选择次要关键词。这是因为只对3～5个核心关键词进行优化排名是远远不够的，还需要对核心关键词进行扩展，并确定几十个甚至上百个次要关键词。

### 1．什么是次要关键词

次要关键词也被称为相关关键词，是对核心关键词的进一步扩展。例如，对于一个提供装修服务的网站，其核心关键词可能包括"家庭装修""装修公司"等，而与之相关的次要关键词则可能包括"小户型装修方案""毛坯房设计""装修注意事项及技巧"等。

核心关键词主要位于网站首页的标题、关键词和描述中，而次要关键词则主要出现在各个栏目页的标题、关键词和描述中。此外，当在网站上发布文章时，如果文章中出现了相应的栏目关键词，就可以将它们链接到该栏目页，这有助于提升该页面关键词的排名。

图5-8所示为一家装修公司的网页，在导航栏、文章的标题和内容中都包含大量的次要关键词。

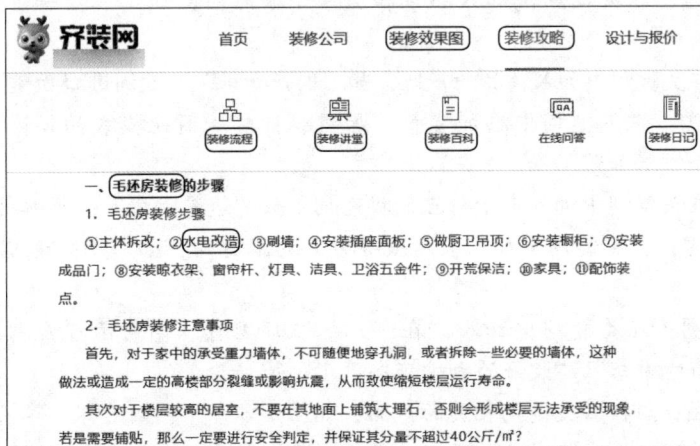

图5-8　次要关键词

**2. 选择次要关键词**

次要关键词的选择方法与核心关键词类似，可以通过分析竞争对手网站、利用搜索引擎进行相关搜索及使用关键词扩展工具等来扩展。

（1）利用不同表达方式和组合方式进行扩展

用户在搜索关键词时可能使用不同的表达方式和组合方式，因此可以通过想象用户可能使用的其他表达方式和组合方式来扩展关键词。例如，"计算机"和"电脑"、"人工智能"和"AI"、"论坛"和"BBS"等。

（2）利用思维导图进行扩展

在扩展关键词时，可以利用思维导图来帮助我们厘清思路和方向，避免盲目查找。这样可以更有效地扩展关键词，并且可以使扩展的关键词更加有针对性和更精准。

下面以"咖啡"关键词为例，利用思维导图进行扩展，最终结果如图5-9所示。

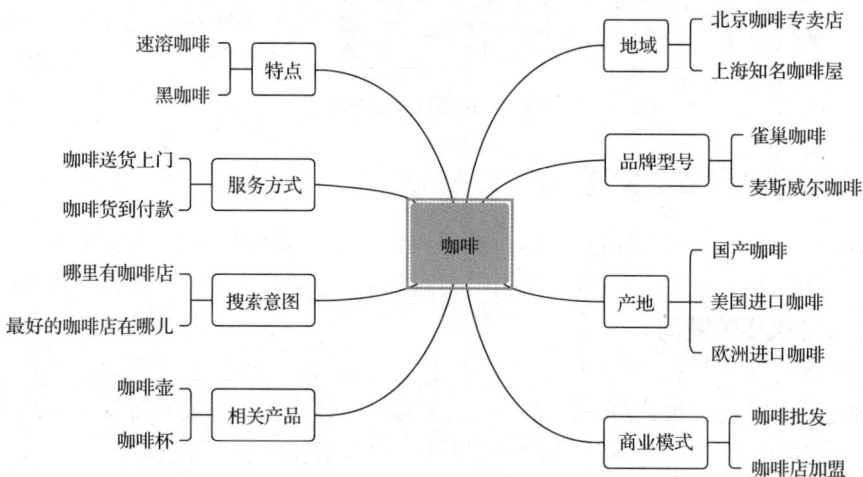

图5-9 利用思维导图进行扩展

扩展思路如下。

- **地域**：在关键词中添加主要服务区域，如在关键词中加入北京、上海等词语，形成"北京咖啡专卖店""上海知名咖啡屋"等关键词。
- **品牌型号**：在关键词中加入品牌和型号等描述词，如"雀巢咖啡""麦斯威尔咖啡"等。
- **产地**：在关键词中加入商品的产地，如"国产咖啡""欧洲进口咖啡"等。
- **商业模式**：在关键词中添加直营、加盟、批发等商业模式的描述词，如"咖啡批发""咖啡店加盟"等。
- **特点**：在关键词中加入表示特点的描述词，如"速溶咖啡""黑咖啡"等。
- **服务方式**：在关键词中加入表示服务方式的描述词，如"咖啡送货上门""咖啡货到付款"等。
- **搜索意图**：在关键词中加入"在哪儿""哪里有"等表示搜索意图的描述词，如"哪里有咖啡店""最好的咖啡店在哪儿"等。
- **相关产品**：与核心关键词相关的产品，如"咖啡壶""咖啡杯"等。

另外，还可以将多个关键词进行组合，得到如"北京最好的咖啡店在哪儿""上海雀巢咖啡批发"等关键词。

（3）利用百度指数进行扩展

百度指数是基于百度海量网民行为数据的数据分享平台，是目前重要的统计分析平台之一。通过查询百度指数，可以了解某个关键词在百度中的搜索规模以及关注这些关键词的网民特征，同时还可以进行关键词扩展。

下面在百度指数网站中查询"会计培训"关键词的相关数据，具体操作如下。

利用百度指数
进行扩展

步骤 01 进入"百度指数"网站，在搜索文本框中输入"会计培训"关键词，单击"开始搜索"按钮，如图5-10所示。

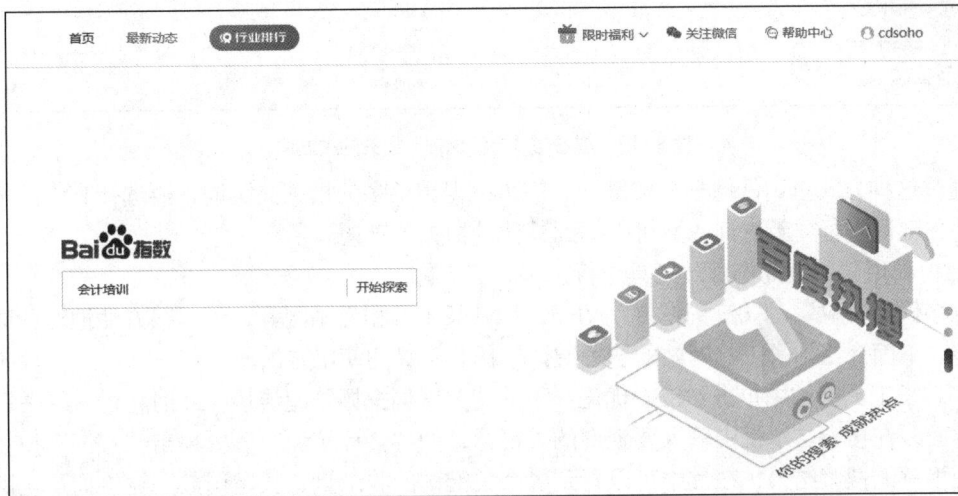

**图5-10 搜索关键词**

步骤 02 在打开的"趋势研究"页面中可以看到"会计培训"关键词最近30天的搜索趋势，如图5-11所示。

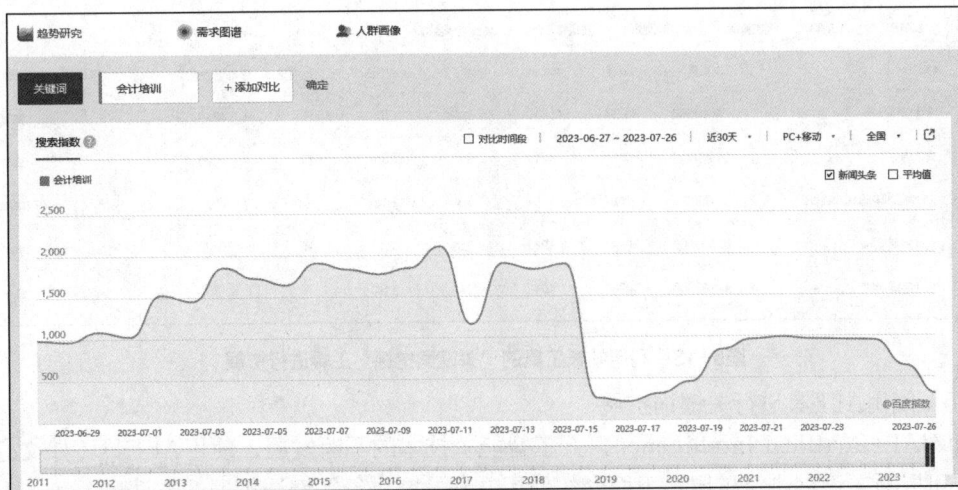

**图5-11 查看"会计培训"关键词最近30天的搜索趋势**

步骤 03 单击页面上方的"需求图谱"按钮，进入"需求图谱"页面，在"相关词热度"栏中可以看到与"会计培训"相关的关键词，如图5-12所示。

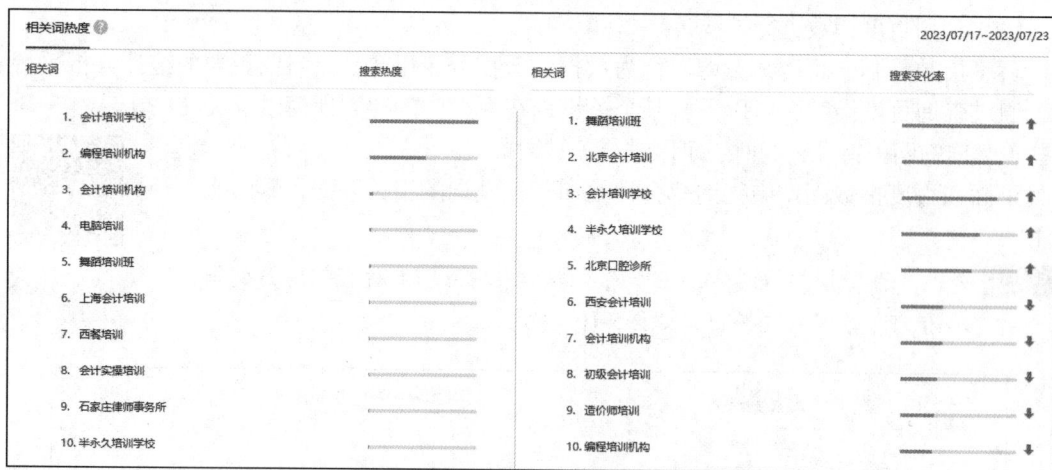

图5-12　查看与“会计培训”相关的关键词

通过这种方式查询任何一个关键词，都可以得到很多的相关关键词，再选择其中的任何一个相关关键词进行重新查询，又可以得到其他的相关关键词。

（4）利用“关键词挖掘”工具进行扩展

很多网站提供了“关键词挖掘”功能，如站长工具和爱站网等，可以很方便地对关键词进行扩展。下面介绍站长工具网站的“关键词挖掘”工具的使用方法。

在站长工具网站中单击“SEO优化”下的“关键词挖掘”超链接，此时将进入“关键词挖掘”界面，在搜索文本框中输入要查询的关键词，如“会计培训”等。单击“查询”按钮，就会得到相关的搜索结果，在其中可以看到各个关键词的收录量、长尾词数、竞价词及全网指数等数据，如图5-13所示。

| 序号 | 关键词 | 收录量 | 长尾词数 | 竞价词 | 全网指数 | sem价格 | PC日均流量 | 移动日均流量 | 关键词特点 | 竞价竞争度 |
|---|---|---|---|---|---|---|---|---|---|---|
| 1 | 会计培训学校 | 74400000 | 88254 | 3819 | 3144 | 1.92 | 5 | 4039 | | 简单 |
| 2 | 会计培训 | 85600000 | 687433 | 4719 | 975 | 1.89 | 77 | 2086 | | 简单 |
| 3 | 山财培训网会计继续教育 | 70000 | 266 | 1554 | 230 | 1.36 | 461 | 59 | | 简单 |
| 4 | 会计培训机构 | 83900000 | 90247 | 3873 | 209 | 2.1 | 10 | 155 | | 简单 |
| 5 | 会计实操培训 | 47500000 | 50224 | 4035 | 142 | 2.14 | 9 | 36 | | 简单 |

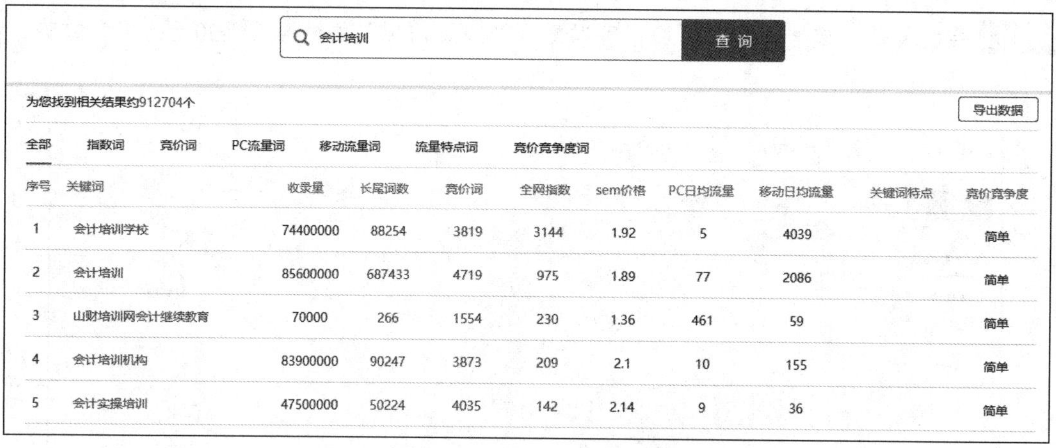

图5-13　利用站长工具的“关键词挖掘”工具进行扩展

（5）使用AI工具进行关键词扩展

随着AI（Artifical Intelligence，人工智能）技术的不断发展，使用AI工具（如文心一言等）也可以对关键词进行扩展。下面介绍使用文心一言进行关键词扩展的方法。

在浏览器中进入文心一言首页，注册并登录百度账号。在下方的文本框中输入“请对‘会计培训’关键词进行扩展”文本，然后单击按钮。在文心一言给出的回答中，从多个不同的角度对“会计培训”关键词进行了扩展，如图5-14所示。

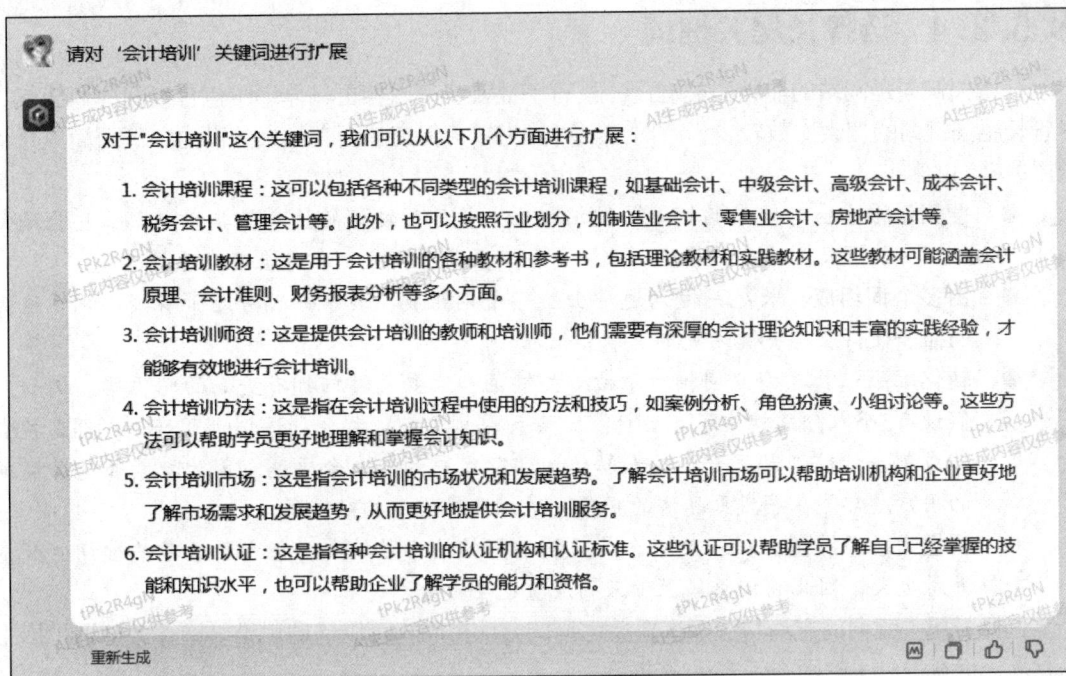

图5-14 使用文心一言对关键词进行扩展

（6）通过分析竞争对手的网站进行扩展

关于网站关键词的挖掘方法有很多种，其中一种非常有效的方法是分析竞争对手的网站。无论是在制订关键词计划还是在实际优化操作中，这都是一个重要的步骤。

与分析竞争对手的核心关键词不同，竞争对手的次要关键词往往分布在网站的各个部分，而且查找起来非常烦琐。为了提取出这些关键词，可以利用站长工具中的"百度权重"等关键词分析工具。

具体操作方法是在站长工具网站中，单击"权重查询"下的"百度PC权重"超链接，进入"百度权重"页面，然后在搜索文本框中输入要查询的网站的域名。单击"查询"按钮，就会得到相关的搜索结果，在其中可以看到该网站的所有关键词，以及各个关键词的排名、排名趋势、PC指数等数据，如图5-15所示。

图5-15 通过分析竞争对手的网站进行扩展

## ❈ 5.2.4　选择长尾关键词

长尾关键词是网站的非核心关键词，具有字数较多、内容更具体、常包含疑问词等特点。尽管长尾关键词的搜索次数较少，有时甚至可能为零，但它却拥有巨大的潜力。下面简单介绍长尾关键词的特点。

- **搜索量很小**：与网站的核心关键词相比，长尾关键词的搜索量非常小。一些长尾关键词可能要隔几天才会被搜索一次，有些甚至几个月或一年才会有几次搜索量。
- **由多个词组成**：长尾关键词通常由2～3个词组成，其中一部分还带有疑问词。这样的组合使得长尾关键词更加具体和精准。
- **转化率高**：长尾关键词相对于核心关键词和次要关键词拥有更高的转化率。例如，假设有3个人分别搜索了"会计""会计培训""成都会计培训哪家好"，那么搜索"成都会计培训哪家好"的人转化为实际客户的概率会更高。因为搜索长尾关键词的用户通常是在寻找更具体的服务，所以其转化率相对较高。
- **词量大、总流量大**：虽然单个长尾关键词的搜索量较小，但由于长尾关键词的数量非常庞大，因此它们总体上带来的流量也会更大。

选择长尾关键词的方法与选择次要关键词的方法相同，可以借助思维导图、关键词扩展工具以及分析竞争对手的网站等方法来进行。

# 5.3　布局关键词

在选择好网站的核心关键词、次要关键词和长尾关键词后，接下来的关键是将这些关键词合理地布局在网站中。事实上，关键词的布局是网站优化工作的基础，它可以让网站的优化工作有条不紊地展开。

## ❈ 5.3.1　关键词布局技巧

关键词布局是有一定技巧的，根据关键词的不同重要级别，网站的关键词布局应该符合金字塔结构，如图5-16所示。

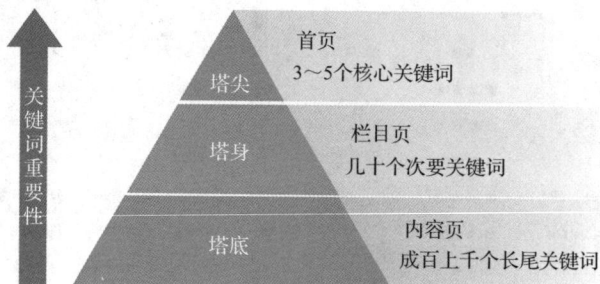

图5-16　网站关键词金字塔结构

### 1. 塔尖

塔尖部分是网站的核心关键词，通常放置在网站的首页，利用权重最高的首页来进行推广。核心关键词通常是流量大、转化率高的关键词，这不仅有利于SEO人员优化关键词，也有助于提升网站整体权重。

### 2．塔身

塔身部分是网站的次要关键词，通常放置在网站的频道页或栏目页。次要关键词可以根据实际情况分为两级，一级次要关键词主要放置在网站栏目的首页，以提升点击率和流量。例如，对于一个卖数码产品的网站的频道页，一级次要关键词可以选择"计算机""摄像头""数码相机""手机"等。

二级次要关键词是在一级次要关键词基础上延伸或扩展出来的关键词，没有一级次要关键词的搜索量高，但数量较多。例如，以"计算机"一级次要关键词为例，可以延伸出"品牌计算机""笔记本电脑""组装机""计算机配件""周边外设"等多个二级次要关键词。二级次要关键词主要要放置在网站的频道页或栏目页中。

### 3．塔底

塔底部分为长尾关键词，通常放置在网站的内容或详情页中。长尾关键词的流量和竞争力较低，但是数量众多，所以用权重最低、数量最多的内页进行推广。在设置长尾关键词时，需要考虑用户搜索的词语，例如"×××手机功能介绍""×××产品优惠活动"等，以便更好地吸引用户点击并提升网站流量。

## ✳ 5.3.2　对关键词进行布局

一个网站中的关键词可能成百上千，在对网站进行优化时，不可能把所有的关键词都放在首页上，而需要将这些关键词合理地分布在整个网站上，并避免关键词堆积，这样有利于增加收录量和浏览量。

### 1．在网页标题中布局关键词

每个网页都有一个标题，会在网页的选项卡中显示，如图5-17所示，搜索引擎会在其中提取网站的关键词。在网页标题中布局关键词时，直接在网页源代码的<title>标签中输入关键词即可，如图5-18所示。

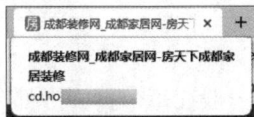

图5-17　网页标题

图5-18　设置网页标题

`<title>成都装修网_成都家居网-房天下成都家居装修</title>`

在网页标题中布局关键词时需要遵循以下原则。

- 在页面的标题中可以放置3～5个关键词，不宜太多。因为关键词越多，每个关键词分到的权重就越少。例如,放置10个关键词，平均每个关键词只能分到十分之一的权重，要想获得更高的排名，就会比较困难；而如果只放置3个关键词，平均每个关键词就可以分到三分之一的权重，获得更高排名就会相对容易一些。
- 搜索引擎会根据关键词的顺序确定关键词的权重，所以在设置标题中的关键词时，须按照关键词的重要性对关键词依次进行排列，最重要的关键词放在前面，其次重要的关键词放在后面，最后放置公司名称的简写。
- 两个关键词之间用"_"或"|"等连接符隔开。
- 标题总字数要控制在30个汉字以内。

### 2．在网页描述中布局关键词

网页描述是网页源代码中discription标签属性所设置的一段文本，主要用于介绍网页的内容，图5-19所示为某装修公司网站首页的描述。该文本不会在网页中显示，但是会出现在搜索引擎的搜索结果页中，图5-20所示为该网页在百度搜索结果页中的显示效果。

图5-19　网页描述

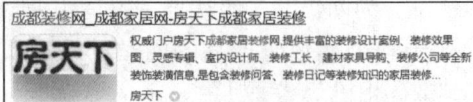

图5-20　网页描述在搜索结果页中的显示效果

在网页描述中布局关键词时，要遵循以下原则。

● 网页描述是对整个网页内容的概括，应该是一段通顺而连贯的话，而不是关键词的堆砌。

● 尽可能地把标题中的关键词融入其中。

● 标点符号用英文半角符号，可以节省位置。

● 网页描述尽量控制在80个汉字以内。

图5-19的网页描述基本符合以上原则。这是一段语义连贯的句子，出现了"成都家居装修""装修设计案例""装修效果图"等多个关键词，但总字数超过了80个汉字。

### 3．在keywords标签属性中布局关键词

网页的keywords标签属性在网页的源代码中可以看到，如图5-21所示。keywords中的内容只有搜索引擎才能看见，在网页和搜索结果页中都不会显示。

图5-21　网页的keywords标签属性

📖**知识链接**

目前，搜索引擎对keywords标签属性的关注度越来越小，它对排名的影响也越来越小。如果需要对其进行设置，只需把网页标题中的关键词放到keywords标签属性中。

### 4．在网站导航中布局关键词

网站导航的作用是引导用户访问其所需要的信息，网站导航一般在每个页面中都会出现，如图5-22所示。其内容主要是各个栏目及子栏目的名称，我们主要在其中布局次要关键词。

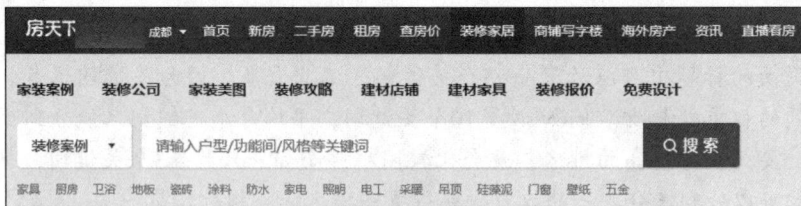

图5-22　网站导航

搜索引擎在分析一个页面的内容时，其顺序是自上而下的，网站的内容越靠上，搜索引擎就越看重，其权重就越高。网站导航一般位于网页顶部，所以其权重比较高。

### 5．在板块标题和文章标题中布局关键词

一个网站的页面会分为若干个板块，板块中会显示若干文章的标题。我们可以在各个板块标题及文章标题中布局关键词。板块标题中主要布局次要关键词，而文章标题中主要布局长尾关键词，如图5-23所示。

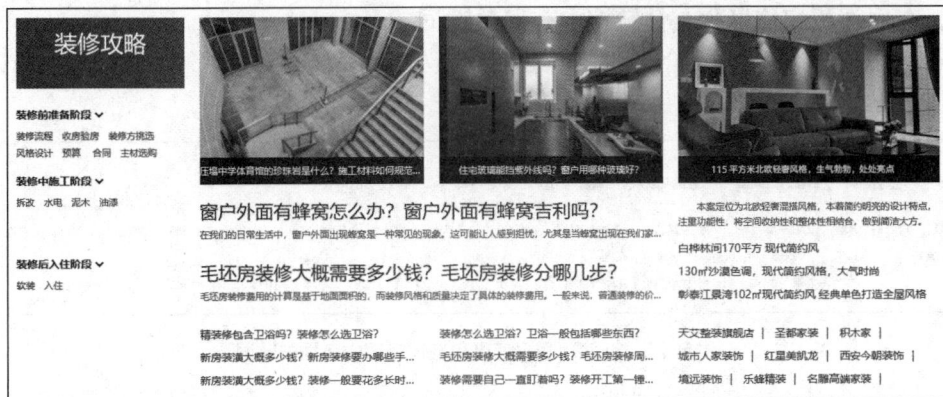

图5-23　在板块标题和文章标题中布局关键词

### 6．在文章内容中布局关键词

想要网站有良好的排名，一定要不断更新网站内容，并定期在专门的板块中发布文章。文章的内容和标题中可以布局很多关键词，布局时应遵循以下原则。

- 文章的各级标题要使用<h>标签，因为<h>标签是标题标签，其权重比普通文本高，可以在其中融入相应的关键词。
- 正文中的关键词第一次出现时要为其设置醒目的颜色，并为其创建超链接，链接到相应的栏目。
- 为图片添加描述文本，并在描述文本中添加关键词。

图5-24所示为一篇介绍毛坯房装修的文章，其标题中的"毛坯房装修大概需要多少钱""毛坯房装修分哪几步"是长尾关键词，正文中的"毛坯房装修""豪华装修""装修价格"都是关键词。它们在第一次出现时，都被设置了醒目的颜色，并被创建了超链接。在图片的描述中也添加了长尾关键词"毛坯房装修大概需要多少钱"。

图5-24　在文章内容中布局关键词

### 7．在底部版权信息和友情链接中布局关键词

网站页面的底部通常都会设置友情链接及版权信息，可以在这个位置布局关键词，如图5-25所示。

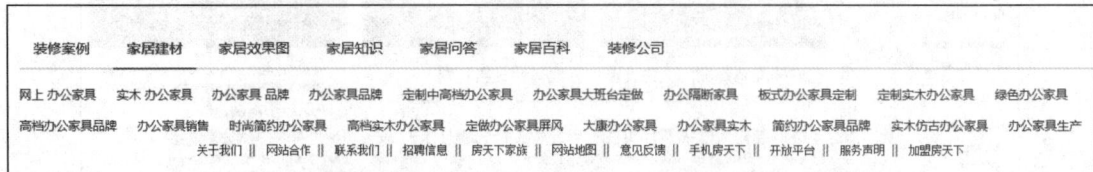

图5-25　在底部版权信息和友情链接中布局关键词

## 5.3.3　分析关键词的密度

关键词密度是一个重要的优化指标，它表示关键词在网页上出现的总字符数与网页总字符数的比例。例如，一个网页共有100个字符，而关键词是两个字符并在其中出现了5次，则该关键词的密度为$2×5÷100=0.1=10\%$。为了获得最佳优化效果，一个网页的关键词密度应该控制在2%～8%。应避免关键词密度过低或过高，因为过低的关键词密度无法实现优化效果，过高的关键词密度则可能被搜索引擎视为关键词堆砌，从而遭受处罚。

要查询某个关键词的密度，可以在站长工具网站中单击"SEO优化"下的"关键词密度检测"超链接。然后在打开的页面中分别输入要查询的关键词和网址，再单击"查询"按钮，如图5-26所示。

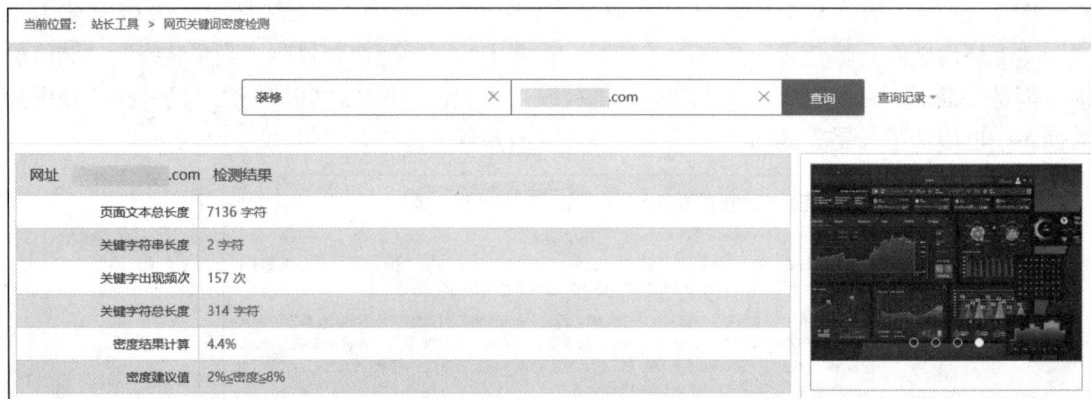

图5-26　查询关键词的密度

## 5.4　预测关键词趋势

随着时间的推移，用户的需求会发生变化，这使得关键词的搜索指数也会发生变化。因此，在进行网站优化时，SEO人员需要不断关注关键词的变化趋势，以保持竞争优势。如果能够提前发现竞争对手尚未注意到的关键词，那么优化的网站就能够占据有利地位。

影响关键词变化趋势的因素有很多，主要包括以下几点。

● **热点事件**：热点事件常常是指重要活动、突发事件、热门新闻以及网络上的热点话

题等。热点事件的出现往往会吸引大量用户的关注和搜索，关键词的搜索指数在很短的时间内就会发生剧烈变化。例如，第31届世界大学生夏季运动会开幕式于2023年7月28日在成都举行，"大运会开幕式"关键词的搜索指数在这个时间点之前有波动且大幅上升，如图5-27所示。

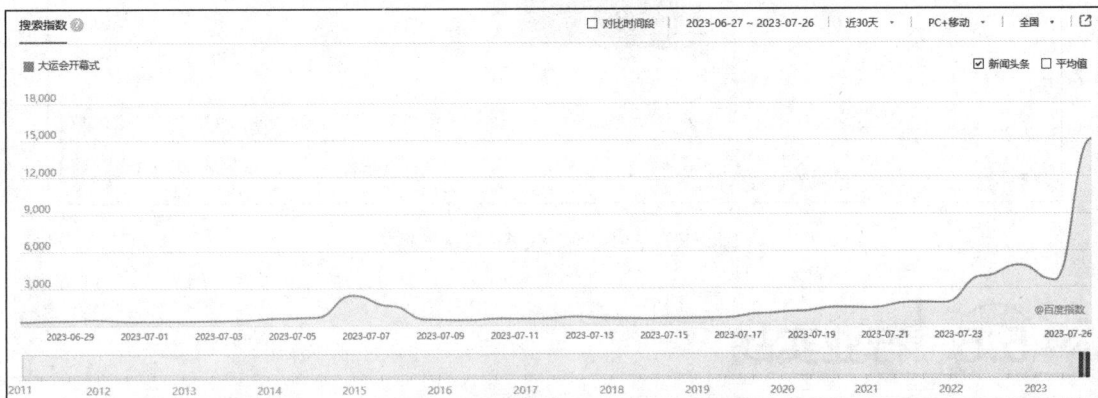

图5-27 "大运会开幕式"关键词的搜索指数

● **节日假期**：法定节日（如国庆节、劳动节等）、传统节日（如元宵节、重阳节）及假期（如寒、暑假等），都会带动相应的关键词发生较大变化。图5-28所示为"划龙舟"关键词的搜索指数在2023年6月22日端午节前后的变化，从中可以看出"划龙舟"关键词的搜索指数在端午节前后会有大幅度上升，这反映了人们对于传统节日庆祝活动的浓厚兴趣和参与热情。

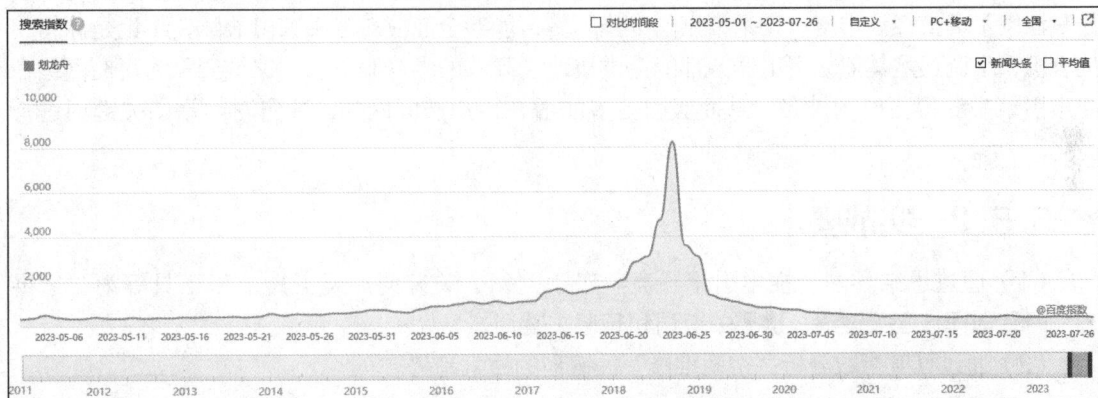

图5-28 "划龙舟"关键词的搜索指数

● **新兴事物**：新兴事物（如新产品、新科技和新思维）往往有着巨大的潜力。能够及时把握这些新兴事物的人，将会获得不小的回报。AI绘画是一项新兴科技，能够自动生成艺术作品，以及对现有作品进行改编和再创作。图5-29所示为最近一年"AI绘画"关键词的搜索指数。从中可以看出，该关键词的搜索指数在2022年10月之前几乎为0，10月之后开始有所增加，并在11月中旬开始波动上升。到了12月上旬，搜索指数达到峰值。随后，搜索指数开始迅速下降，但仍能保持一定的量。这表明人们对于这项新兴科技的兴趣和关注度不断增加，并希望了解更多相关信息。

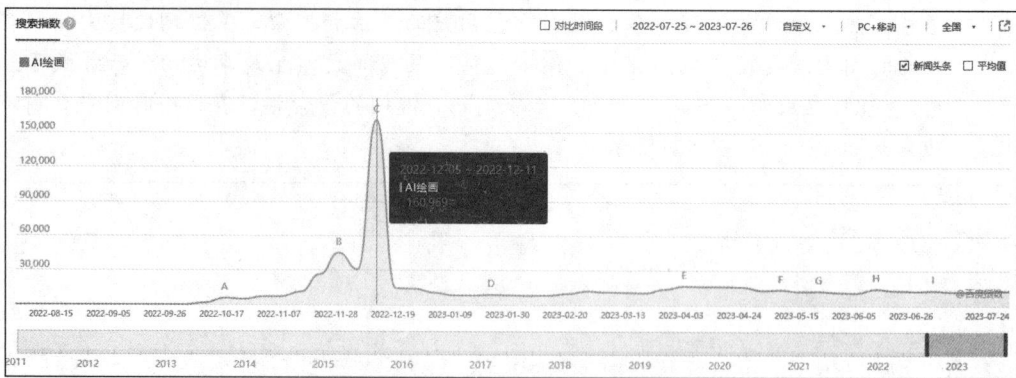

图5-29 "AI绘画"关键词的搜索指数

# 5.5 行业实战

本章主要介绍了网站关键词的相关知识，包括关键词的定义与分类、关键词优化的作用、关键词的选择与布局等内容。本节将为某家电维修网站选择核心关键词、次要关键词和长尾关键词。

## ✳ 5.5.1 实战背景

"家维云"是一个专业的家电维修网站，为用户提供便捷、可靠的家电维修服务。"家维云"汇集了一批经验丰富、技术精湛的维修师傅，能够全面应对各种家电故障，不论是冰箱、洗衣机、空调还是其他家用电器，都能提供快速、高效的维修服务。"家维云"为了使网站在搜索引擎中获得更好的排名，从而吸引更多的潜在用户访问网站，决定对网站的关键词进行优化。

## ✳ 5.5.2 实战要求

（1）通过思维导图、搜索引擎、竞争对手网站、关键词扩展工具、AI工具等为"家维云"网站选择核心关键词、次要关键词和长尾关键词。

（2）通过百度指数分析"空调维修"关键词的搜索趋势。

## ✳ 5.5.3 实战步骤

**步骤 01** 通过对家电维修行业的了解及网站的定位，以"家电维修"为核心制作思维导图，如图5-30所示。

**步骤 02** 在百度中搜索"家电维修"关键词，在弹出的下拉列表中查看相关的关键词，如图5-31所示。

**步骤 03** 单击"百度一下"按钮进行搜索，在搜索结果下方的"相关搜索"栏中查看相关的关键词，如图5-32所示。

**步骤 04** 在搜索结果中单击排名第一的网页超链接，打开该网页，在其中查询可用的关键词，主要查看导航栏中各个栏目的名称、各个板块的标题，如图5-33所示。

行业实战

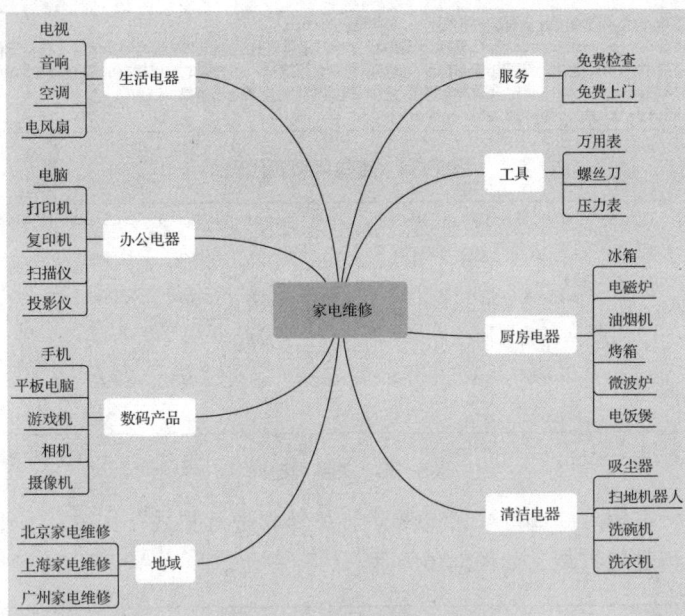

图5-30 "家电维修"思维导图

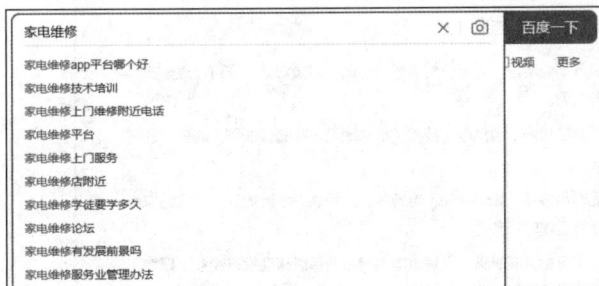

图5-31 搜索引擎下拉列表

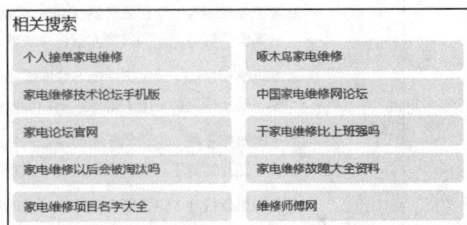

图5-32 搜索引擎相关搜索

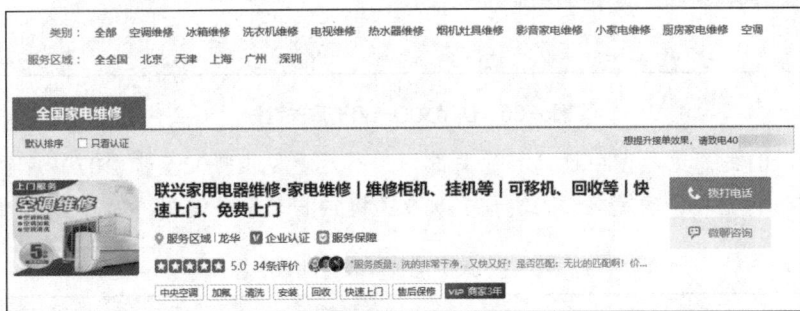

图5-33 查看网页

步骤 05 在空白位置单击鼠标右键，在弹出的快捷菜单中选择"查看网页源代码"命令，查看网页的源代码，在<title>标签，description、keywords标签属性中查看相关关键词，如图5-34所示。

步骤 06 打开排名第2至第5的网页，在其页面和源代码中查找所需的关键词。

步骤 07 在站长工具网站中打开"SEO优化"下的"关键词挖掘"工具，在其中输入"家电维修"关键词，单击"查询"按钮，在查询结果中寻找所需的关键词，如图5-35所示。

```
<title>全国家电维修_电器维修_全国家电维修网 - 58同城</title>
<meta name="description" content="58同城全国家电维修频道是专业的全国家电维修免费信息发布、查询平台。每天都有
大量专业、真实的优秀商家提供全国家电维修电话、价格信息供大家选择，品牌家电维修就来58同城全国家电维修频道.">
<meta name="keywords" content="全国家电维修,全国家电维修网,全国电器维修">
<meta http-equiv="X-UA-Compatible" content="edge">
```

图5-34　查看网页源代码

| 序号 | 关键词 | 收录量 | 长尾词数 | 竞价词 | 全网指数 | sem价格 | PC日均流量 | 移动日均流量 | 关键词特点 | 竞价竞争度 |
|---|---|---|---|---|---|---|---|---|---|---|
| 1 | 家电维修 | 80600000 | 1723440 | 2765 | 721 | 1.32 | 155 | 693 | | 简单 |
| 2 | 家电维修论坛 | 26400000 | 3297 | 946 | 305 | 2.0 | 60 | 130 | | 简单 |
| 3 | 家电维修技术论坛 | 26900000 | 580 | 828 | 228 | 0.42 | 32 | 82 | | 简单 |
| 4 | 家电维修网 | 100000000 | 8348 | 1749 | 132 | 0.5 | 13 | 27 | | 简单 |
| 5 | 北京家电维修 | 100000000 | 11718 | 1526 | 101 | 9.48 | 2 | 21 | | 简单 |

图5-35　关键词挖掘

**步骤 08**　在文心一言中输入"请对'家电维修'关键词进行扩展"文本，文心一言将从多个方面对关键词进行扩展，如图5-36所示。

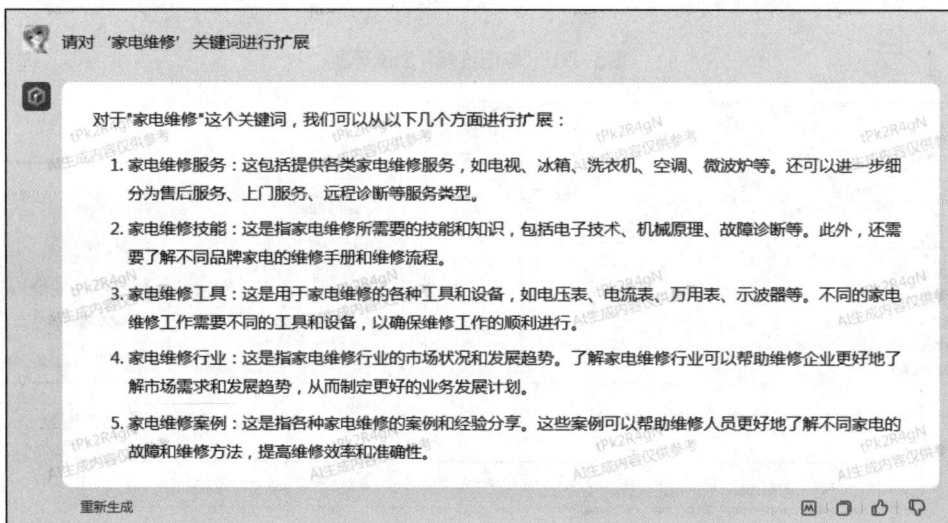

图5-36　使用文心一言扩展关键词

**步骤 09**　从步骤01的思维导图中挑选其他关键词，然后重复步骤02至步骤07，最后将得到的关键词进行整理，确定核心关键词、次要关键词和长尾关键词，如表5-1所示。

表5-1　关键词统计表（部分）

| 关键词类型 | 关键词 |
|---|---|
| 核心关键词 | 家电维修、电器维修、家电维修网 |
| 次要关键词 | 电视维修、空调维修、冰箱维修、洗衣机维修、厨房电器维修 |
| 长尾关键词 | 家电维修上门服务、家电维修教程、家电维修价格表、家电维修电话、吸尘器拆解清洁步骤详解、电饭煲内胆能否更换、空调不制冷不出风怎么处理、柜式空调清洗步骤、冰箱维修技术专家、洗衣机漏水怎么办、空调异味解决方法、微波炉不加热维修指南、电视画面出现噪点的原因分析、吸尘器吸力变弱怎么处理、冰箱门密封条更换步骤、洗碗机不排水解决方案 |

**步骤10** 在百度指数网站中查询关键词的搜索指数。图5-37所示为"空调维修"关键词近两年多的搜索指数。从图中可以发现"空调维修"关键词的搜索指数具有周期性变化的趋势，每年7月～8月"空调维修"关键词的搜索指数都会大幅度上升，因此，每年网站应当在这之前对与"空调维修"相关的关键词做重点优化。

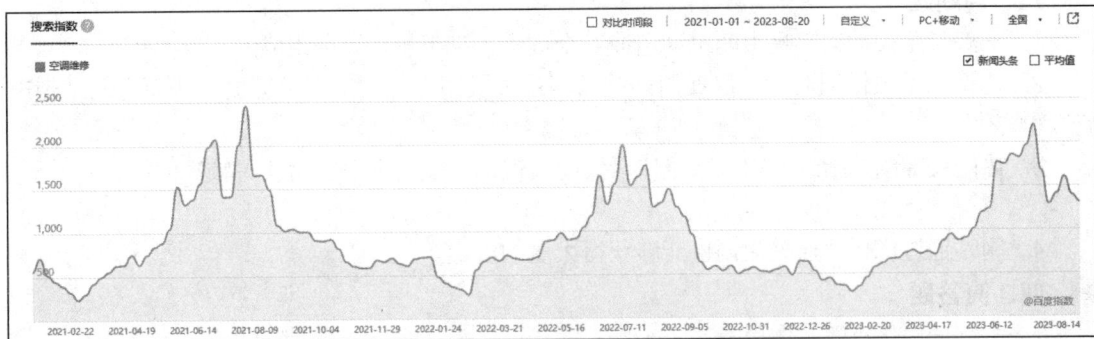

图5-37 "空调维修"关键词近两年多的搜索指数

📋**职业素养**

　　作为专业的SEO人员，必须深入研究和深入理解搜索引擎的原则和准则，并努力在实践操作中严格遵守。在遵守搜索引擎规则的过程中，SEO人员需要保持清醒的头脑，坚决不使用任何可能涉嫌欺骗的手段来误导搜索引擎或者用户。

📊 **课后练习**

**一、填空题**

1. 在SEO领域，关键词是指用户为了寻找某个_____（产品、服务或公司等内容），在百度等_____的搜索文本框中输入的一段_____。

2. 关键词按热度进行分类可以分为_____、_____和_____，按相关度进行分类可以分为_____、_____和_____。

3. 关键词的热度指一个关键词近期的综合_____。一般来说，关键词的搜索量越大，其热度就_____；反之，则热度_____。

**二、单项选择题**

1. 下列选项中，关于核心关键词的特点描述错误的是（　　）。

　　A. 核心关键词一般作为网站首页的标题

　　B. 核心关键词在搜索引擎中每日都有稳定的搜索量

　　C. 核心关键词一般由5～6个字或词组成

　　D. 网站的主要内容围绕核心关键词展开

2. 下列选项中，对长尾关键词的特点描述错误的是（　　　）。

    A. 搜索量小　　　　　B. 竞争程度小　　　　　C. 转化率高　　　　　D. 搜索频率很稳定

3. 按重要程度可以将关键词分为核心关键词、次要关键词和（　　）三大类。

    A. 长尾关键词　　　　B. 普通关键词　　　　　C. 热门关键词　　　　D. 冷门关键词

## 三、判断题

1. 一般长尾关键词都是由两个词语或三个词语，甚至一句短语组成的。　　　　　　　（　　）

2. 选择网站关键词时，可以使用一些与网站关键词无关的热点关键词，从而为网站带来流量和转化。　　　　　　　　　　　　　　　　　　　　　　　　　　　　　　（　　）

3. 热门关键词是指近期内搜索量比较大的关键词，使用它很容易获得较高的排名。

                                                  （　　）

4. 网站通过优化普通关键词也能够获得大量的流量。　　　　　　　　　　　　　　（　　）

## 四、简答题

1. 关键词优化有哪些作用？

2. 关键词的选择标准有哪些？

## 五、操作题

1. 利用网站中的关键词挖掘工具选择关于"汉服"的关键词。

2. 利用百度指数搜索"门票预订"关键词近半年内的搜索趋势。

网站页面的优化

# 第6章

# 网站页面的优化

　　网站页面的优化是SEO人员的重要工作之一，它不同于网页改版，而是进行多方面细微的调整，使其更加符合搜索引擎检索和排名的要求，从而提高网站的收录数量及收录率，快速提升网站整体优化的效果。

　　网站页面的优化主要包括两个方面的内容。第一，优化页面结构，首先要明确网页的构成和布局，然后从标题、描述、关键词、图片、H标签、网页代码等多个方面进行具体的优化。第二，优化页面内容，优质且原创的内容对用户才是真正有用的，搜索引擎对其非常重视，越是原创的内容，越容易获得好的排名。

## 知识目标

- 掌握网页标题的优化方法。
- 掌握<meta>标签的优化方法。
- 掌握图片的优化方法。
- 掌握H标签的优化方法。
- 掌握网页代码的优化方法。

## 素养目标

- 培养对用户体验和SEO的敏感度和意识。
- 培养团队协作能力和沟通能力，推动网站页面优化工作的有效实施。

## 6.1 优化页面结构

优化页面结构需要先了解网页的结构，再对页面中的文本、图像、声音、视频、超链接等进行优化。由于页面结构优化很多都需要修改网页源代码，这需要SEO人员对网页源代码（即HTML等代码）有系统的了解。

### ❋ 6.1.1 了解网页的结构

网页布局结构是指在浏览器中显示的完整网页的结构，它是网页设计的重要组成部分。一个布局良好的网页需要对其中所有的内容进行有机整合并合理划分其位置，以达到令人惊艳的视觉效果。

一个网页通常由多个部分组成，其中主要包括网页头部（header）、导航栏（nav）、主体内容（main）、网页尾部（footer）等，如图6-1所示。这些部分有机地组合在一起，形成完整的网页结构。在HTML5中，可以使用相应的语义标签来区分这些部分，例如<header>、<nav>、<main>、<footer>等，这样可以帮助搜索引擎识别不同部分的内容，提高抓取效率。

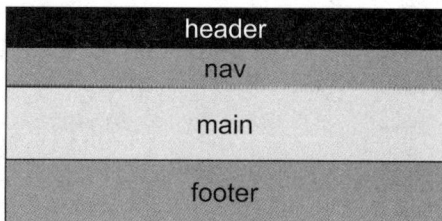

图6-1　网页布局结构

> 📖**知识链接**
>
> HTML5以前的版本不支持<header>、<nav>、<main>、<footer>等语义标签，可以使用<div>标签加id、class属性的方式来实现，如<div class="header">网页头部</div>，<div id="nav">导航</div>等。

#### 1. 网页头部

网页头部主要包括网站Logo、登录按钮、注册按钮、搜索框以及常用的快捷功能按钮等内容，这些元素能够使用户在访问网站时迅速找到自己需要的功能，提升用户体验。图6-2所示为当当网首页的网页头部。

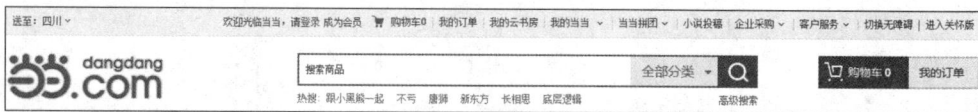

图6-2　当当网首页的网页头部

#### 2. 导航栏

导航栏是网站中重要的基础组成元素之一，它用于对网站信息进行分类。用户通过导航栏能够快速查询需要的信息，提高访问效率。

图6-3所示为当当网首页的导航栏，对商品种类进行了清晰、明确的划分，涵盖了各类图书、音像、数码、家居、美妆、服饰、食品等商品，让用户能够根据自己的需求，快速找到所需的商品。

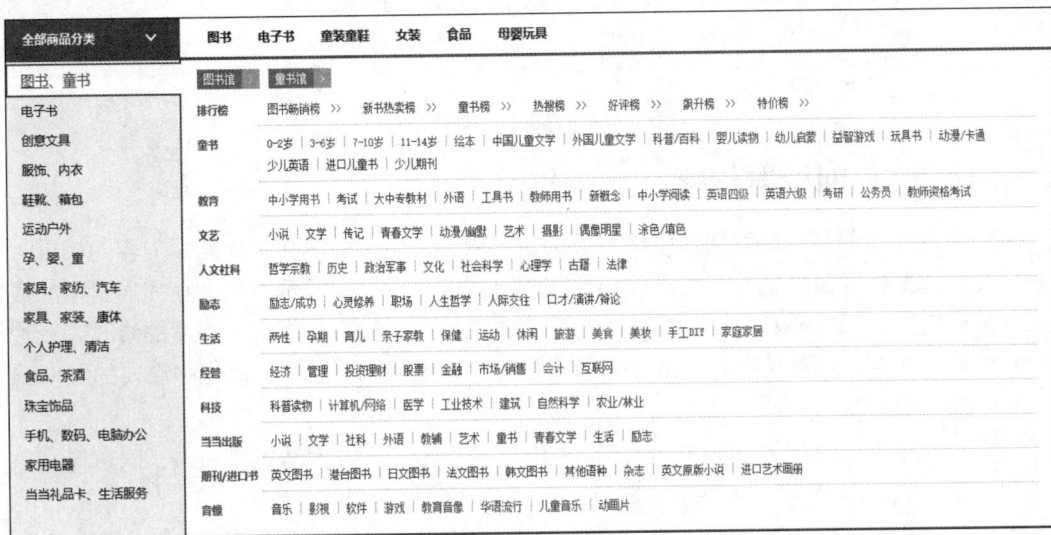

图6-3　当当网页的导航栏

### 3. 主体内容

主体内容主要由文本、图片及超链接组成，部分页面还包含声音、视频和动画等内容。图6-4所示为当当网首页的主体内容，以图文并茂的方式展示各类商品，同时通过精准的关键词和详细的分类，使用户能够迅速找到自己感兴趣的商品。

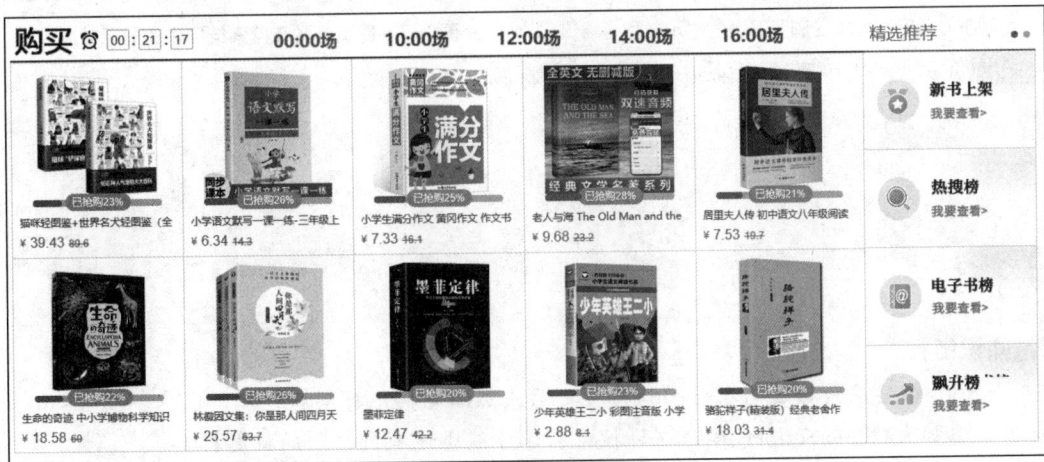

图6-4　当当网首页的主体内容

### 4. 网页尾部

网页尾部的内容包括友情链接、版权声明、联系方式、备案信息以及站长统计等。这些内容虽然位于网页的底部，但它们在用户体验中也有着重要的作用。友情链接可以引导用户访问相关的网站，版权声明可保护原创内容，联系方式可方便用户反馈，备案信息则可保证网站的安全性，站长统计则有助于了解网站流量和用户行为。图6-5所示为当当网首页的网页尾部。

| 购物指南 | 支付方式 | 订单服务 | 配送方式 | 退换货 | 商家服务 |
|---|---|---|---|---|---|
| 购物流程 | 网上支付 | 配送服务查询 | 当日递 | 退换货服务查询 | 商家中心 |
| 发票制度 | 礼品卡支付 | 订单状态说明 | 次日达 | 自助申请退换货 | 运营服务 |
| 服务协议 | 银行转帐 | 自助取消订单 | 订单自提 | 退换货进度查询 | |
| 会员优惠 | 礼券支付 | 自助修改订单 | 验货与签收 | 退款方式和时间 | |

公司简介 | 诚聘英才 | 网站联盟 | 当当招商 | 机构销售 | 手机当当 | 官方Blog | 知识产权 | 热词搜索

图6-5　当当网首页的网页尾部

## ✳ 6.1.2　页面标题优化

网页标题用于告知用户和搜索引擎网页的主要内容，搜索引擎在判断网页内容的权重时，网页标题是重要参考信息之一。网页标题会在浏览器的标题栏中显示，也会在搜索引擎的搜索结果中以超链接的形式显示。网页标题一旦确定，在后期尽量不要进行大幅度的修改。无论是从用户体验的角度，还是从提升关键词排名的角度，标题优化都是网页优化中重要的因素。

### 1. 设置网页标题

网页标题会在浏览器的标题栏中显示，如图6-6所示。在搜索结果页面中，网页标题是搜索结果中第一行以超链接方式显示的文字，是用户浏览搜索结果时最先看到的、最醒目的内容，如图6-7所示。

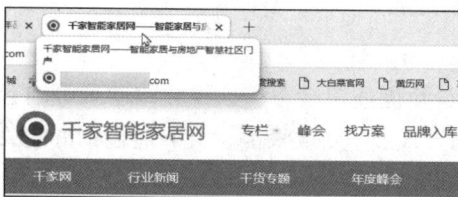

图6-6　网页标题在浏览器中的显示效果

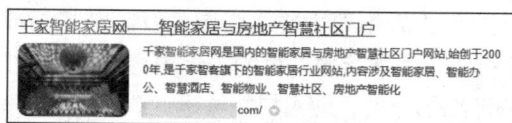

图6-7　网页标题在搜索结果中的显示效果

在网页源代码中可通过<title>标签设置网页标题，其格式如下。

```
01      <head>
02          <title>网页标题文本</title>
03          ......
04      </head>
```

### 📖知识链接

<title>标签应紧接着写在<head>标签之后，然后写其他标签和代码。注意不要在<title>标签前添加大段JavaScript代码，这样搜索引擎才能迅速找到网页的标题标签。

### 2. 网页标题的写法

网页源代码中的<title>标签是用来设置网页标题的。在搜索结果页面中，搜索引擎会将网页标题作为超链接显示在搜索结果中。一个主题明确的网页标题，可以帮助用户更方便地从搜索结果中判断网页内容是否符合其需求。在设置网页标题时，要注意以下几个方面的问题。

● 标题的主题要明确，应包含网页中最重要的内容。

● 文章页标题中不要加入过多的描述，否则会分散用户的注意力。

- 要使用用户熟知的语言进行描述。
- 如果网站比较知名，可以将其加入标题中的合适位置，网站的品牌效应会提高用户的点击率。
- 标题要对用户有吸引力。
- 标题要让用户产生信任感。

### 3．网页标题不能太长

网页标题不能太长，建议不要超过30个中文字符，因为在搜索引擎的搜索结果中，标题字数均在30个中文字符以内。如果标题超过30个中文字符，多余的内容是不显示的。另外，标题越长，其中的关键词就越多，每个关键词分到的权重就越少，这样每个关键词的排名都会受到影响。图6-8所示为搜索"全国天气预报"关键词所返回的两条搜索结果，其中第2个结果的标题超过了30个字符，没有完全显示出来。

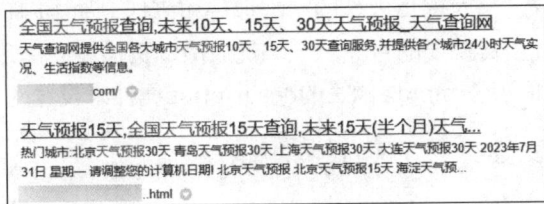

全国天气预报查询,未来10天、15天、30天天气预报_天气查询网
天气查询网提供全国各大城市天气预报10天、15天、30天查询服务,并提供各个城市24小时天气实况、生活指数等信息。
com/

天气预报15天,全国天气预报15天查询,未来15天(半个月)天气...
热门城市 北京天气预报30天 青岛天气预报30天 上海天气预报30天 大连天气预报30天 2023年7月31日 星期一 请调整您的计算机日期 北京天气预报 北京天气预报15天 海淀天气预...
.html

图6-8　网页标题不能太长

### 4．各网页之间标题不要重复

网页标题是网页主要内容的概括，搜索引擎可以通过网页标题迅速地判断网页的主题。每个网站都由一个首页、几个栏目页、大量文章页组成，因此，每个网页都应该具备一个独一无二的标题，这样才能与其他页面进行区分。

有些网站所有页面的标题都是一样的，即只是一个网站标题。由于标题中缺少相应的关键词，即使网页内容与某个关键词有关，但是在搜索结果页中也很难被显示出来。即便显示了，排名也会比较靠后。并且由于标题不能反映网页的内容，也很难引起用户的注意，难以获得点击量。

另外，有些网站的所有页面虽然标题并不完全相同，但是部分相关页面采用相同的关键词，这样就会产生内部竞争，不利于网站整体的排名。为每个网页设置不同的标题，在搜索引擎中每个网页再在不同的关键词下进行排名，就可以提升网站的整体排名。

要解决网页标题重复的问题，可以采用以下规则。

- **首页标题命名规则**：网站首页可以采用"网站名称 - 关键词1,关键词2,关键词3……"的形式进行命名，并且网站名称和关键词应采用不同的分隔符隔开。图6-9所示为"中国服装网"首页的标题，排在第一的是网站名称"中国服装网"，后面是多个与网站内容相关的关键词，并使用半角逗号隔开。

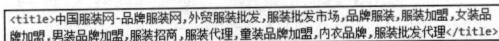

&lt;title&gt;中国服装网-品牌服装网,外贸服装批发,服装批发市场,品牌服装,服装加盟,女装品牌加盟,男装品牌加盟,服装招商,服装代理,童装品牌加盟,内衣品牌,服装批发代理&lt;/title&gt;

图6-9　"中国服装网"首页的标题

- **栏目页标题命名规则**：栏目页可以采用"栏目名称_关键词1,关键词2,关键词3……_网站名称"的形式进行命名，图6-10所示为"中国服装网"的"男装品牌"栏目页的标题。排在第一的是栏目名称"男装品牌"，最后是网站名称"中国服装网"，中间是多个与栏目内容相关的关键词。

```
<title>男装品牌_男装品牌大全,男装品牌有哪些_中国服装网</title>
```

图6-10  "中国服装网"栏目页的标题

● **文章页或商品详情页标题命名规则**：文章页或商品详情页可以采用"文章名称或产品名称_栏目名称_网站名称"的形式进行命名，图6-11所示为"中国服装网"中的一篇新闻的页面的标题，排在第一的是新闻标题，其次是栏目名称，最后是网站名称。

```
<title>威尔浪-时尚个性带有一种神秘气息 新款隆重上市！_男装品牌_中国服装网</title>
```

图6-11  "中国服装网"文章页的标题

## �֎ 6.1.3  网页描述优化

在网页的优化过程中，网页描述对网站的排名也有重要的影响。搜索引擎可以通过网页描述了解网页内容。网页描述是对网页内容的精准提炼和概括。如果网页描述与网页内容相符，搜索引擎就会将网页描述当作摘要的目标之一。优质的网页描述会提升网页的排名。

在网页源代码中，可通过<meta>标签的description属性来设置网页描述，其格式如下。

```
01    <meta name="description" content="网页描述">
```

在设置网页描述时要注意以下问题。

● **语句要通顺连贯**：网页描述必须兼顾用户体验，确保语句通顺连贯，具有一定的吸引力，并能够准确地概括网页内容。

● **融入必要的关键词**：在设置网页描述时，可以将标题中的关键词融入其中，还可以再添加一些次要关键词以提高网页的收录率。但不要简单地堆砌大量的关键词，这样不仅没有意义，还容易让搜索引擎认为网站有作弊的嫌疑。

● **长度要合理**：网页描述的长度不要太短，也不能太长，最好控制在40～80个中文字符。

● **为每个网页设置不同的描述**：每个网页都必须有对应的描述，不要将整个网站的网页都设置成同样的描述。因为每个网页的内容是不同的，采用相同的描述不利于搜索引擎对网页进行索引和抓取。图6-12所示为某电商网站首页、计算机频道页和商品详情页的描述，它们都是对各自页面内容的概述，没有重复。

```
<meta name="description" content="全球领先的综合性网上购物中心。超过100万种商品在线热销！图
书、童书、绘本、中小学教辅、文学小说、音像、母婴、家居、服装、鞋包等几十大类，正版保证，低至2折
（自营图书满49元免运费。当当网一贯秉承提升顾客体验的承诺，自助退换货便捷又放心）">
```

（a）首页描述

```
<meta name="description" content="当当网图书频道-全球最大中文网上书店,专业提供小说传记,青
春文学,成功励志,投资理财等各品类图书畅销榜最新报价、促销、评论信息,引领最新网上购书体验！">
```

（b）栏目页描述

```
<meta name="description" content="当当网图书频道在线销售正版《传承：百年家族背后的中国
史（破解中国家族的传承密码）》,作者：艾公子著,出版社：辽宁人民出版社。最新《传承：百年家
族背后的中国史（破解中国家族的传承密码）》简介、书评、试读、价格、图片等相关信息,尽在Dan
gDang.com,网购《传承：百年家族背后的中国史（破解中国家族的传承密码）》,就上当当网。">
```

（c）商品详情页描述

图6-12  为每个网页设置不同的描述

## ❋ 6.1.4　网页关键词优化

这里的关键词指的是网页源代码中keywords属性中的关键词，其描写应该精练、简洁，与标题相关连，形成前后呼应的关系。尽管目前搜索引擎对网页关键词的重视程度有所降低，但网页关键词仍然具有一定的作用。在网页源代码中设置网页关键词的格式如下。

```
<meta name="keywords" content="关键词" />
```

在设置网页关键词时要注意以下问题。

- **数量不能太多**：关键词的数量不能太多，通常情况下，选择3~5个能够集中体现网站的主要服务的关键词即可。太多的关键词容易导致搜索引擎对网站进行降权。
- **以英文半角逗号隔开**：搜索引擎要求各个关键词之间应该以英文半角逗号隔开，如果以中文逗号隔开，会对搜索引擎的抓取产生影响。
- **不要使用生僻词汇**：关键词应该易于检索，过于生僻的词汇不适合作为关键词。

## ❋ 6.1.5　页面图片优化

网页中的图片是除文字、超链接之外的重要内容。目前，搜索引擎都将图片作为索引和抓取的参考标准之一，并且图片在搜索结果中也可以以图文并茂的形式展示出来。由此可见，图片的优化也是网页优化的重点。

### 1．图片优化的作用

图片优化是进行SEO的必备技能，其作用介绍如下。

- 优质的图片能够在第一时间吸引用户的眼球，增加网店的访问量。
- 图片文件的大小是影响页面加载速度的关键因素之一，做好图片优化可以提高文件的加载速度，从而提升搜索引擎的抓取效率。
- 在图片的属性中可以融入关键词，增加关键词的密度，有利于提升关键词排名。
- 在搜索结果中显示一张图片，可以更加有效地吸引用户进行点击。图6-13所示为在百度中搜索"卫衣"关键词后的结果，有图片和没有图片的效果完全不同。

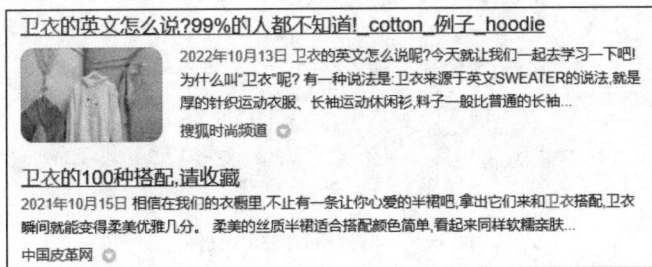

**图6-13　在百度中搜索"卫衣"关键词**

- 优化网站的图片，可以提高图片在搜索引擎结果页面中的排名。这样，当用户通过搜索引擎中的图片搜索找到相关的图片时，他们就有可能进一步打开图片所在的网站，从而带来更多的流量和潜在用户。

### 2．图片的大小要合适

网页中图片的大小非常重要，如果图片过大，会严重影响整个网页的加载速度。一张内容相同的图片，因为分辨率的不同，其文件大小会有很大的区别。图6-14所示为一张内容为咖啡杯的PNG格式的图片。当分辨率为800像素×450像素时，其文件大小为409KB；但当分辨率达到1280像素×720像素时，其文件大小为901KB。

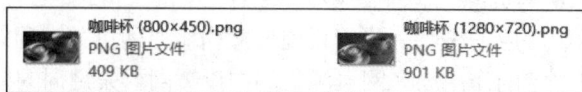

咖啡杯 (800×450).png
PNG 图片文件
409 KB

咖啡杯 (1280×720).png
PNG 图片文件
901 KB

图6-14　图片的大小

虽然像素较大的图片清晰度也较高，但是像素大的图片会大大延长页面的加载时间，影响用户的体验和搜索引擎的抓取效率。所以，网页中图片的大小一定要合适，既要能清晰地显示图片的内容，又不会影响网页的加载速度。

### 3．图片的格式要合适

网页中的图片要选用合适的格式，对于PSD、BMP等格式的文件，由于文件太大，会增加网页的加载时间，影响用户的体验。这时可以将图片转换为尺寸较小的JPG或PNG格式，一些小的动画图片可以转换为GIF格式。

JPG格式是一种有损压缩格式，在保存时可以设置图片的品质，品质越高文件越大，品质越低文件越小，比较适合风景照等颜色较多且图案复杂的图片。PNG格式是无损压缩格式，且支持透明背景，其文件比JPG格式的大，一般适用于Logo或一些装饰性图案。GIF格式支持动画和透明背景，但最多只有256种颜色，只适用于一些小的动画图片或颜色数较少的图片。

使用Photoshop、格式工厂等软件可以修改图片的尺寸大小和文件格式。下面使用格式工厂批量修改图片的尺寸大小和文件格式。

页面图片优化

**步骤 01** 选择所有要修改尺寸大小和文件格式的图片文件（配套资源：素材\第6章\转换图片尺寸和格式\），如图6-15所示。从中可以看出，图片的格式和尺寸都不一致，总大小为6.30MB。

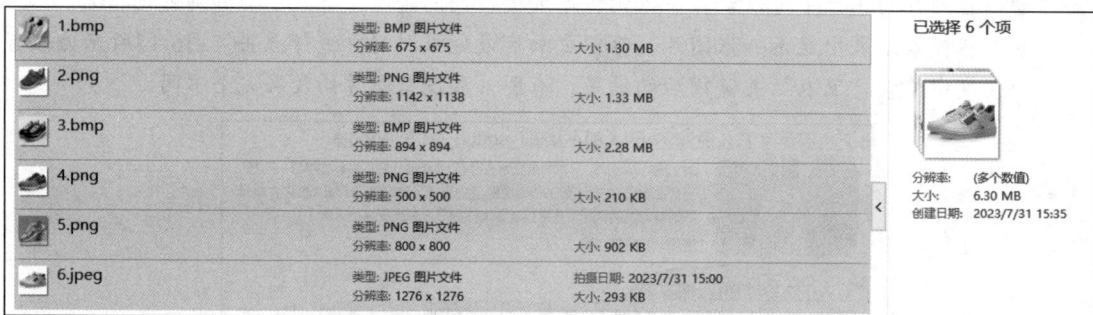

| | | | |
|---|---|---|---|
| 1.bmp | 类型: BMP 图片文件<br>分辨率: 675 x 675 | 大小: 1.30 MB | |
| 2.png | 类型: PNG 图片文件<br>分辨率: 1142 x 1138 | 大小: 1.33 MB | 已选择 6 个项 |
| 3.bmp | 类型: BMP 图片文件<br>分辨率: 894 x 894 | 大小: 2.28 MB | |
| 4.png | 类型: PNG 图片文件<br>分辨率: 500 x 500 | 大小: 210 KB | 分辨率: （多个数值）<br>大小: 6.30 MB<br>创建日期: 2023/7/31 15:35 |
| 5.png | 类型: PNG 图片文件<br>分辨率: 800 x 800 | 大小: 902 KB | |
| 6.jpeg | 类型: JPEG 图片文件<br>分辨率: 1276 x 1276 | 拍摄日期: 2023/7/31 15:00<br>大小: 293 KB | |

图6-15　选择所有的图片文件

**步骤 02** 单击鼠标右键，在弹出的快捷菜单中选择"格式工厂"→"格式工厂"命令，在打开的对话框中选择"JPG"选项，然后单击"配置"按钮，如图6-16所示。

**步骤 03** 在打开的"->JPG"对话框中选中"大小限制"复选框，设置"最大宽度"和"最大高度"都为"200"，然后单击"确定"按钮，如图6-17所示。

**步骤 04** 返回"格式工厂"界面，单击▶所有按钮开始转换格式，如图6-18所示。

**步骤 05** 单击"输出文件夹"按钮，打开输出文件夹，如图6-19所示，可以看到其中所有图片的格式都转换为JPG，分辨率都压缩为"200×200"，总大小也压缩为110KB。

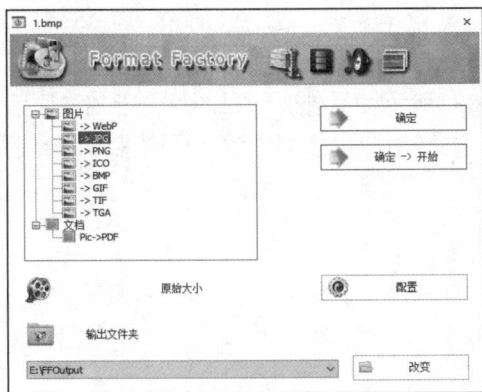

图6-16 设置图片格式

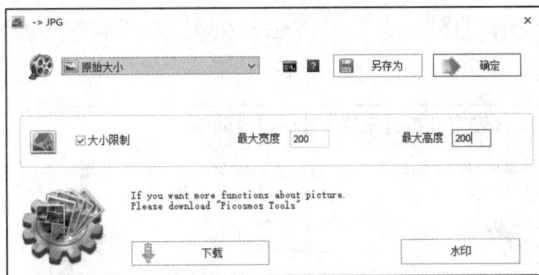

图6-17 设置图片大小

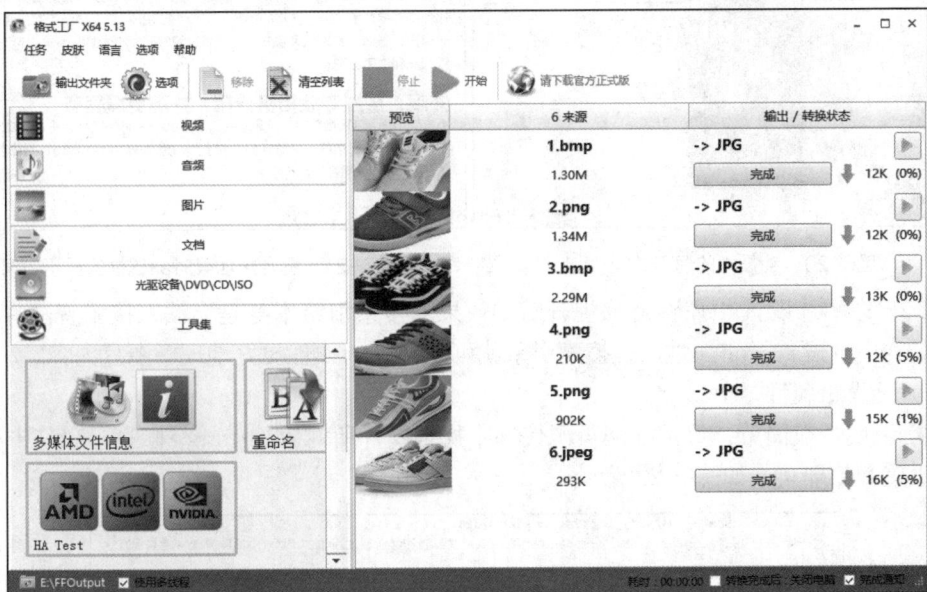

图6-18 "格式工厂"界面

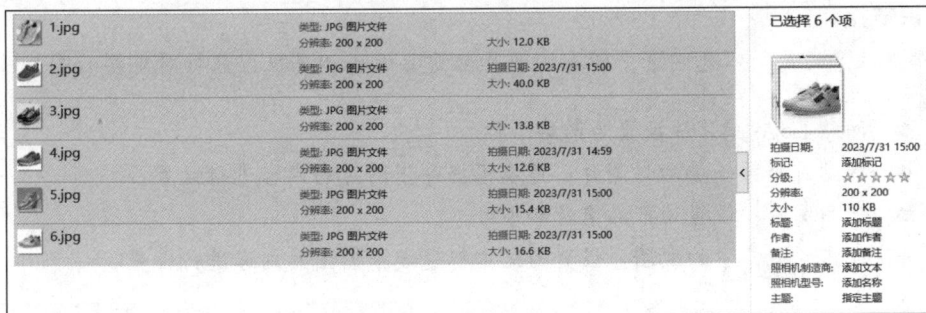

图6-19 转换后的图像文件

## 4．为图片添加alt属性

网页源代码中用于插入图片的<img>标签有一个alt属性，该属性用于为图片添加说明文本。在对网页中的图片进行优化时，可以根据图片的内容和网站的服务项目来设置alt属性的内容。

（1）alt属性的作用

第一，为图片设置alt属性可以提升用户体验。当用户将鼠标指针移动到图片上时，会显示alt属性的内容，使用户更加了解图片内容，如图6-20所示。另外，如果图片由于某种原因不能够被加载，在图片的位置会显示alt属性的内容，这样用户也能够大致知道图片的内容，如图6-21所示。

图6-20　alt属性的显示效果

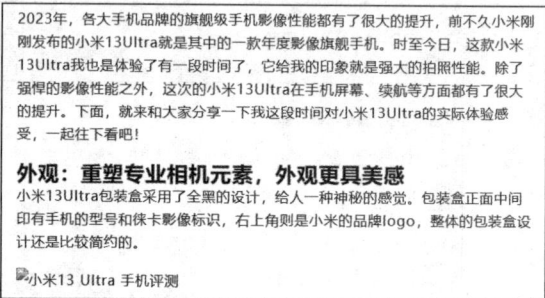

图6-21　图片未加载时alt属性的显示效果

第二，为图片设置alt属性能够提升SEO效果。搜索引擎本身是无法直接了解图片的内容的，但是为图片设置了alt属性后，搜索引擎就可以通过alt属性更好地理解图片内容。

（2）设置alt属性

设置alt属性很简单，只需在网页源代码中找到图片所对应的<img>标签，在其中添加alt属性并设置其值即可，如图6-22所示。

```
▼<div class="article__content__img" style="width: 100%;">
    <img src="https://p0.ssl.img.360kuai.com/dmfd/_60/t01053ecc4a9dec.webp" alt="小米13 Ultra 手机评测">
  </div>
```

图6-22　设置alt属性

📖 知识链接

需要注意的是，不是网页中所有的图片都需要设置alt属性，只针对重要的图片进行设置即可。

● 网站 Logo 图片：设置为网站名称。

● 网站首页第一屏幻灯图片：可以根据每张图片的内容进行设置。

● 产品图片：设置为产品名称和型号。

● 发布的文章中的配图：设置为文章标题或根据图片内容进行设置。

## 5．为图片添加超链接

为图片添加超链接，可以使图片具有超链接的功能。当用户单击添加有超链接的图片时，就会跳转到指定的网页。图片超链接通常更吸引用户的眼球，一张具有吸引力的图片往往能给网站带来不少流量。

为图片添加超链接的方法是在图片的<img>标签外添加一个<a>标签，并通过href属性设置目标网址，其代码如下。

```
<a href="/"><img scr="img/1.png"></a>
```

网页中的图片有很多，但不是所有图片都需要添加超链接，只为必要的图片添加超链接即可。例如，装饰性的图片不用添加超链接，这样可以避免因图片超链接过多而给搜索引擎蜘蛛的识别造成困扰的情况。

一般来说，以下内容可以制作成图片超链接的形式。

● **网站Logo图片**：一般在网站的每个页面中都会包含网站Logo图片，网站会为其添加跳转到网站首页的超链接，这样可以使用户方便、快捷地返回到网站首页。

● **Banner**：Banner的作用一般是将重要信息以图片形式呈现给用户，图片所承载的信息量要比单纯的文字大得多，因此适合作为广告页面、专题页面、重要页面或热点页面的入口，在Banner上添加超链接可以方便用户到达相应的页面。

● **页面广告**：页面广告的目的在于吸引用户关注和点击，因此使用图片比使用文字的效果要好得多。

● **友情链接**：友情链接通常将网站Logo做成图片超链接的形式，以代表公司的品牌形象。

## ✳ 6.1.6  H标签优化

H标签又叫作heading标签，是HTML网页中对文本标题进行着重强调的一种标签。H标签有＜h1＞～＜h6＞6种不同的级别，用于在网页中显示不同级别的标题。图6-23所示为＜h1＞～＜h6＞标签的显示效果。

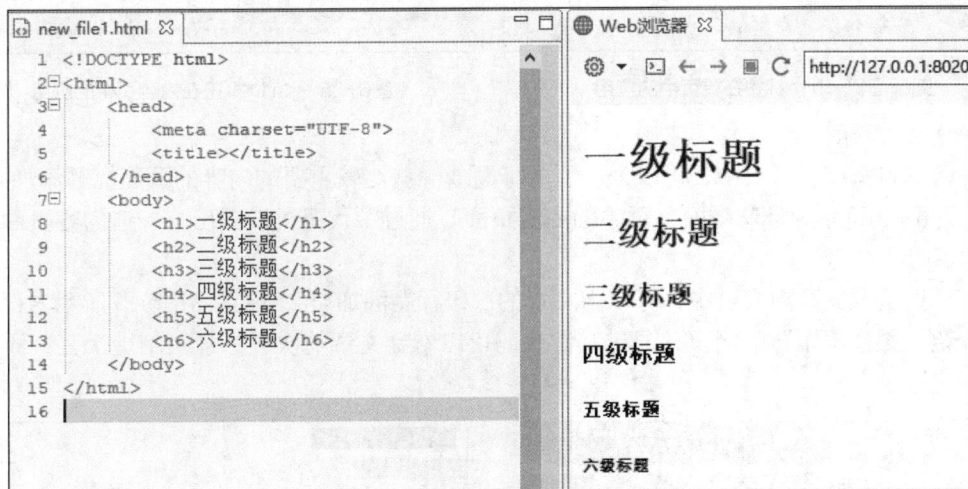

图6-23  ＜h1＞～＜h6＞标签的显示效果

### 1．H标签的作用

H标签为HTML源代码中的标题标签，其作用主要包括以下两个方面。

● **对于普通用户**：应用了H标签的文本比普通文本更突出，便于用户直观地分辨出哪里的文本是文章重点，并可以帮助他们理解H标签下方的内容。不同级别的H标签还可以为网页中的内容创建分层结构，便于用户直观地浏览网页内容。

● **对于搜索引擎**：标签的主要意义是告诉搜索引擎，这是一段文字的标题或主题，起强调作用。搜索引擎要想知道一篇文章的主要内容，需要先寻找文章的标题，但是搜索引擎不可能像人一样迅速识别文章的标题，这就需要用H标签来为搜索引擎做引导，以便搜索引擎迅速掌握文章的主题。

因此，在SEO中，H标签的优化非常重要。在优化时可以在各级H标签中嵌入相应的关键词，权重会随着标签级别的增加而减小，而正文中关键词的权重又要比各级H标签的低。

## 2. H标签的应用

H标签作为标题标签，要根据网页中不同内容的重要性来进行设置。

（1）<h1>标签

由于<h1>标签非常重要，因此在网站首页或栏目页中可以在网站的标题或Logo外添加一层<h1>标签，以强调其重要性。图6-24所示为环球鞋网的首页，通过其源代码可以看出，在Logo图片所在的<img>标签外嵌套了一层<a>标签和一层<h1>标签。

在详情页或文章内容页中，通常会为文章的一级标题添加<h1>标签。图6-25所示为百度百科中介绍"柔性屏幕"的网页，通过其源代码可以看到文章标题"柔性屏幕"添加了<h1>标签。

图6-24 <h1>标签在首页中的应用

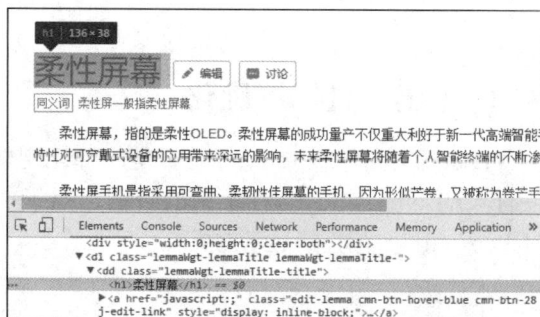

图6-25 <h1>标签在内容页中的应用

（2）<h2>标签

在网站首页或栏目页中，可以为栏目的标题或一些比较重要的内容的页面标题添加<h2>标签。图6-26所示为环球鞋网首页中的内容页面，通过源代码可以看出，一些内容页面的标题应用了<h2>标签。

在详情页或文章内容页中，可以为文章的次级标题添加<h2>标签。图6-27所示为百度百科中介绍"柔性屏幕"的网页，通过其源代码可以看到文章的次级标题"制造工艺"添加了<h2>标签。

图6-26 <h2>标签在首页中的应用

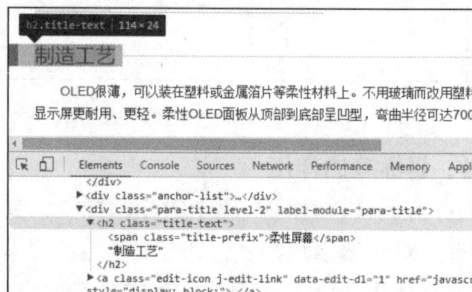

图6-27 <h2>标签在内容页中的应用

（3）<h3>～<h6>标签

由于<h3>～<h5>标签的权重很小，所以一般很少使用。而<h6>标签可以用在友情链接或一些不需要搜索引擎关注的地方，以降低其对页面目标关键词的影响。图6-28所示为百度百科中介绍"柔性屏幕"的页面下方的"猜你关注"栏目，其内容和页面主题的关系不大，所以使用<h6>标签。

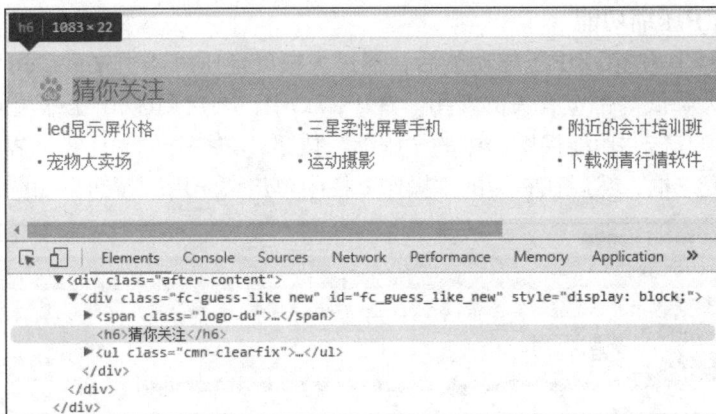

图6-28  <h6>标签的应用

### 3. H标签使用注意事项

为了突出目标关键词，在使用H标签时应该注意以下两点。

● **H标签的内容要具有相关性**：在设置H标签时，要确保每个标签的关键词之间具有一定的相关性，这样更能强调页面的逻辑结构。

● **H标签的数量**：一般情况下，一个页面只能有1个<h1>标签，而可以包含多个<h2>～<h6>标签。但也有特殊情况，那就是单页面网页。在单页面网页的每个<div>标签中，都可以包含1个<h1>标签。

## ✳ 6.1.7  精简网页代码

在使用Dreamweaver等网页制作软件制作网页时，所生成的HTML源代码有一部分是可有可无的，如注释和每一行代码前的空格等，这就是所谓的冗余代码。另外，一些网页制作方式也会使网页文件增大。网页文件太大不仅会降低页面下载速度，也会给搜索引擎留下一个"坏印象"，因此，需要对网页代码进行精简。

### 1. 使用外部CSS样式文件

在设置网页文本或其他内容的样式时，应使用外部CSS样式文件。因为同一个网站中的网页的文本样式或其他内容的样式都是类似的，如果在每一个网页文件中都添加样式信息，无疑会使每个文件增大。另外，在修改时，也需要修改每个网页文件。

使用外部CSS样式文件，不仅可以同时减小每个网页文件，而且在修改样式时，不用修改每个网页文件，只需修改外部CSS样式文件。

### 2. 采用<div>标签布局网页

早期的网页布局是使用<table>标签来实现的，通过表格将网页中不同区域的内容放置在相应的单元格中，通常会嵌套多层表格。这种层层嵌套表格的布局方式，会使代码变得极其"臃肿"，不仅影响网页的打开速度，还对搜索引擎蜘蛛非常不友好。

使用<div>标签进行布局，不仅可以让搜索引擎蜘蛛更顺利、更快、更友好地爬完网页，还可以大大减小网页文件，提高搜索引擎的浏览速度，使代码更简洁、易读。

### 3．减少或删除注释

HTML源代码中的注释主要用于提示程序员和设计人员，如果不需要经常修改网页，完全可以将其删除，尽量减少对搜索引擎的干扰。

### 4．启用GZIP压缩功能

在网页服务器上启用GZIP压缩功能后，通过大幅度地压缩网页文件，可以很直观地改善网站性能，并大大降低与带宽有关的费用。在IIS 7.0中，要启用GZIP压缩功能，只需打开IIS管理器，在窗口中双击"功能视图"中的"压缩"按钮，在打开的"压缩"界面中选中"启用静态内容压缩"复选框，然后在右侧的"操作"栏中单击"应用"按钮，如图6-29所示。

图6-29　启用GZIP压缩功能

## 6.2　优化页面内容

搜索引擎的核心作用就是为用户提供精准且优质的内容，搜索引擎的所有规则和算法都是围绕这个核心作用设计的。搜索引擎非常看重网页内容，那些内容高度重复、毫无新意的网页必定会被抛弃。所以，做好网站内容的优化、为用户提供优质的内容也是SEO的重要方面。

### 6.2.1　制作原创内容

在SEO中，原创内容不一定是全新创作的内容，只要网站上发表的内容搜索引擎没有收录过，它对搜索引擎来说就是原创内容。原创内容不仅可以提高搜索引擎对网站的收录率，提高其他网站转载和做外链的概率，还会给用户留下好印象，为网站提升用户好感度与忠诚度。

### 1．原创内容的作用

原创内容对于网站的SEO具有非常重要的作用。坚持发表高质量的原创内容，不仅可以提高网站的权重、收录率、流量，还可以增加外部链接的数量，进一步推动网站的成功。因此，每个网站都应该重视原创内容的创作，并持续不断地更新和维护原创内容，以确保网站的长期发展。

- **增加网站权重**：搜索引擎蜘蛛在爬行一个网站时，会将其中未收录的内容作为原创内容并给予其较高的权重。如果一个网站中有大量原创内容，网站整体的权重也会随之升高。这有助于提高网站在搜索引擎搜索结果中的排名，从而获得更多的流量和关注。

- **提升网站收录率**：对搜索引擎来说，原创内容是数据库未收录的新内容，因此会更容易被收录。一个网站长期坚持发表原创内容，网站的收录率就会持续提升。这有助于提高网站的可见度，让更多的潜在客户找到网站，从而增加商业机会。

- **增加网站流量**：原创内容作为独创的内容，具有较高的独特性和新颖性，这使原创内容在搜索引擎的众多搜索结果中与众不同。并且其由于权重较高，排名靠前，更容易引起用户的关注，从而增加网站的流量。流量是网站成功的关键因素之一，原创内容对于流量的增加非常有帮助。

- **增加网站外部链接**：原创内容更容易被其他网站转载，其中所设置的链接到自己网站的链接也可能一起被转载至其他网站，这样便增加了网站的外部链接。外部链接对于网站的SEO同样非常重要，因为它们可以增加网站的权威性和可见度，从而进一步提高网站的排名和增加网站的流量。

### 2．怎样撰写原创内容

在撰写原创内容时，有几个关键点需要考虑。首先，原创内容应与网站主题相关，可以涉及产品的使用、经验或技巧方面的内容。分享经验或技巧方面的内容通常会受到用户的喜爱。例如，如果网站主要关注数码产品，可以发布一些最新的手机评测或使用技巧文章。

俗话说"巧妇难为无米之炊"，因此，在开始撰写之前，需要先寻找相关的素材。下面介绍一些寻找素材的常用方法。

- **分析热点事件**：分析最近一段时间的热点事件，将相关热点和网站内容联系起来。由于寻找的是近期的热点，那么与之相关的文章也会非常多，在撰写时不能只停留在事件的表面，要有自己独特的观点和评论，这样才可以从众多文章中脱颖而出。

- **挖掘论坛精华**：论坛是一个互动性比较强的交流场所，很多人喜欢在其中提问题，或分享自己的经历、经验或观点等。论坛里的热门帖子和精华帖子可以作为撰写原创内容的素材来源，通过分析这些帖子，寻找用户感兴趣的内容，然后加以整合，便可撰写出自己的原创内容。在开头写一些引导性的内容，在结尾写一些总结性的内容或自己的观点和看法，即可完成一篇原创性文章。

- **使用问答平台**：现在人们在生活和学习中遇到问题时，常会第一时间去问答平台（如知乎、百度知道等）提问或寻找答案。问答平台中的问题包罗万象，通过分析这些问题，我们可以了解用户有哪些问题、哪些问题还没有解决、哪些答案还不完整等，从而撰写一些解决这些问题的文章。这样的文章通常是网络中稀缺的内容。

## ✺ 6.2.2 让用户创建内容

在互联网中，有许多用户有强烈的写作交流欲望，希望成为内容的创作者。这种参与感和归属感对于网站的建设和发展具有不可忽视的作用。通过让用户参与到网站的内容建设中，不仅可以为网站提供源源不断的高质量内容，还可以进一步提升用户的积极性和忠诚度。

### 1．用户投稿接口的设计与开发

要鼓励用户创作内容，首先需要在网站中提供用户投稿的接口。无论是文章、图片、视频还是其他形式的内容，都需要提供简单易用的工具，让用户能够轻松地发布自己的创作内容。此外，还可以考虑通过一些有奖征文活动来进一步提高用户的创作积极性。

### 2．互动功能的设计与开启

除了固定的投稿接口，也可以考虑直接开通论坛、博客等互动功能，让用户能够在这些平台上自行提问或撰写文章。这样的互动形式更加自由、灵活，也有助于用户之间的交流和互动，进一步提升网站的活跃度。

### 3．内容质量的保证与监控

让用户创建内容也会带来一些挑战，如部分用户可能会发布一些广告、"垃圾"内容，甚至是非法的内容。因此，必须对用户发布的内容进行审核和管理。对于广告、"垃圾"内容或非法的内容，需要及时进行屏蔽或清除，以维护网站的内容质量，保障用户的体验。

在管理用户内容时，还可以通过一些算法和工具来帮助审核和管理。例如，可以设置自动过滤系统，通过机器学习识别和过滤垃圾内容；也可以设置人工审核团队，对所有发布的内容进行审核。

## ✷ 6.2.3 使用AI创建内容

随着技术的飞速发展，互联网上涌现出众多能够进行写作的AI工具。其中，百度的文心一言作为一款知识增强大语言模型，具有强大的语言生成能力，能够根据用户输入的关键词或主题，快速生成符合语法规则的文本。同时，它还能够根据上下文进行修改和扩展，确保生成的文本更加准确、丰富和生动。

在写作方面，文心一言的应用范围非常广泛。它可以用于撰写各种类型的内容，如新闻报道、评论文章、科技论文、广告文案等。此外，文心一言还可以帮助用户进行文章改写、翻译和摘要生成等操作，大大提高人们的创作效率。

下面使用文心一言创作一篇以"毛坯房装修指南"为题的原创文章，并绘制一幅房屋装修施工现场的图片。

步骤01 注册并登录文心一言，在页面下方的文本框中输入"以'毛坯房装修指南'为题，写一篇文章"指令，然后单击"生成"按钮，稍等一会儿，文心一言将显示生成好的文章，如图6-30所示。

使用AI创建内容

步骤02 在页面下方的文本框中输入"画一幅房屋装修施工现场的图片"指令，然后单击"生成"按钮，稍等一会儿，文心一言将显示画好的图片，如图6-31所示。

📖知识链接

内容更新的频率代表着网站的活跃度。同时，内容更新的频率越高，也往往意味着网站内容越丰富，能够吸引越多的用户。对大多数网站来讲，网站建设者的精力是有限的，不可能每天都更新很多内容，一般每天发布1~2篇文章即可。切记不要隔半个月或者一个月才更新一次，并且一次更新很多内容，这样对SEO是没什么好处的。

以"毛坯房装修指南"为题，写一篇文章

以"毛坯房装修指南"为题写一篇文章。

**毛坯房装修指南**

在购买房屋后，下一步就是进行毛坯房装修。毛坯房装修不仅可以让房屋具备基本的生活和办公功能，还可以根据个人喜好和需求进行个性化设计。以下是毛坯房装修的指南，帮助您顺利完成装修过程。

1. 设计阶段

毛坯房装修的设计阶段包括初步设计、细节设计和完成设计。在初步设计阶段，您需要确定房屋的基本布局和功能分区。接下来，在细节设计阶段，您需要确定各个区域的具体设计细节，例如墙面的颜色、地面的材质等。完成设计后，您需要准备好装修的施工图纸和相关材料清单。

2. 材料采购

毛坯房装修所需材料包括建材、家具、家电等。您可以通过建材市场、网购等方式购买所需材料。在采购材料时，要注意质量、价格和售后服务等因素。同时，您需要选择合适的装修公司或施工队伍，确保装修质量。

3. 施工过程

毛坯房装修的施工过程包括水电改造、瓦工、油工等工序。在施工过程中，您需要与施工队伍保持密切沟通，确保施工进度和质量符合预期。同时，您需要对施工过程中的细节进行监督，避免出现质量问题。

4. 验收与入住

毛坯房装修验收是确保装修质量的重要环节。在验收时，您需要检查房屋的各项功能是否正常，例如水电设施、门窗等。同时，您需要检查装修材料的环保性能和质量，确保居住环境的安全。在入住前，您需要进行一次全面的清洁和整理，确保房屋整洁卫生。

总之，毛坯房装修是一个复杂的过程，需要您投入大量时间和精力。在装修过程中，您需要选择合适的装修公司或施工队伍，注意施工质量和细节，确保装修效果符合预期。希望本指南能够帮助您顺利完成毛坯房装修，打造一个舒适、美观的居住环境。

重新生成

图6-30 使用文心一言生成文章

画一幅房屋装修施工现场的图片

画一幅房屋装修施工现场的图片

我画好了，欢迎对我提出反馈和建议，帮助我快速进步。

在结尾添加#创意图#，可能会解锁小彩蛋哦，如："帮我画鸡蛋灌饼#创意图#"。

图6-31 使用文心一言画图

## 6.3 行业实战

本章主要介绍了网站页面的优化，包括页面结构的优化和页面内容的优化等内容。本节将对某网站的页面结构进行检测并提出优化建议，使读者掌握网站页面优化的方法。

### 6.3.1 实战背景

"花卉百科"是一家专注于养花的在线社区网站，旨在为花卉爱好者提供全方位的养花知识、技巧和图片。无论是养花新手还是经验丰富的花友，在"花卉百科"中都可以找到所需的内容。"花卉百科"为了使网站在搜索引擎中获得更好的排名，吸引更多的潜在学员访问网站，决定对网站的页面进行优化。

### 6.3.2 实战要求

（1）将index.html网页文件中的图片的格式改为JPG，以减小图片文件。

（2）将index.html网页文件内部的CSS样式代码改为外部CSS样式文件。

（3）使用文心一言创作一篇文章，并将文章内容添加到34259.html网页文件中。

### 6.3.3 实战步骤

步骤 01 打开素材文件夹中的"images"文件夹（配套资源：\素材\第6章\行业实战\images\），按【Ctrl+A】组合键选择所有图片文件，在右侧的详细信息窗格中可以看到图片的总大小为"21.2MB"，如图6-32所示。

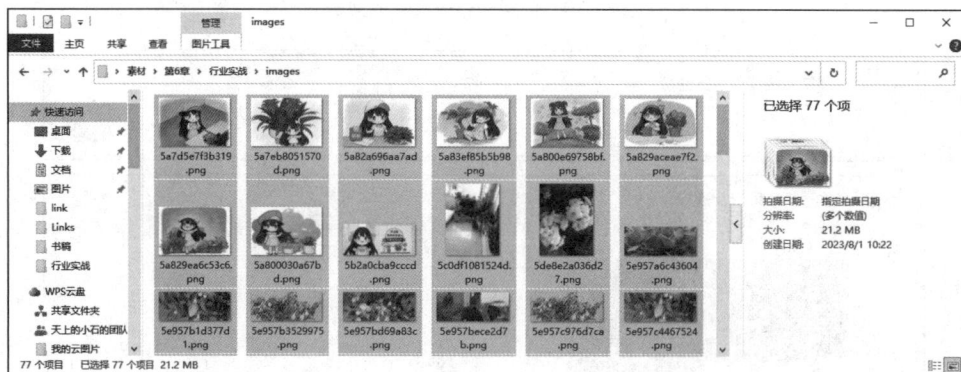

图6-32 查看图片文件的总大小

步骤 02 使用格式工厂等软件将选择的图片的格式转换为JPG，并删除原来的PNG格式的图片文件。然后按【Ctrl+A】组合键选择所有图片文件，在详细信息窗格中可以看到转换后的图片总大小为"3.64MB"，如图6-33所示。

步骤 03 使用记事本打开"index.html"网页文件（配套资源：\素材\第6章\行业实战\index.html），按【Ctrl+H】组合键打开"替换"对话框，设置"查找内容"为".png"，"替换为"为".jpg"，单击"全部替换"按钮，如图6-34所示。

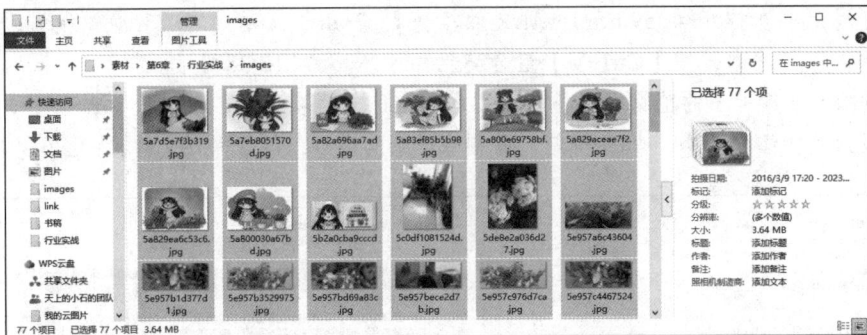

图6-33　查看转换格式后图片文件的总大小

**步骤 04** 在"配套资源：\素材\第6章\行业实战"文件夹中新建一个文本文件，并修改其名称为"mycss.css"，使用记事本打开该文件。剪切index.html文件中<style>和</style>之间的代码，并粘贴到mycss.css文件中，然后保存文件，如图6-35所示。

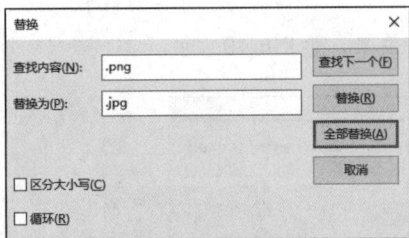

图6-34　替换内容

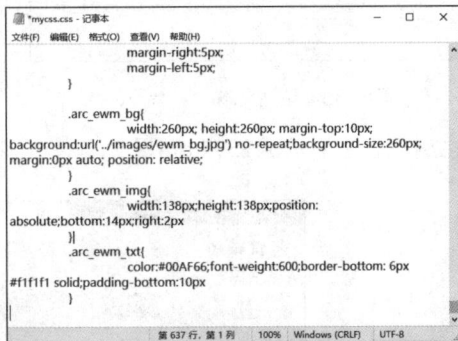

图6-35　剪切CSS代码到mycss.css文件

**步骤 05** 将index.html文件中的<style>和</style>删除，并在该位置输入代码"<link href="mycss.css" rel="stylesheet">"，输入引入mycss.css文件的代码，然后保存文件，如图6-36所示。

**步骤 06** 使用文心一言创作一篇标题为"三瓣叶子的植物有哪些"的文章，单击"复制内容" □ 按钮，如图6-37所示。

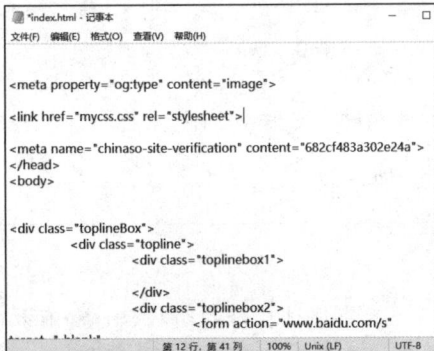

图6-36　输入引入mycss.css文件的代码

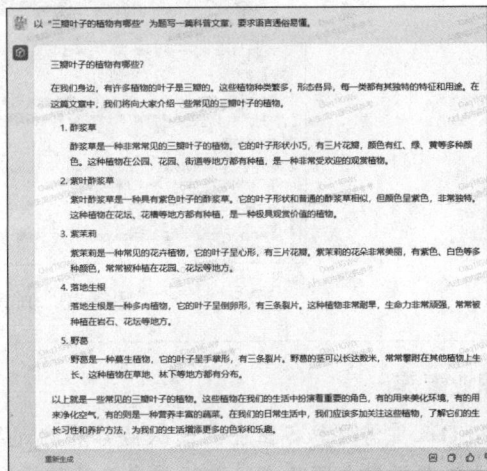

图6-37　使用文心一言写作一篇文章

**步骤07** 使用记事本打开34259.html网页文件，找到"<div>文章内容</div>"代码，选择"文章内容"文本，按【Ctrl+V】组合键粘贴文本，如图6-38所示。

**步骤08** 删除"三瓣叶子的植物有哪些？"文本，在正文段落两端添加<p>、</p>标签，在小标题段落两端添加<h3>、</h3>标签，并删除多余的空行，然后保存文件，如图6-39所示。

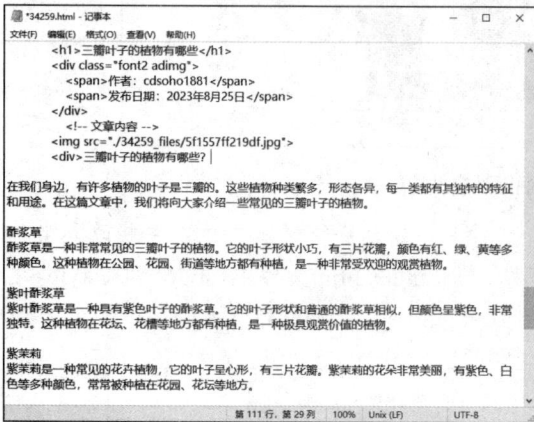

图6-38　粘贴文本

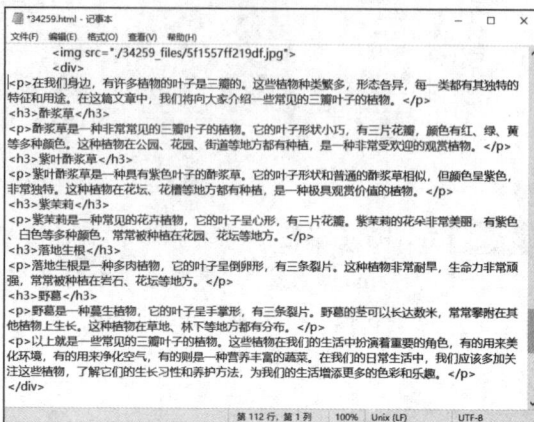

图6-39　添加标签等

**步骤09** 在浏览器中打开34259.html网页文件，预览效果，如图6-40所示。

图6-40　浏览网页文件

### 职业素养

　　SEO人员需要具备出色的团队协作和沟通技巧。只有通过良好的团队合作和有效的沟通，才能确保每个团队成员都清楚自己的职责和任务，并共同努力实现优化目标。

📊 **课后练习**

### 一、填空题

1. 一个网页主要由_____、_____、_____、_____部分组成。

2. 使用_____文件，不仅可以同时_____每个网页文件，而且在修改样式时，不用修改每个网页文件，只需修改_____文件。

3. H标签又称为_____标签，是HTML网页中对_____进行着重强调的一种标签。H标签有_____6种不同的级别，用于在网页中显示不同级别的标题。

### 二、选择题

1. 以下关于网页标题的说法，错误的是（　　）。

    A. 网页标题长度建议不要超过30个中文字符

    B. 各网页之间标题不要重复

    C. 标题的主题要明确，应包含网页中最重要的内容

    D. 一定要在网页标题中加入网站名称

2. 以下关于网页描述的说法，错误的是（　　）。

    A. 网页描述的语句要通顺连贯

    B. 在网页描述中可以融入必要的关键词

    C. 网页描述的长度建议控制在80～120个中文字符

    D. 应该为每个网页设置不同的描述

### 三、判断题

1. 在HTML中可以使用<header>、<nav>、<main>、<footer>等语义标签来区分网页的不同组成部分，这样可以帮助搜索引擎蜘蛛进行识别，提高抓取效率。　　　　　　（　　）

2. HTML源代码中的注释主要用于提示程序员和设计人员，有非常大的作用，不能删除。　　　　　　　　　　　　　　　　　　　　　　　　　　　　　（　　）

### 四、简答题

1. 一个网页主要由哪几个部分组成？每个组成部分的内容是什么？有什么作用？

2. 在设置网页标题时，需要注意哪些内容？

3. H标签对于搜索引擎有什么作用？

### 五、操作题

1. 使用文心一言创作一篇关于人工智能在生活中的应用的文章，并生成一张配图。

2. 对"爱尚汽车"网站的首页文件（配套资源：\素材\第6章\课后练习\）的结构和代码进行优化。

● 将首页中产品图片的格式改为JPG，减小图片尺寸，并为<img>标签添加alt属性。

● 为Logo图片添加<h1>标签，并为其添加alt属性。

● 将内部JavaScript脚本改为外部JavaScript脚本文件。

● 将内部的CSS样式代码改为外部CSS样式文件。

# 第7章

# 网站链接的优化

整个互联网由一个又一个网站组成，每个网站又由多个网页组成，这些网站和网页通过链接相互连接，形成了一张网。搜索引擎蜘蛛就在这张网上爬行，为了使搜索引擎蜘蛛能够顺利地到达网站并访问所有页面，完成对网站信息的抓取和收录，必须对链接进行优化。

## 知识目标

- 了解链接的含义与分类。
- 掌握内部链接的优化方法。
- 掌握外部链接的优化方法。
- 掌握添加友情链接的方法。
- 掌握死链接的处理方法。

## 素养目标

- 能够认识到非法链接的风险和危害，遵守搜索引擎规则，保护网站利益和声誉。
- 关注行业动态，学习链接优化新技术，以适应变化的市场环境。
- 树立正确道德意识，践行社会主义核心价值观。

# 7.1 认识链接

链接，又称为"超链接"，是指从一个网页指向另一个目标的连接元素，如文本、图片和网址等。当用户单击链接后，浏览器会根据目标类型的不同而采取不同的操作，如显示目标网页或图片、下载目标文件、启动默认电子邮件程序等。

## 7.1.1 按链接对象分类

在网页中，链接的对象有很多，如文本、图片等，可以根据不同的链接对象对链接进行分类。

### 1. 文本链接

文本链接是指链接对象是文本的链接，可以分为锚文本链接、网址链接和邮件链接。

```
01    <a href="www.abc.com">abc网站</a>
02    <a href="www.abc.com"> www.abc.com </a>
03    <a href="mailto:name@abc.com">发邮件</a>
```

- **锚文本链接：** 第01行是锚文本链接，其链接目标是网址"www.abc.com"，链接对象是一小段文本，可以在其中设置关键词。
- **网址链接：** 第02行是网址链接，链接目标和链接对象都是网址。
- **邮件链接：** 第03行是邮件链接，其链接目标是电子邮件地址，单击该链接可以启动系统默认的电子邮件程序。

此外，SEO还经常用到纯文本链接，即以纯文本的方式显示的网址信息，如"www.abc.com"。从严格意义上来说，它并不是链接，因为不能单击，但是可以通过复制、粘贴的方式在浏览器中打开。

### 2. 图片链接

图片链接是指用图片作为链接对象的链接，示例如下。

```
<a href="www.abc.com"><img src="logo.png"></a>
```

上述链接就是图片链接，其链接目标是网址"www.abc.com"，链接对象是"logo.png"图片。

## 7.1.2 按链接方向分类

按链接方向进行分类，可以将链接分为导入链接和导出链接。

例如，在网页A中有一个指向网页B的链接（A→B），那么这个链接对网页B来说是导入链接，对网页A来说就是导出链接。

例如，图7-1所示的淘宝网首页中的"天猫超市"链接，对淘宝网首页来说是导出链接，而对天猫超市来说就是导入链接。

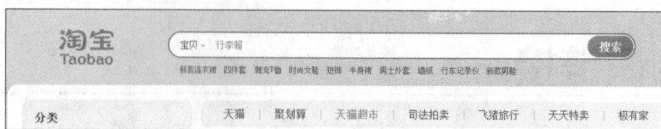

图7-1 淘宝网首页

## ✳ 7.1.3 按内外进行分类

按内外进行分类，可以将链接分为内部链接和外部链接。

### 1.内部链接

内部链接是指网站内部各页面之间的链接，即同一网站域名下包括目录、内容页面等所有网站内部之间的互相链接，如图7-2所示。

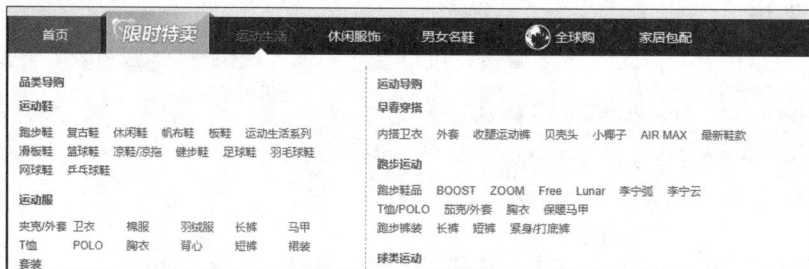

图7-2 内部链接

频道页、栏目页、内容页之间的链接都可以归类为内部链接。图7-3所示为天猫超市的首页，其中的绝大部分链接（如导航链接、分类链接、产品链接）的目标页面都是站内的其他页面，属于内部链接。

图7-3 天猫超市首页中的内部链接

图7-4所示为百度百科的内容页，文章中的关键词上链接的目标页面也都是站内的其他页面，属于内部链接。

■ 简介　　　　　　　　　　　　　　　　　　　　　　　　　　◁》播报　✐ 编辑

　　彗星（Comet），是指进入太阳系内亮度和形状会随日距会变化而变化的绕日运动的天体，呈云雾状的独特外貌。彗星分为彗核、彗发、彗尾三部分。彗核由冰物质构成，当彗星接近恒星时，彗星物质升华，在冰核周围形成朦胧的彗发和一条稀薄物质流构成的彗尾。由于太阳风的压力，彗尾总是指向背离太阳的方向形成一条很长的彗尾。彗星一般长几千万千米，最长可达几亿千米。彗星的形状像扫帚，所以俗称扫帚星。彗星的运行轨道多为抛物线或双曲线，少数为椭圆。目前人们已发现绕太阳运行的彗星有1700多颗。著名的哈雷彗星绕太阳一周的时间为76年。

　　2014年2月21日，日本京都产业大学的研究小组发现彗星上有氮的存在。根据最新报道称：科学家们近日在追踪67P/楚留莫夫 - 格拉希门克彗星的罗塞塔号飞行器上发现了属于该彗星的一些化学残留物。科学家使用探测器对这些化学物质进行分析后，发现其主要成分为氮、甲烷、硫化氢、氰化氢和甲醛。由此，科学家得出结论称，彗星的气味闻起来像是臭鸡蛋、马尿、酒精和苦杏仁的气味综合。

■ 结构　　　　　　　　　　　　　　　　　　　　　　　　　　◁》播报　✐ 编辑

　　彗星没有固定的体积，它在远离太阳时，体积很小；接近太阳时，彗发变得越来越大，彗尾变长，体积变得十分巨大。彗尾最长宽可达2亿多千米。彗星的质量非常小，彗核的平均密度为每立方厘米1克。彗发和彗尾的物质极为稀薄，其质量只占总质量的1%～5%，甚至更小。彗星物质主要由水、氨、甲烷、氰、氮、二氧化碳等组成，而彗核则由凝结成冰的水、二氧化碳（干冰）、氨和尘埃微粒混杂组成，是个"脏雪球"

　　彗星核的表面是由凝结成冰的水加上干冰、尘埃、氨和岩石混杂而成。

　　一般彗星是由彗头和彗尾两大部分组成。彗头又包括彗核和彗发两部分。后来自1920年探空火箭、人造卫星和宇宙飞船对彗星近距离的探测，又发现有的彗星在彗发的外面被一层由氢原子组成的巨云所包围，人们称为"彗云"或"氢云"。这样我们就可以说彗头实际是由彗核、彗发和彗云组成的。

　　彗核是彗星最中心、最本质、最主要的部分。一般认为是固体，由石块、铁、尘埃及氨、甲烷、冰块组成。彗核直径很小，有几公里至十几公里，最小的只有几百米。

彗星

图7-4　百度百科内容页中的关键词上的链接

### 2. 外部链接

　　外部链接是指网站与外部网站中的页面之间的链接，包括指向外部网页的链接及外部指向内部网页的链接。外部链接的表现形式有很多，例如，网站的"友情链接"板块中的链接就是比较常见的外部链接，其中的链接大多指向其他的网站，如图7-5所示。另外，在其他网站的论坛发布或回复帖子时，在其中嵌入指向自己网站的链接也是外部链接；网站中的文章被其他网站转载，如果文章中的链接没有被删除，也就成了指向原来网站的外部链接。

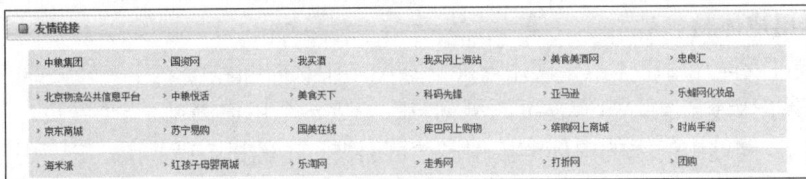

图7-5　外部链接

📖 知识链接

　　由于外部链接具有不可操控性，网站所有者不能直接控制别人的网站指向自己的网站，因此搜索引擎更看重外部链接。外部链接在提升排名上的作用比内部链接更加重要。

## 7.2　优化内部链接

　　正确地对网站的内部链接进行优化，可以为搜索引擎蜘蛛提供"绿色通道"，有助于提高搜索引擎对网站的抓取效率，从而提升网站整体的权重，达到提升搜索排名的效果。同时，还可以提升用户体验。

## ❋ 7.2.1  内部链接的重要性

合理地安排内部链接可以极大地提升网站的SEO效果。下面将介绍内部链接的作用。

### 1．加速蜘蛛爬行

一个网页要被收录，首先要能够被搜索引擎的蜘蛛爬行到。蜘蛛的爬行轨迹是顺着一个链接到达另一个链接，要想使搜索引擎蜘蛛在网站内部顺利地爬行，就需要良好的内部链接。内部链接就好比是网站的"经脉"，如果形成死链接、断链接，搜索引擎的抓取就会不顺畅，就无法抓取到网站的优质内容。

图7-6所示为京东商城首页中的导航。用户进入京东商城后，如果要买电脑和办公设备，在左侧有"电脑/办公"分类，里面有"电脑整机""电脑配件"等子类别，每个子类别下又有很多小类，其多层内部链接的形式，能够方便用户快速地找到想要的商品，同时有利于搜索引擎的抓取。

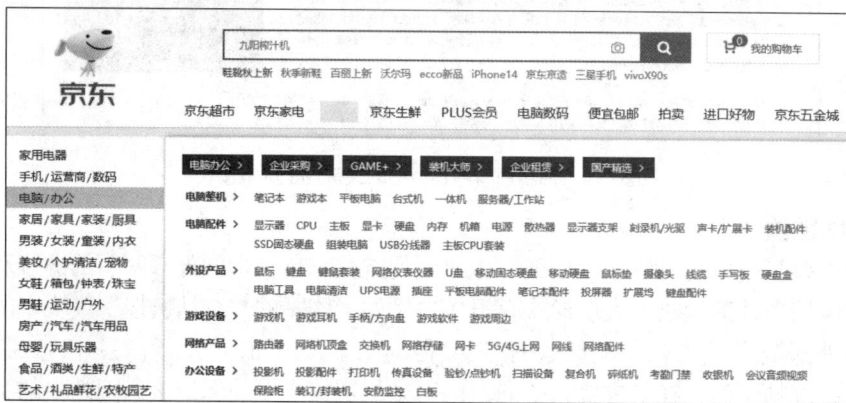

图7-6　京东商城首页的导航

### 2．提升用户体验

内部链接可以提升用户体验，使用户能够在网站中长时间停留，并浏览更多的网页，从而可以提升网站的PV（Page View，页面浏览量，如果一个用户浏览了5个网页，就会增加5点PV）与点击量。网站中优秀的内部链接越多，页面被点击的机会就越大，PV和点击量也就越高。这样搜索引擎会认为网站内容对用户很有帮助，就会给予其良好的排名。网站的PV越高，网站越有价值。

例如，在电商网站的商品详情页中，可以设置一个栏目来展示与当前商品相关的其他商品，如相关分类、同类品牌、配套商品等，这些都是内部链接，可以引导用户浏览、购买更多的商品。这也是良好用户体验的一种表现。图7-7所示为京东商城的商品详情页，在商品介绍内容的下方展示了很多与当前商品相配套的商品，用户可以直接购买或单击查看其详细信息。

### 3．提升关键词的排名

良好的网站内部链接策略能提升网站的排名。对搜索引擎而言，一个链接代表一张"选票"，互相导入外部链接就是网站之间的互相"投票"，而互相导入内部链接则代表了网站内各页面的互相"投票"。通过大量的内部链接支持某一个具体页面，有助于该内容页主题的集中，促使搜索引擎识别出网站中的重要页面，进而提升该页面的排名。因此，在SEO过程中，对于网站中参与了核心关键词排名竞争的网页，我们一般会采用重点突出核心关键词的内部链接的方式，使该主题中的核心关键词在搜索引擎中更具有排名优势。

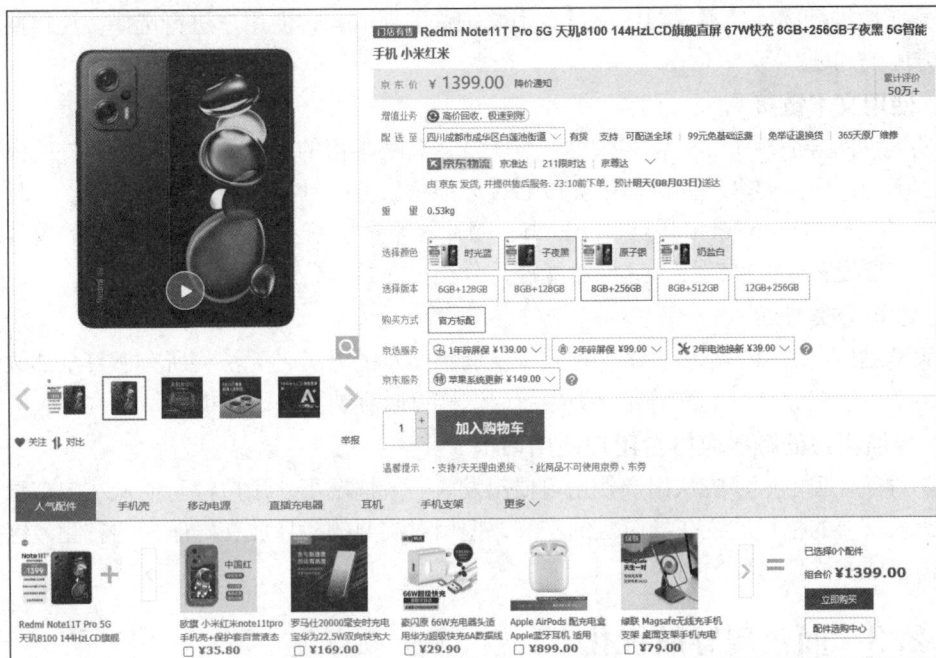

图7-7　京东商城的商品详情页

例如，将网站中所有带"男装"关键词的链接都指向"服装"栏目页，那么"服装"栏目页在参与"男装"关键词的排名时会更加有竞争优势。

#### 4．加强权重传递

内部链接还有助于权重的传递。获得内部链接越多的网页，通常能够获得越高的权重。内部链接合理的网站一般不需要与其他网站交换做友情链接，其网站权重值就可达到3以上，这也是大型网站权重值都比较高的原因。如果网站中部分网页的收录情况或者权重不是很理想，就可以有意识地多做一些指向该网页的内部链接，这样可以促进收录、提升排名。

## ✿ 7.2.2　导航栏优化

网站导航是网站不可缺少的部分，就好像一本书不能没有目录一样。并且，导航区域也是非常重要的内部链接区域，因为其位于网站顶部，搜索引擎会优先抓取，也会给予其相当高的权重。如图7-8所示的网站，其导航栏中包括"狗狗""猫咪""小宠"等栏目，用户通过导航栏，可以很方便地进入相关页面，这样既有利于提升用户体验，又做了很好的内部链接。

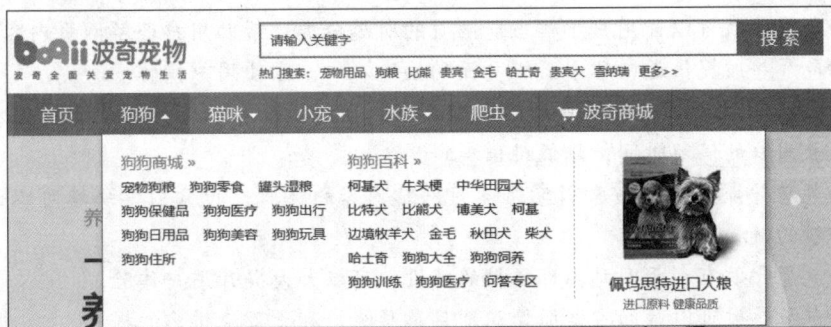

图7-8　某网站的导航栏

对导航栏进行优化，不仅要方便搜索引擎蜘蛛的抓取，方便用户进行选择，还需要注意以下几个方面的问题。

### 1．使用文本链接

有些网站的导航栏虽然非常"炫酷"、美观，有很丰富的动画效果，但给用户的体验并不一定好，因为用户需要等待动画显示完成后，才能将鼠标指针指向所需要的目标。并且，动画可能使用了大量的JavaScript脚本、Flash、图片等搜索引擎不容易识别和抓取的内容。所以导航栏一定要设置成文字链接，这样才能提升分类页面的排名。

### 2．设置分类导航

如果网站中的栏目非常多，每个栏目下又有很多小的分类，无法将所有栏目全部放置在导航栏中，就可以在导航栏下方增加分类导航，这样可以容纳更多的分类。

### 3．导航栏目的顺序应符合用户使用习惯

网站导航栏目的顺序应从用户使用习惯出发。一般情况下，用户都习惯从左向右看，所以应该把比较重要的栏目放置在导航栏的左侧，把相对次要的栏目放在导航栏的右侧，这样用户可以按需求依次找到想要的内容。

## ❋ 7.2.3　面包屑导航优化

面包屑导航（Bread crumb Navigation）这个概念来自童话故事《汉赛尔和格莱特》。当汉赛尔和格莱特穿过森林时为避免迷路，就在沿途走过的地方都撒下了面包屑，让这些面包屑来帮助他们找到回家的路。

面包屑导航是优秀网站的重要组成部分，通常位于导航栏的下方，如图7-9所示。它不仅可以让用户清晰地知道自己所在的位置，还可以让搜索引擎了解网站的结构。

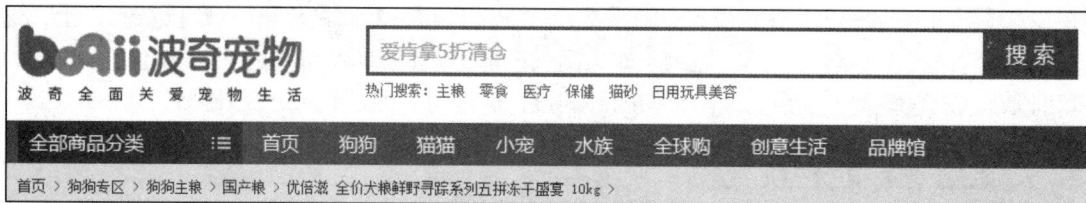

**图7-9　面包屑导航**

### 1．面包屑导航的作用

面包屑导航主要有以下8个方面的作用。

● 面包屑导航可以让用户了解当前所处位置，以及当前页面在整个网站中的位置。

● 面包屑导航可以让用户了解当前网页的所属分类，帮助用户理解网页内容。

● 面包屑导航提供返回各个层级页面的快速入口，方便用户操作。

● 面包屑导航可以吸引用户访问当前页面的上级页面，从而继续浏览其他相关页面，延长用户的停留时间，降低跳出率。

● 面包屑导航有利于搜索引擎蜘蛛对网站内容的抓取，搜索引擎蜘蛛可以沿着面包屑导航的链接爬行。

● 面包屑导航有利于网站内部链接的建设，可以大大提升用户体验。

● 面包屑导航可以帮助搜索引擎识别目录层级，利于目录排名的提升。

● 面包屑导航能够构建合理的网站架构，利于搜索引擎的抓取。

### 2．如何优化面包屑导航

在对面包屑导航进行优化时，需要注意以下5个方面的问题。

- 网站必须有面包屑导航。如果没有面包屑导航，就需要根据网站的结构层次增加面包屑导航。
- 面包屑导航必须做成链接形式。有些网站也做了面包屑导航，但只有文字，没有设置成链接，这样的面包屑导航只是摆设，没有任何作用。
- 在面包屑导航中设置相应的关键词。如果关键词较长，可以使用<a>标签的title属性进行设置。
- 避免面包屑导航出现跳级的现象，应当按照实际的层级结构进行展示。
- 设计面包屑导航时应尽量避免采用图片与JavaScript脚本。如果一定要使用图片，应当尽量设置图片的alt属性。

## ✳ 7.2.4　锚文本优化

锚文本是一种特殊的文本链接，用于将网页中的关键词做成链接，然后指向网站中的其他页面。图7-10所示为一篇关于植物养殖的文章，其中的"飘香藤"和"盆栽"等链接都是锚文本，分别链接到网站中其他相关的页面。

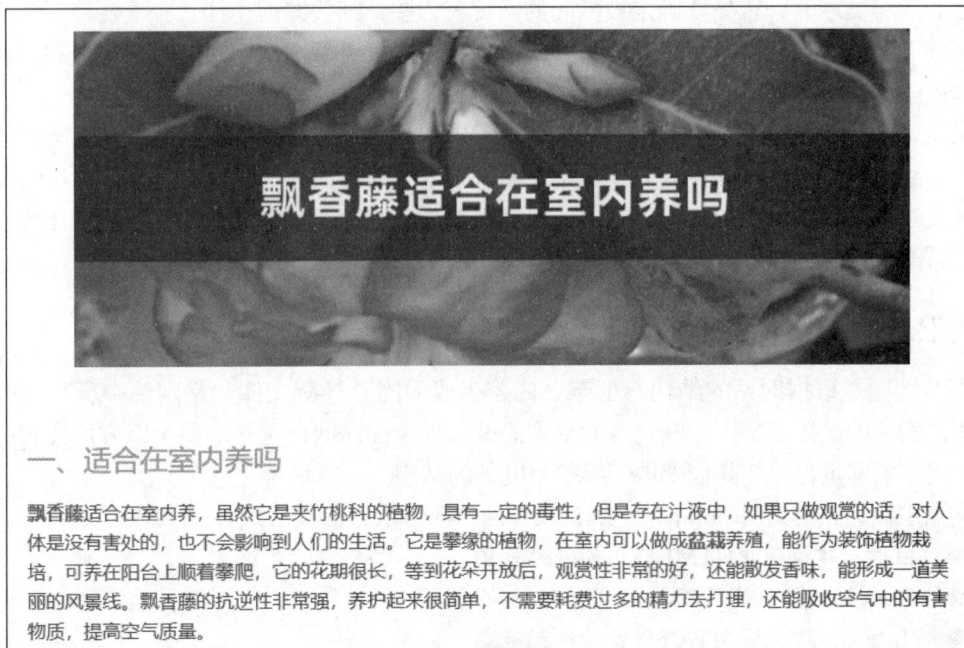

图7-10　锚文本

### 1．锚文本的作用

锚文本在SEO的过程中是必不可少的。在网页中适当添加一些锚文本，能够提升锚文本所在网页和所指向网页的关键词重要程度，从而提升关键词排名。锚文本的作用主要体现在以下几个方面。

- **提升所在网页的排名**：页面中增加的锚文本通常都和页面本身的内容有一定的关系，因此，搜索引擎可以通过锚文本来了解锚文本所在页面的内容，从而提升该网页针对锚文本关键词的排名。例如，网页中包含"装修报价""装修细节"等锚文本，说明网页的内容和这些关键词都有一定关系，从而可以提升该网页针对"装修报价""装修细节"等关键词的排名。

- **提升指向页面的排名**：锚文本能够精确地描述所指向页面的内容，因此，搜索引擎可以通过锚文本来了解其指向页面的内容，从而可以提升该网页针对锚文本关键词的排名。例如，"装修报价"锚文本所指向的网页一定和装修报价有关，从而可以提升该网页针对"装修报价"关键词的排名。
- **提升用户体验**：当用户浏览某个网页时，可能其中的内容对用户而言并不是非常有用，这时锚文本就起到引导的作用。用户可以通过锚文本，快速转到其他的相关页面，从而能够更快、更准确地找到自己所需的信息。然而，对于那些没有锚文本的网页，当用户没有找到自己需要的内容信息时，就会将其关闭。

### 2. 锚文本的长度

锚文本通常是单个关键词或者组合关键词，其长度建议控制在12个字符左右。这样才能突出网页的关键词，进而提升网页的收录量。

将整个句子做成锚文本，只会增加所指向网页的收录量、提升用户体验，对于提升某个关键词的排名几乎没有作用。

### 3. 锚文本的布局

在布局锚文本时，首先要确定被指向的网页有哪些，其关键词是什么。不要将不同关键词的锚链接（即锚文本）指向同一个页面，这样会导致搜索引擎蜘蛛无法判断核心关键词和次要关键词，还会使网站页面的权重分散，达不到预期的优化效果。

其次，同一个网页中某个关键词如果出现了多次，不要把每个关键词都做成锚文本，否则不仅起不到优化作用，而且可能会被搜索引擎认为是作弊行为。建议仅将第一次出现的关键词做成锚文本，对后面出现的相同关键词使用加粗或改变颜色等方法进行突出显示，让搜索引擎知道网页的重点内容即可。

## ❈ 7.2.5 网站地图

网站地图是根据网站的结构、框架、内容生成的网站导航文件，是网站中所有链接的容器。很多网站的链接层次比较深，搜索引擎蜘蛛很难全部抓取，网站地图可以方便搜索引擎蜘蛛抓取网站的网页，并使其清晰地了解整个网站的结构。

网站地图的名称为Sitemap，一般存放在网站根目录下，其格式有以下3种。

- **百度**：建议使用HTML格式的网站地图。
- **Google**：建议使用XML格式的网站地图。
- **Yahoo**：建议使用TXT格式的网站地图。

下面介绍用SiteMapX制作网站地图的方法，其具体操作如下。

**步骤 01** 下载并安装SiteMapX，启动SiteMapX。第一次启动会自动打开"添加工程"对话框（也可以单击"新建"按钮打开"添加工程"对话框），在其中设置工程名称和组，如图7-11所示，完成后单击"确定"按钮。

网站地图

**步骤 02** 进入"基本信息"选项卡，在"Base地址"中输入要制作网站地图的域名，在"抓取文件目录深度"下拉列表中设置要抓取的文件目录深度，其他选项保持默认设置，如图7-12所示，完成后单击"下一步"按钮。

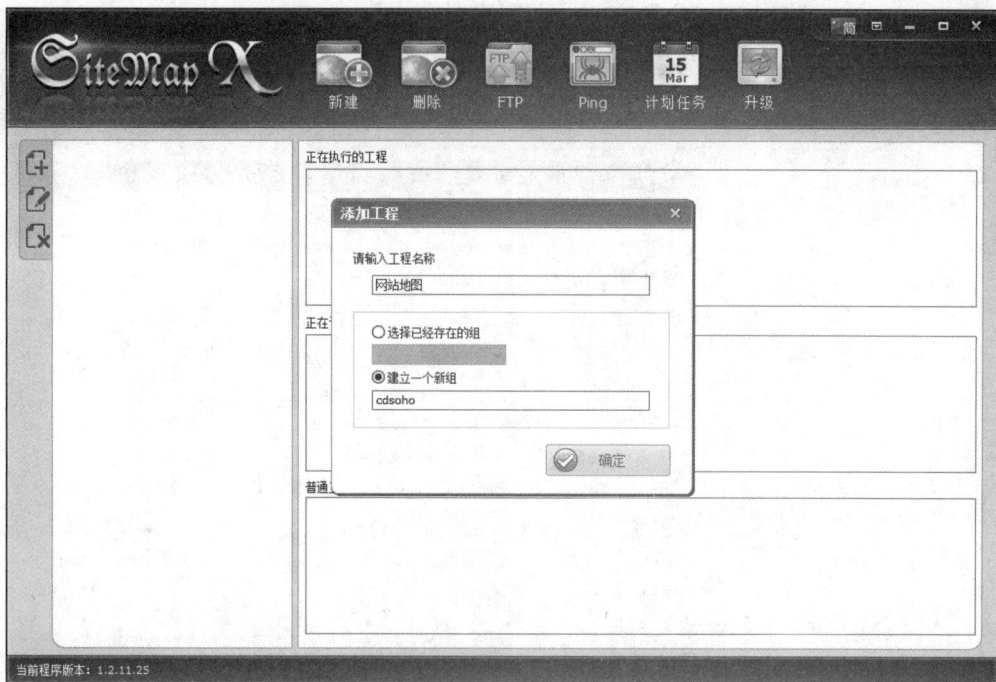

图7-11　添加工程

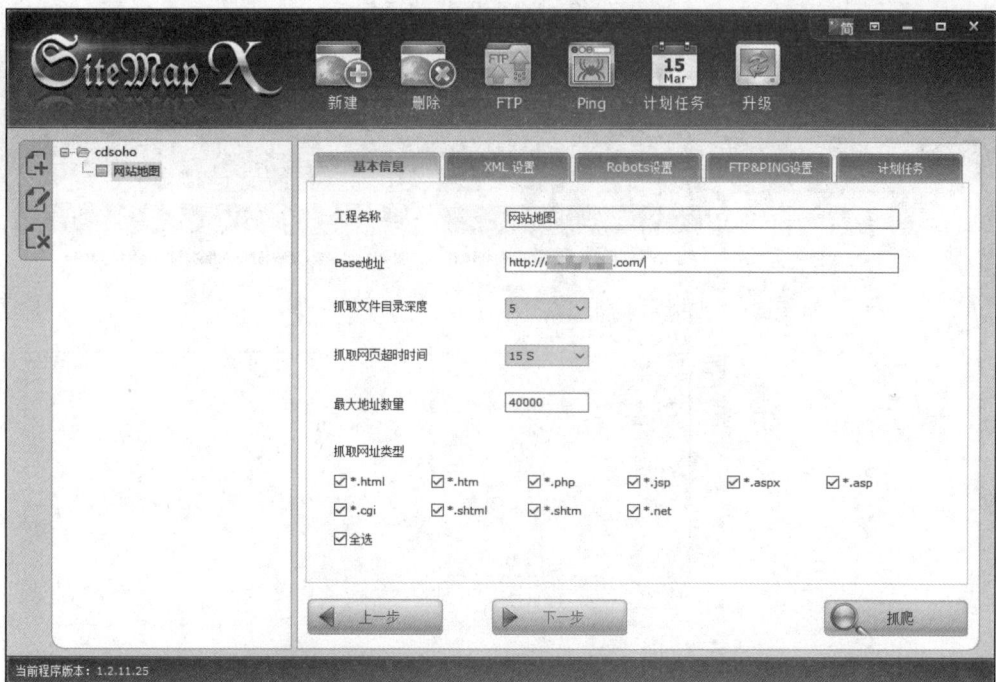

图7-12　"基本信息"选项卡

**步骤03** 进入"XML设置"选项卡，在其中设置网站地图的格式和XML样式，如图7-13所示，完成后单击"下一步"按钮。

**步骤04** 进入"Robots设置"选项卡，取消选中"是否上传robots.txt文件"复选框，如图7-14所示，完成后单击"抓爬"按钮。

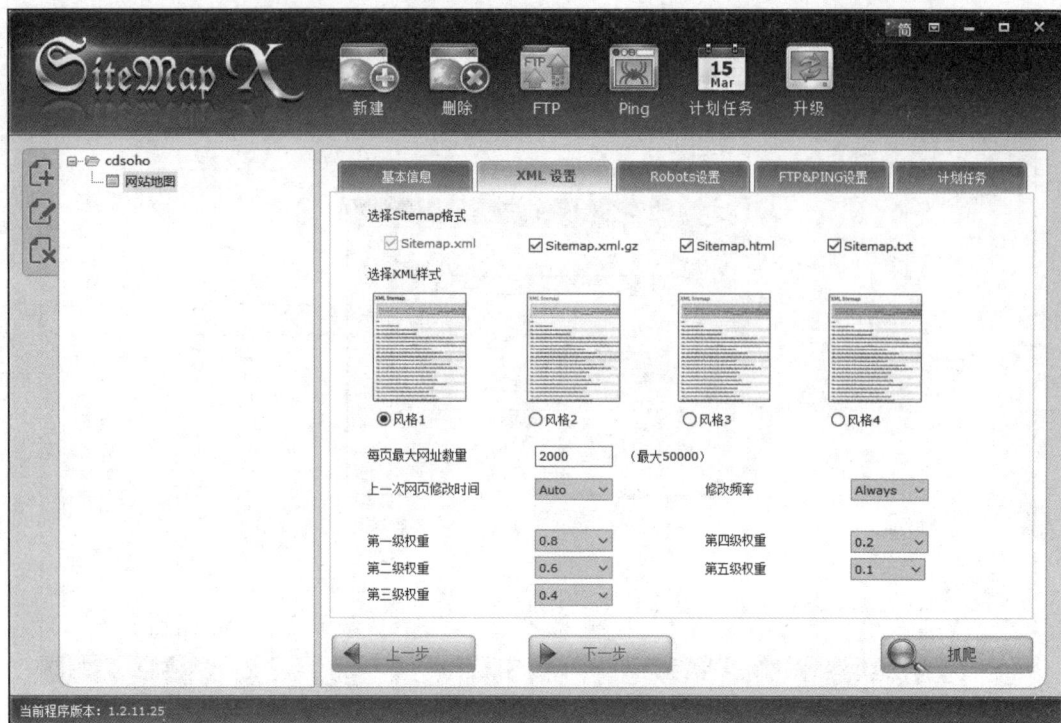

图7-13 "XML设置"选项卡

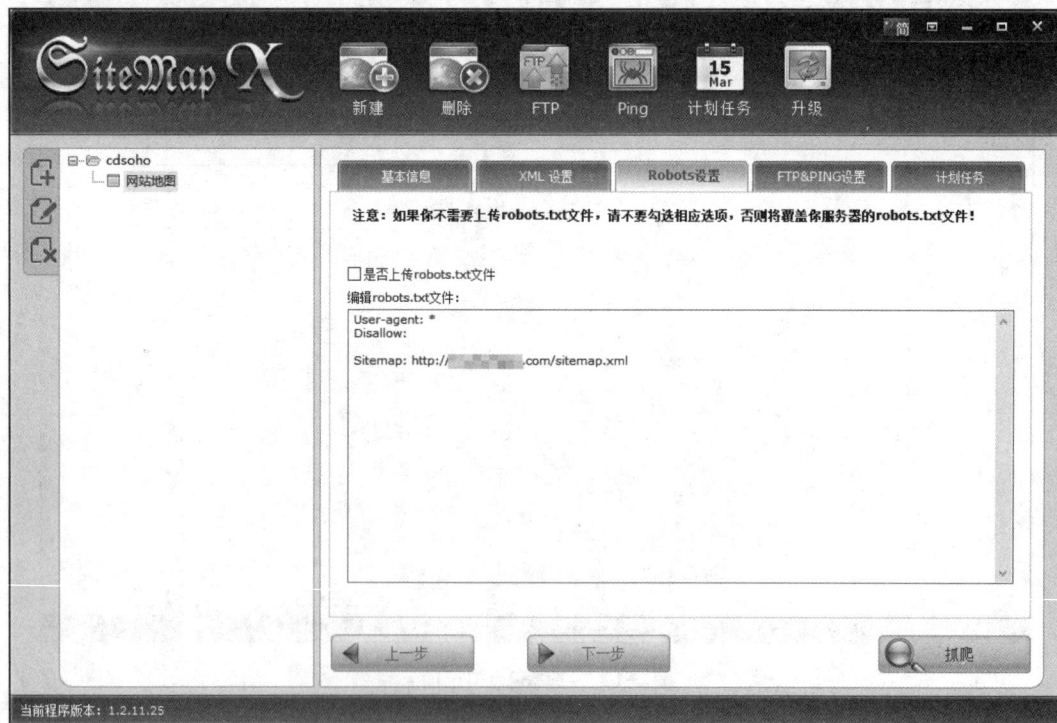

图7-14 "Robots设置"选项卡

步骤 05 SiteMapX开始抓取网站中的链接，整个过程会持续1～5分钟，具体视网站链接的多少而定，如图7-15所示，抓取完成后单击"下一步"按钮。

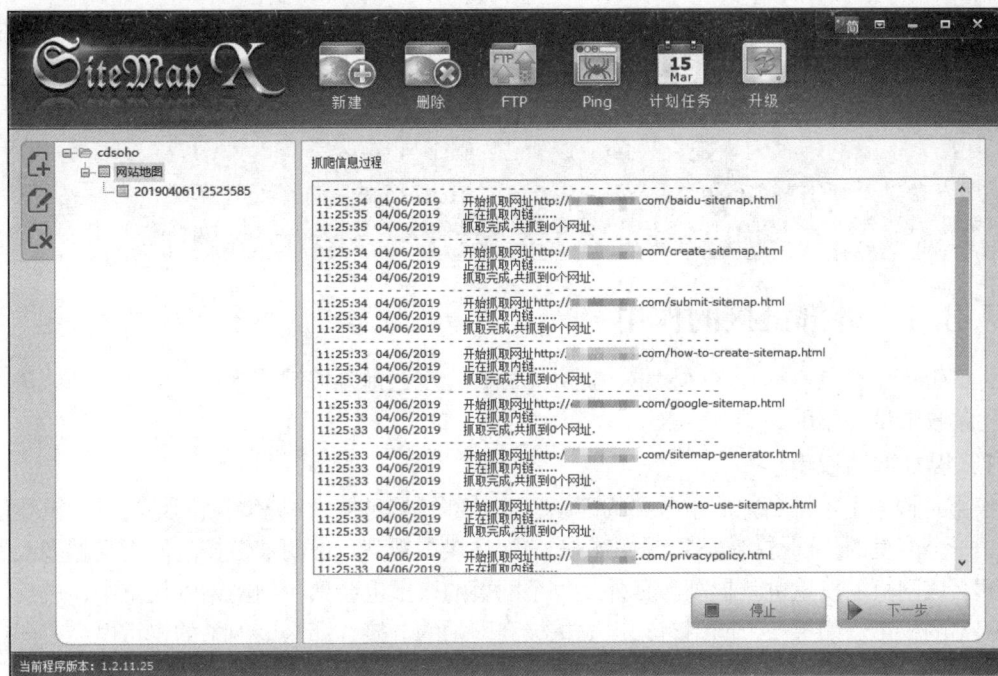

图7-15 抓取网站中的链接

**步骤 06** 在打开的界面中会显示抓取到的链接，单击"生成XML文件"按钮，弹出"生成 Sitemap文件"对话框，单击"打开文件目录"按钮，如图7-16所示。

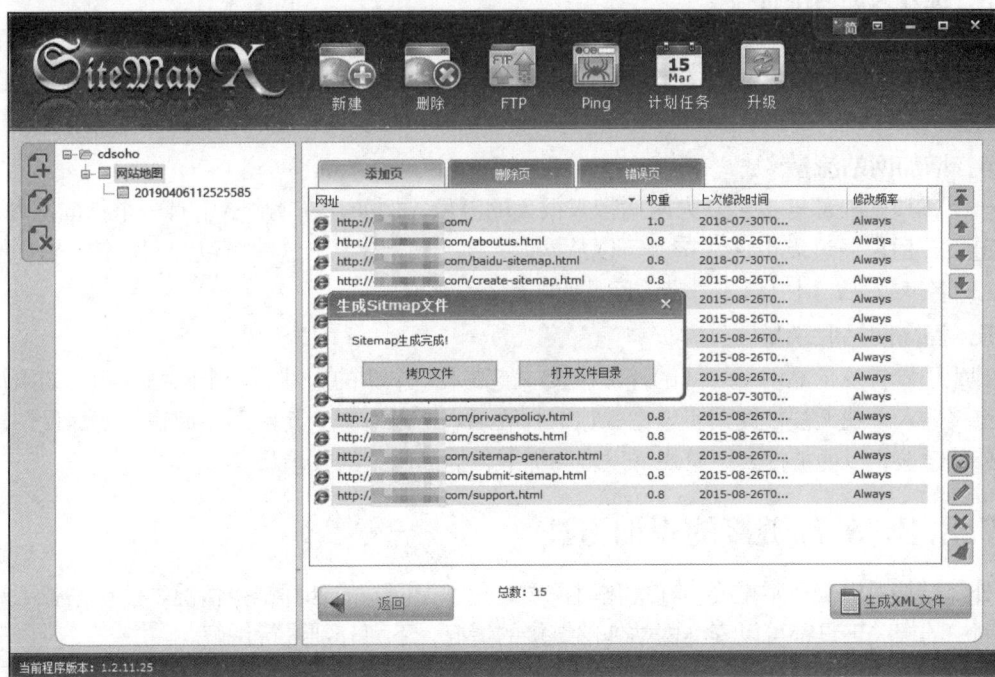

图7-16 生成Sitemap文件

**步骤 07** 在打开的文件夹中可以看到所有生成的文件，然后将sitemap.html和sitemap.xml两个文件上传到网站的根目录中即可。

# 7.3 优化外部链接

在搜索引擎的排名因素中，外部链接所占的比例非常大，有时外部链接甚至起到了主导作用。特别是在实际优化的过程中，可以很清楚地发现高质量的外部链接为网站推广提供了最核心的支持。外部链接对于SEO到底有哪些作用？又该如何建立外部链接呢？

## ❋ 7.3.1 外部链接的作用

外部链接主要具有提升网站权重、提高网站曝光度、提升关键词排名、增加网站流量以及提高网站收录量等作用。

### 1．提升网站权重

权重是搜索引擎排名中非常重要的因素，而外部链接是搜索引擎判断网站权重的重要依据之一。一个网页的外部链接越多、发出链接的网站权重越高，说明被链接的网页受越多人的信任，那么该网页的权重也就越高。另外，每个网页的权重也会累积到网站的权重中，进而提升整个网站的权重。如果一个网站有来自权重极高网站的链接，那么该网站的权重也会有一定的提升。

### 2．提高网站曝光度

以纯网址链接形式发外部链接，可以有效地提高网站的网址在互联网中的曝光度，同时还可以通过网址获得一部分流量，使网站推广工作顺利地进行。

### 3．提升关键词排名

大多数情况下，外部链接都是以锚文本的形式出现的，如论坛签名处的链接、文章中的锚文本链接以及互相交换的友情链接（图片链接除外）等。这些以锚文本的形式出现的外部链接可以直接提升关键词的排名。

### 4．增加网站流量

一个优质的外部链接可以为网站带来很大的流量，例如，在网站A中有一个指向网站B的外部链接，用户通过点击该链接就可以从网站A跳转到网站B，这就可以为网站B带来流量。网站A知名度越高、用户越多，带给网站B的流量也就越大。

### 5．提高网站收录量

搜索引擎蜘蛛依靠网站之间的外部链接才能进入一个新的网站，一个网站或网页如果没有外部链接导入，就无法被搜索引擎蜘蛛抓取并收录。所以对一个新的网站而言，要尽量创建较多的外部链接，以便被搜索引擎蜘蛛发现和抓取，提高网站的收录量。

## ❋ 7.3.2 外部链接的查询方法

外部链接对SEO非常重要，在优化时需要时刻掌握网站的外部链接情况。使用站长工具或爱站网中的相关工具都可以查询网站外部链接的情况，下面分别进行讲解。

### 1．使用站长工具中的"反链外链查询"工具

使用站长工具中的"反链外链查询"工具，可以查询指向指定网站的外部链接的数量，以及每个外部链接的域名、权重、PR值、链接名称、反链数等信息。其具体操作如下。

**步骤 01** 在站长工具网站中单击"SEO优化"下的"反链外链查询"超链接，如图7-17所示。

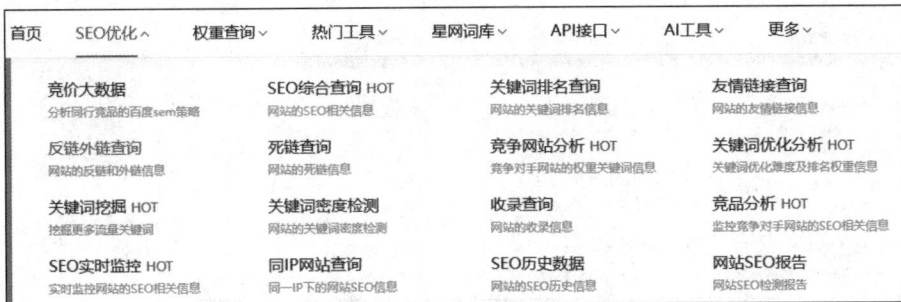

图7-17 单击"反链外链查询"超链接

使用站长工具中的"反链外链查询"工具

**步骤 02** 在打开页面的搜索文本框中输入要查询的网站的域名，然后单击"查询"按钮，在打开的页面中可以查看指向该网站的外部链接，如图7-18所示。

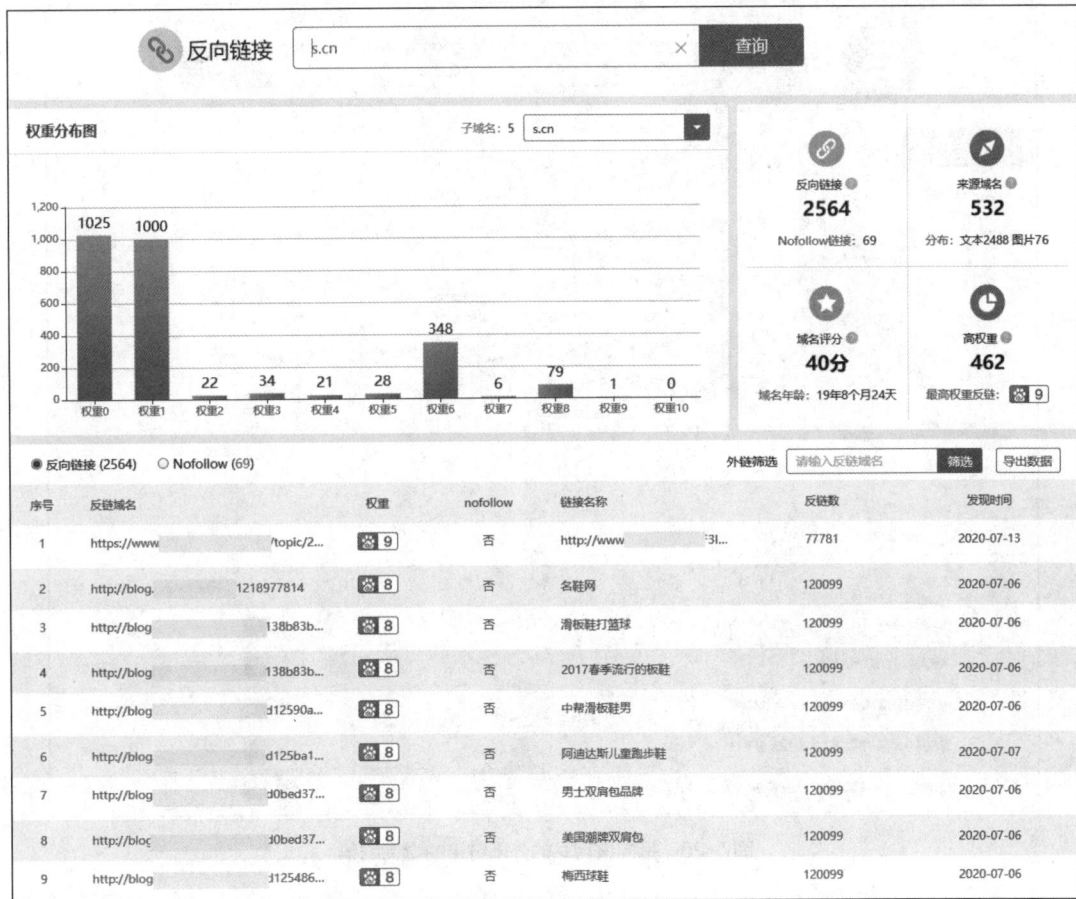

图7-18 外部链接查询结果

## 2. 使用爱站网中的"反链查询"工具

使用爱站网中的"反链查询"工具，可以分别查询指向指定网站各个子域名的外部链接的数量，以及每个外部链接的标题、网址、权重、反链数以及链接名称等信息。其具体操作如下。

**步骤 01** 在爱站网中单击"SEO查询"下的"网站反链"超链接，如图7-19所示。

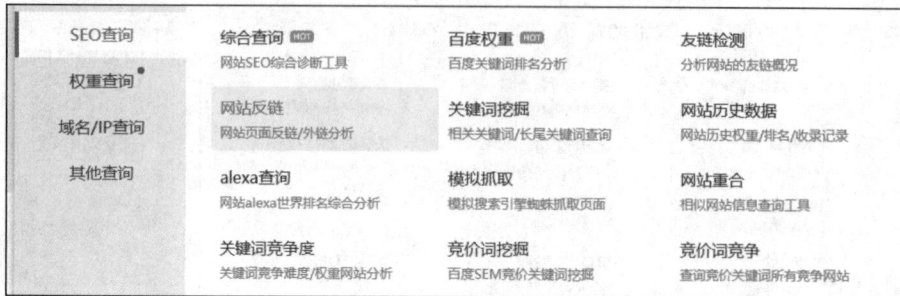

| SEO查询 | 综合查询 HOT | 百度权重 HOT | 友链检测 |
|---|---|---|---|
| | 网站SEO综合诊断工具 | 百度关键词排名分析 | 分析网站的友链概况 |
| 权重查询 | 网站反链 | 关键词挖掘 | 网站历史数据 |
| | 网站页面反链/外链分析 | 相关关键词/长尾关键词查询 | 网站历史权重/排名/收录记录 |
| 域名/IP查询 | alexa查询 | 模拟抓取 | 网站重合 |
| | 网站alexa世界排名综合分析 | 模拟搜索引擎蜘蛛抓取页面 | 相似网站信息查询工具 |
| 其他查询 | 关键词竞争度 | 竞价词挖掘 | 竞价词竞争 |
| | 关键词竞争难度/权重网站分析 | 百度SEM竞价关键词挖掘 | 查询竞价关键词所有竞争网站 |

使用爱站网中的
"反链查询"工具

图7-19 单击"网站反链"超链接

**步骤 02** 在打开的"反链查询"页面的搜索文本框中输入要查询的网站的域名，然后单击"查询"按钮，在打开的页面中可以查看指向该网站的外部链接，如图7-20所示。

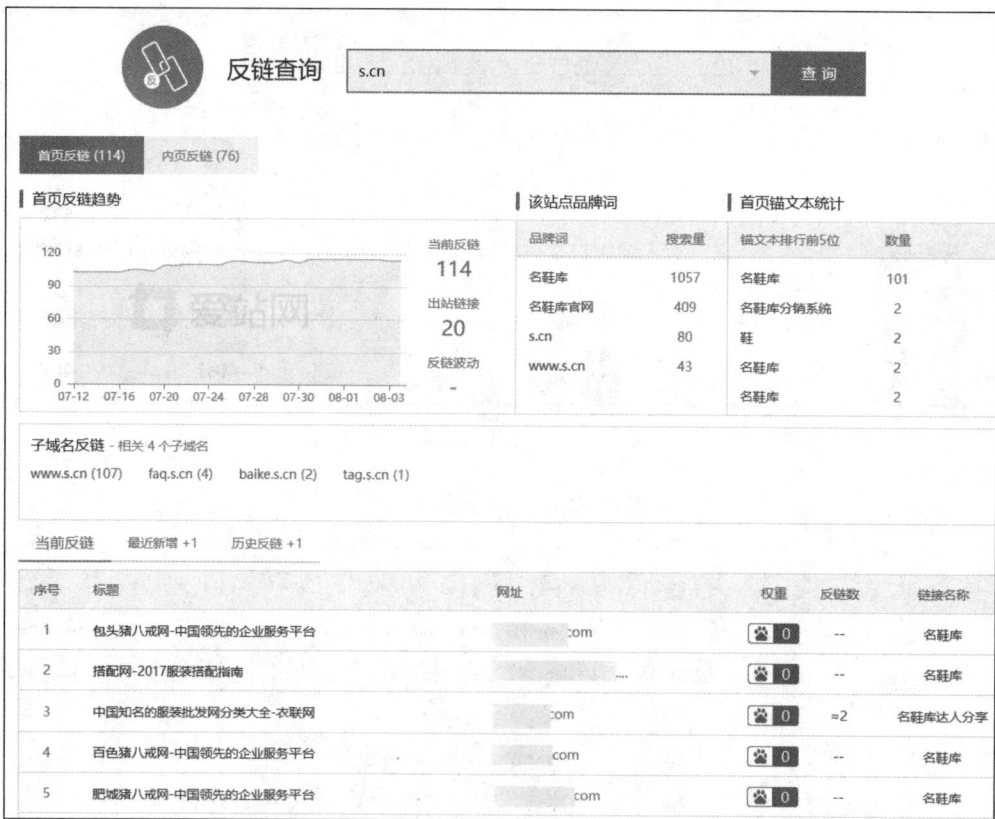

图7-20 指向该网站的外部链接的查询结果

## ❊ 7.3.3 外部链接建设的基本要求

自从搜索引擎给予外部链接高度重视后，很多网站就试图通过添加大量的外部链接的方式提升自己网站在搜索引擎搜索结果中的排名。因此，搜索引擎也在不断地升级算法，对外部链接的质量要求也越来越高。一些权重低、质量低的网站的外部链接，对提升网站排名的影响比较小。如果导入一些被处罚过的网站或一些"垃圾网站"的外部链接，甚至有可能对网站的排名造成不良影响。因此，开展外部链接建设不应只追求数量，还要严格控制质量。

### 1．来源网站要权威

从评级为权威的网站（如腾讯、新浪等）发出的外部链接的效果是比较好的。另外，.edu、.gov等域名只能由教育机构、政府部门等权威机构注册，这些网站的权威性也比较高，所以其发出的外部链接的效果也比较好，但获取的难度也比较大。

### 2．要与来源网站内容相关

发起外部链接的网页和接收外部链接的网页的内容应该是密切相关的。部分网站做外部链接，更注重权重的传递，发现权重值高的网站时，就想通过外部链接的方式让其为自己的网页传递更多的权重，却忽略了两者内容之间的关联性。内容完全不相关的外部链接是无法提升网站的排名的。

### 3．来源网站的权重要高

一个网站权重越高，其外部链接所传递的权重也就越高，搜索引擎对它的抓取频率也越高，搜索引擎蜘蛛也更容易顺着外部链接发现要推广的网站，从而提高网站的收录率。

### 4．来源网站的内容要健康

如果来源网站的内容包含暴力、赌博等不健康的内容，或者有大量的弹窗广告，那么这些外部链接的效果是很差的。应杜绝要推广的网站链接到这类网站。

### 5．网站的来源要广泛

在添加网站外部链接时，外部链接网站的来源应当广泛，网站的种类要多样。另外，对于来源网站的权重的要求也不应过于严格。如果一个网站的外部链接全部来自高权重的网站，很可能会让搜索引擎认为这是人为操纵的结果，这与搜索引擎基于外部链接网页来提升排名的初衷是相悖的。

### 6．来源外部链接位置要多样

正常的外部链接可能存在于来源网页的各个位置，例如一般存在于网站底部的"友情链接"，存在于内容区域的"自发性推荐"，存在于正文底部的"转载来源"，位于论坛帖子内容中的链接和签名中的链接等。

### 7．来源外部链接锚文本要多样

有些网站为了提升某个关键词的排名，会在外部链接的推广中集中使用该关键词，造成一个网页的外部链接的锚文本过于集中在某一个关键词上。这在某种程度上的确会提升网页的排名，但也容易让搜索引擎认为是人为操纵或作弊。

### 8．目标网页要分散

在添加网站外部链接时，不要将所有的外部链接都指向网站首页。这样既不符合用户的习惯，又容易触发搜索引擎的相关处罚机制。正确的做法是外部链接应该指向网站内各个层次的网页，将大部分的外部链接指向网站首页，再将两三成的外部链接指向网站的栏目页或内容页。

### 9．要多用单向链接

在搜索引擎中，单向链接比双向链接的权重要高。如果友情链接是双向链接，可能是一种"交换"。搜索引擎更看重单向链接。

### 10．外部链接数量要多

一个网站的外部链接数量越多，代表这个网站越受欢迎，通过外部链接进入网站的用户也就越多，同时能从侧面反映出网站拥有者重视网站的运营和维护。

## ❋ 7.3.4　外部链接的添加方法

为网站添加外部链接是一项比较费时的工作。那么怎样才能高效地添加外部链接呢？下面介绍一些为网站添加外部链接的方法。

- **论坛网站**：在与网站内容相关的论坛中注册成为用户，为签名添加关键词，并做成链接指向自己的网站，然后经常在论坛中发布和回复帖子。另外，在帖子的内容中也可以添加相应的指向自己网站的外部链接。
- **回答网站**：到百度知道、新浪爱问、QQ问答、360问答等网站里回答用户的问题，并附上自己网站的外部链接。
- **博客网站**：到各大博客网站（百度空间、新浪、腾讯等）中留言，并附上自己网站的外部链接；开通新博客，发表一些原创文章，并附上自己网站的外部链接。
- **视频网站**：在各大视频网站（爱奇艺、优酷、土豆、腾讯视频等）中发布一些视频，在视频标题和简介中可以附上自己网站的信息；也可以对一些视频做评论，在评论中附上自己网站的外部链接。
- **评论网站**：到原创性比较高的网站（如豆瓣等）中进行评论，在其中用网站的名称注册新用户。
- **利用收藏和网摘**：在天天网摘、百度搜藏、和讯网摘、QQ书签等网站中上传网站内容，并坚持有规律地发布帖子。
- **分类目录**：在分类目录网站、所在行业的目录网站以及一些开放性的导航网站中提交自己的网站。
- **行业信息网站**：到行业信息网（阿里巴巴、慧聪网、企业黄页网等）中进行注册，这些网站会提供一个简单的子网站，在里面可以添加企业简介、产品信息和联系方式等内容，也可以在里面添加自己网站的外部链接。
- **利用软文**：写好软文以后，应附上网站的外部链接和联系方式，发布在一些权重比较高的网站。另外，也可以和其他站长合作，在双方发布的软文里同时添加两个网站的链接，这样可以同时增加两个网站的外部链接。

## 7.4　添加友情链接

友情链接作为一种特殊的外部链接，是网站基本的推广手段。本节将详细介绍友情链接的相关知识，包括什么是友情链接、友情链接的作用、交换友情链接的注意事项、获得友情链接的途径等内容。

## ❋ 7.4.1　什么是友情链接

友情链接也称为交换链接、互惠链接、互换链接、联盟链接等，是一种具有资源互补优势的网站之间的简单合作形式，即分别在对方的网站中放置自己的网站链接，使用户可以从合作网站中发现自己的网站，以达到互相推广的目的。

友情链接通常显示在一个网页的底部，展现形式主要是对方网站的Logo图片链接或网站名称锚文本链接，如图7-21所示。

图7-21 友情链接

## ✳ 7.4.2 友情链接的作用

友情链接在提升网站权重、提升关键词排名、吸引蜘蛛爬行及提升用户体验等方面有着重要的作用。

### 1．提升网站权重

网站的权重是可以通过友情链接传递的。若交换友情链接的网站的权重较高，就有助于提高自己网站的权重值。这也是和其他网站做友情链接的根本目的。

### 2．提升关键词排名

交换友情链接有助于提升网站关键词在搜索引擎搜索结果中的排名。友情链接是较好的外部链接之一，添加友情链接和在论坛、博客网站中添加外部链接的作用相同。

### 3．吸引蜘蛛爬行

优质的友情链接能够吸引搜索引擎蜘蛛从高质量的网站爬到自己的网站，使搜索引擎蜘蛛形成爬行循环，让搜索引擎对自己的网站有较高的评价，这对于增加网站流量及快照更新速度都有较大帮助。

### 4．提升用户体验

同行网站之间交换友情链接，有利于用户直接通过当前网站访问另一个同行业的站点，使用户更直接地了解更全面的信息，可以为用户带来良好的体验。

## ✳ 7.4.3 交换友情链接的注意事项

在做友情链接时，不能随意与其他网站进行交换，应当严格按照既定标准筛选要进行交换的网站，否则很有可能会交换到低质量的链接。与低质量的网站做友情链接不仅对网站没有好处，还会带来副作用。在交换友情链接时，应注意以下事项。

### 1．相关性要强

做友情链接的两个网站的内容应有相关性，这样友情链接的价值才会有所提升。与相关性强的网站做友情链接不仅可以为网站传递更高的权重，还有利于网站扩展关键词。

行业相关性并不要求两个网站的行业相同，而是要求两个网站具备一定的相关性，如"数码产品"和"计算机""办公设备"的相关性较强，而和"服装鞋帽"没有相关性。

### 2．网站权重要高

网站的权重越高，每个友情链接所分到的权重也就越高，因此，很多网站都希望和比自己权重高的网站做交换链接。但是权重较高的网站却不希望和权重较低的网站做交换链接，一般仅与自己网站权重相当的网站做交换链接。因此，在寻找网站的友情链接时，应选择权重较高的或权重与自己网站权重相当的网站。

### 3．友情链接数量要少

对方网站中友情链接的数量直接关系到每个友情链接所分到的权重值。如果网站的友情链接较多，则每个友情链接所分到权重值就较小；友情链接数量越少，则每个友情链接分到的权重值就越大，对自己的网站就越有利。因此，做友情链接时，应当找友情链接数量少的网站，其友情链接数量应少于60个。

### 4．不要做交叉友情链接

做友情链接时，双向链接的效果不如单向链接。有时会有多个网站一起做交叉友情链接的情况，例如，有A、B、C、D网站，网站A链接网站B，网站B链接网站C，网站C链接网站D，网站D又链接网站A。这就是交叉友情链接。由于所有链接都变为了单向链接，权重传递的效果更好。

但是，交叉友情链接不可控制的环节较多，一旦中间有一个环节断裂，网站之间的权重就不能很好地传递。此外，如果其中有网站传递色情、赌博等"垃圾链接"，那么导入链接的网站可能会被搜索引擎处罚。

## ❄ 7.4.4 获得友情链接的途径

获得友情链接的途径有很多，包括相关论坛、搜索引擎、相关QQ群、链接交换平台及友情链接工具软件等。

### 1．相关论坛

在很多站长论坛（如落伍者论坛、17推论坛、站长论坛等）中都有一个友情链接板块，如图7-22所示。这类论坛中不仅每天都有大量的友情链接信息发布，还有其他和网站建设、SEO、网络营销等密切相关的信息发布。经常访问这类论坛，不仅可以找到优质的交换链接资源，还可以认识更多的朋友，一起探讨和学习网站建设、SEO等方面的知识。

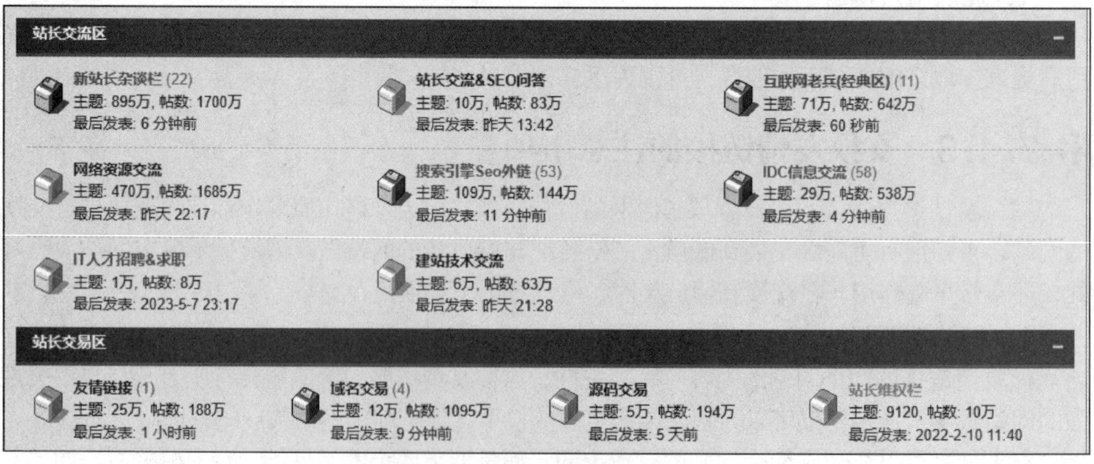

图7-22 站长论坛

### 2．搜索引擎

在搜索引擎中搜索和自身网站主题相关或类似的关键词，就可以获得很多可以交换链接的网站。这些网站既有很强的相关性，又比较安全，同时由于排名靠前，网站质量也高，是优质的交换链接目标。

例如，若网站和服装领域相关，就可以在百度等搜索引擎中搜索"服装"关键词，搜索结果中排名靠前的网站质量都很高，可以考虑与它们建立友情链接，如图7-23所示。

### 3．链接交换平台

链接交换平台是一种专门提供友情链接交换和交易的平台，在百度等搜索引擎中搜索"链接交换平台"关键词即可找到，如图7-24所示。

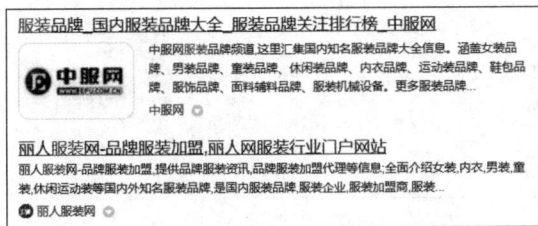

图7-23　在百度中搜索"服装"关键词　　　　图7-24　搜索"链接交换平台"关键词

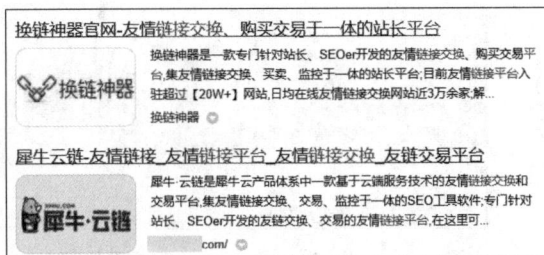

### 4．相关QQ群

在QQ的"查找"对话框的"找群"选项卡中，搜索"友情链接"就可以搜索到很多交换友情链接的QQ群，如图7-25所示。

图7-25　查找友情链接QQ群

加入友情链接QQ群后，就通过与群内成员聊天的方式来找到适合自己网站的友情链接。

### 5．友情链接工具软件

友情链接工具软件也是一种很好的添加友情链接的途径，如链天下。它是一款专门针对网站友情链接交换、交易和监控的工具软件，目前累计入驻20多万家网站，日均在线交换友情链接的网站超过1万家。它解决了网站友情链接交换过程中资源对接不集中、不及时的问题，大大提升了友情链接交换的工作效率。图7-26所示为链天下的主界面。

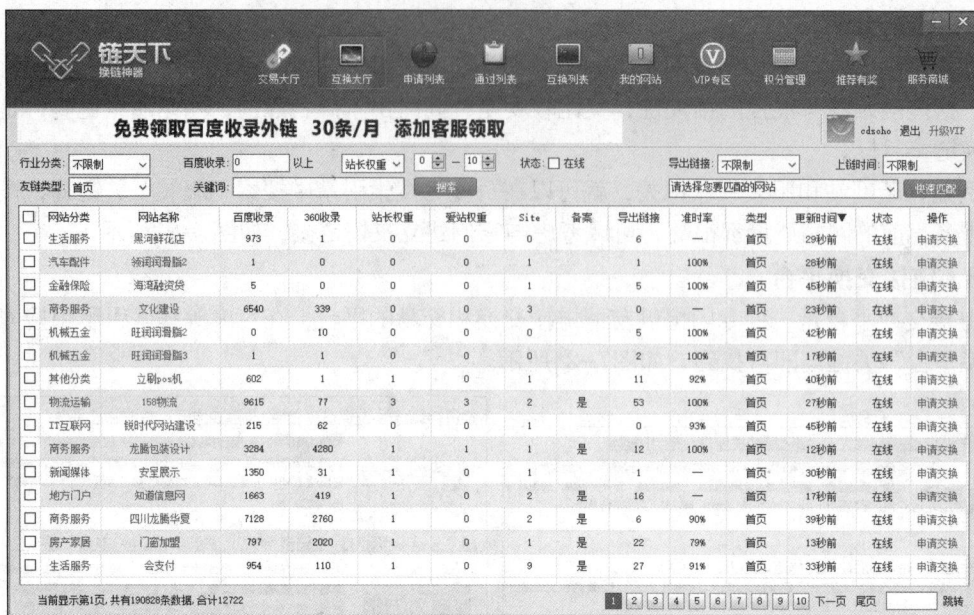

图7-26 链天下的主界面

> 📖**知识链接**
>
> 　　在做友情链接时，大多数站长都是诚实可信的，但也有一部分人会使用一些欺骗的手段来做友情链接，使他们的网站获得更高的权重，却不将权重传递给对方网站。扫描右侧的二维码，查看常见的友情链接欺骗手法。
>
> 预防友情链接
> 中的欺骗

# 7.5 处理死链接

　　"死链接"就是无效链接，是指那些不可到达的链接。一个网站如果存在大量死链接，会大大损害网站的整体形象。另外，搜索引擎蜘蛛是通过链接来爬行的，如果网站中有太多的死链接，则不但其收录页面的数量会减少，而且其权重也会大大降低。

## ❋ 7.5.1 什么是死链接

　　死链接是网站建设的专业术语，是指原本能够正常访问但后续又因为某些原因不能访问的链接。当用户访问到死链接时，网站通常会返回404页面。死链接可以分为协议死链和内容死链两种形式。

- **协议死链**：协议死链是指页面的TCP状态或者HTTP状态明确表示的死链，常见的有404页面、403页面、503页面等。
- **内容死链**：内容死链是指服务器返回状态是正常的，但内容已经变更为不存在、已删除或需要权限等与原内容无关的信息页面。

## ❋ 7.5.2　死链接是如何产生的

死链接并不是凭空出现的，是各种各样的原因造成的。了解死链接产生的原因，就可以采取相应的措施来消除死链接，避免产生新的死链接。

### 1. 网站改版

一个网站在运行一段时间后，有可能会因为各种情况而进行改版。在对网站进行改版时，网站的URL、栏目层级、文件位置等都可能会发生变化，从而会造成原有网页打不开的情况，最终导致搜索引擎收录的网页及其他网站中的外部链接也都无法打开。如果内容依然存在，只是网址变更了，则可以通过301跳转，将原来的网址调换到新的网址上；如果内容已经不存在了，则应返回404页面，并在搜索引擎中进行死链提交和删除快照的操作，让搜索结果中不再出现该网页。

### 2. 伪静态设置

有一些网站在做优化前，所有的链接全部都是动态链接。由于动态链接不利于收录和排名，所以网站在进行SEO时会进行伪静态设置，即让所有页面都通过新的静态链接访问，并屏蔽原有的动态链接，这样原来的动态链接就会成为死链接。遇到这种情况，建议网站在进行伪静态设置后，不要立即屏蔽原有的动态链接，应当在一半以上的静态链接被新收录后，再对网站的动态链接进行屏蔽。

### 3. 内容转载

如果网页内容是转载其他网站的，有些文章中可能会存在很多内部链接。这些内部链接一般都是采用的相对路径，在新的网站中并没有对应的路径和文件，一旦进入新网站，它们就会成为死链接。所以在转载其他网站中的文章时，要仔细检查并删除其中的内部链接。

### 4. 内容被误删

在网站后台操作时，不小心删除了某个网页也会产生死链接。这时要尽量恢复被删除的内容；实在无法恢复的，要进行死链提交。

### 5. 网站被黑客攻击

黑客攻击是现在网络中很普遍的问题，特别是对一些中小型企业网站而言，更是很难抵御黑客攻击。对这种情况要随时提高警惕，并做好备份，一旦被黑客攻击应当及时恢复。

## ❋ 7.5.3　查找死链接

网站在运营过程中会经常出现死链接，因此需要经常查找其中的死链接，以便及时处理。要查找网站中的死链接，可以使用爱站网的"死链检测"工具。其具体操作如下。

**查找死链接**

步骤01 在爱站网中单击"其他查询"下的"死链检测"超链接，进入"死链检测"页面。

步骤02 在"死链检测"文本框中输入要进行死链检测的网站的网址，然后单击"查询"按钮。系统开始对网站的所有链接进行检测，并显示网站中的总链接数和死链接数，以及每个链接的链接信息、网站标题和状态信息。其中，死链接的状态为一个"重查"超链接，单击该超链接可以重新对该链接进行检测，如图7-27所示。

图7-27　死链检测结果

## ❋ 7.5.4　处理死链接

网站中的死链接过多，不但会严重影响用户体验，而且还会降低网站优化的效果。因此，对于死链接必须及时进行处理。

有些死链接可以通过修改网站中的错误进行修复，有些死链接可以通过301跳转转到新的链接上，有些无法消除的死链接还可以设置404页面。此外，为了避免搜索引擎抓取，还需要运用以下方法来处理死链接。

### 1. robots.txt文件设置

如果网站中还存在一些没有处理的死链接，为了避免搜索引擎抓取，可以使用robots.txt文件对这些链接进行屏蔽，即将找到的死链接添加到robots.txt文件中"Disallow:"的后面，如图7-28所示。

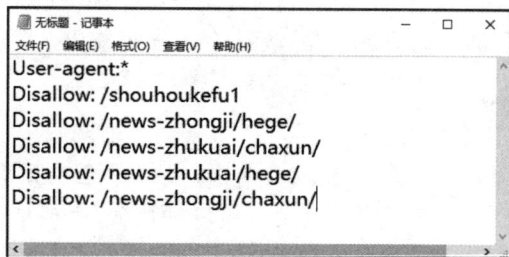

图7-28　使用robots.txt文件屏蔽死链接

### 2. 死链提交

新建一个文本文件，命名为silian.txt，然后将整理好的死链接地址复制到该文本文件中，并上传到网站的根目录中。

完成后，在百度站长平台进行死链提交，在"请填写死链文件地址"文本框中输入死链文件的地址，如图7-29所示。

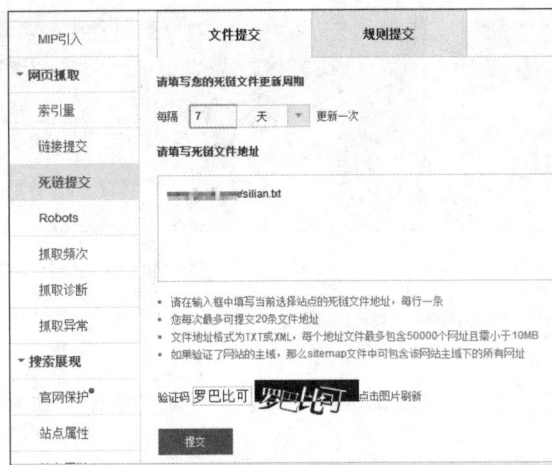

图7-29　死链提交

# 7.6　行业实战

本章主要介绍了网站链接优化的相关知识，包括认识链接、优化内部链接、优化外部链接、添加友情链接以及处理死链接。本节将对德光文具网站的链接进行优化。

## ✳ 7.6.1　实战背景

德光文具是一家专业的办公用品网上商城，致力于提供高品质的办公用品和优质的客户服务。德光文具的产品涵盖了文具、办公用纸、数码产品、装订用品等多个品类，能够满足用户的多样化需求。为了提升德光文具网站的SEO效果，现在需要对网站的链接进行优化。首先是优化内部链接，在网站的各个网页中根据一定规则添加链接到其他网页的链接，构建内部链接的网络；然后是在网站外部通过各种方式创建指向德光文具网站的外部链接。

## ✳ 7.6.2　实战要求

（1）为Logo图片和Banner图片添加内部链接。

（2）为导航栏和面包屑导航添加内部链接。

（3）为"类别""特价商品""新商品""品牌"栏中的内容添加内部链接。

（4）为正文中的关键字添加内部链接。

（5）为页脚部分的其他网站的名称添加指向其网站域名的友情链接。

行业实战

## ✳ 7.6.3　实战步骤

步骤 01　使用Dreamweaver打开yhzs20230203001.html文件（配套资源：\素材\第7章\行业实战\yhzs20230203001.html），选择Logo图片，在"属性"面板中设置"链接"为"index.html"，为Logo图片设置指向网站首页的链接，如图7-30所示。

步骤 02　选择Banner图片，在"属性"面板中输入要打开的网页的链接，如图7-31所示。

图7-30  为Logo图片添加链接

图7-31  为Banner图片添加链接

**步骤 03** 切换到拆分视图，选择导航栏中的文本，然后在代码视图中为它们分别添加对应的链接，如图7-32所示。

**步骤 04** 选择面包屑导航中的文本，然后在代码视图中为它们分别添加对应的链接，如图7-33所示。

图7-32  为导航栏添加链接

图7-33  为面包屑导航添加链接

**步骤 05** 选择"类别"栏下的文本，然后在代码视图中为它们分别添加对应的链接，如图7-34所示。

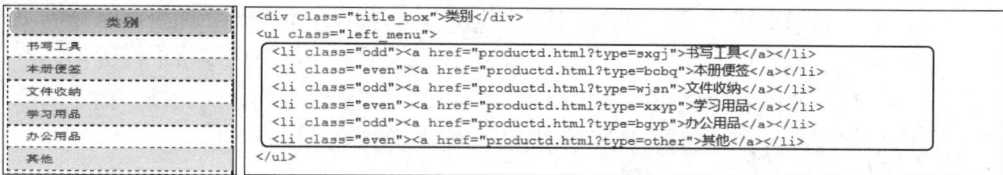

图7-34  为"类别"栏下的文本添加链接

**步骤 06** 选择"特价商品"栏下的产品名称和图片，然后在代码视图中为它们分别添加对应的链接，如图7-35所示。

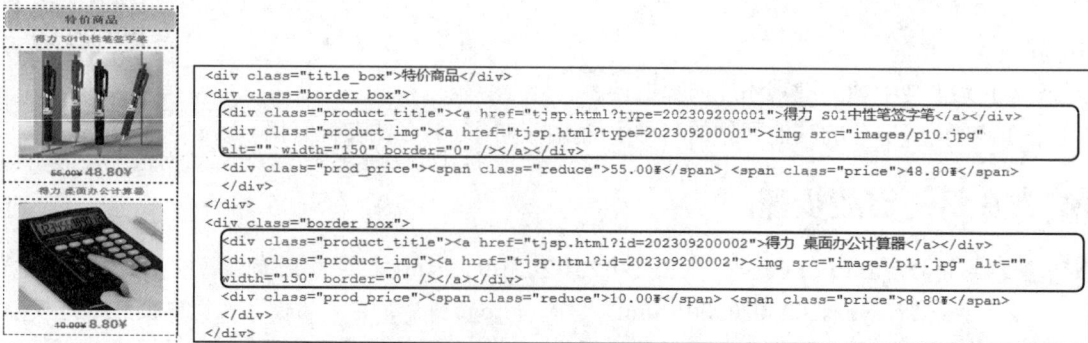

图7-35  为"特价商品"栏下的产品名称和图片添加链接

**步骤 07** 选择"新商品"栏下的产品名称和图片，然后在代码视图中为它们分别添加对应的链接，如图7-36所示。

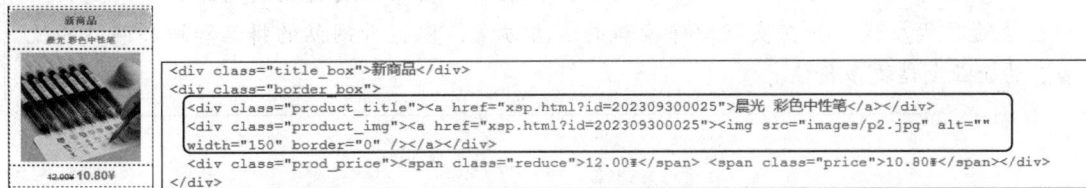

```
<div class="title_box">新商品</div>
<div class="border_box">
    <div class="product_title"><a href="xsp.html?id=202309300025">晨光 彩色中性笔</a></div>
    <div class="product_img"><a href="xsp.html?id=202309300025"><img src="images/p2.jpg" alt=""
    width="150" border="0" /></a></div>
    <div class="prod_price"><span class="reduce">12.00¥</span> <span class="price">10.80¥</span></div>
</div>
```

图7-36　为"新商品"栏下的产品名称和图片添加链接

**步骤 08** 选择"品牌"栏下的文本，然后在代码视图中为它们分别添加对应的链接，如图7-37所示。

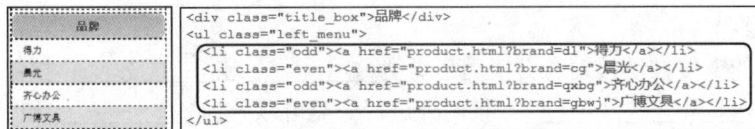

```
<div class="title_box">品牌</div>
<ul class="left_menu">
    <li class="odd"><a href="product.html?brand=dl">得力</a></li>
    <li class="even"><a href="product.html?brand=cg">晨光</a></li>
    <li class="odd"><a href="product.html?brand=qxbg">齐心办公</a></li>
    <li class="even"><a href="product.html?brand=gbwj">广博文具</a></li>
</ul>
```

图7-37　为"品牌"栏下的文本添加链接

**步骤 09** 为正文第一段中的第一个"笔"文本添加指向网站首页的链接，为最后一段中的"钢笔""圆珠笔""中性笔""签字笔"文本添加指向"书写工具"栏目的链接，如图7-38所示。

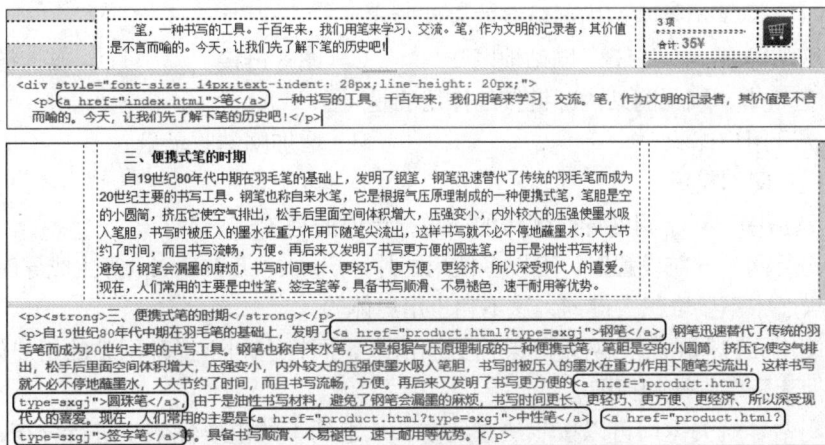

图7-38　为正文中的关键词添加链接

**步骤 10** 为页脚部分的友情链接添加指向各自网站的外部链接，如图7-39所示（配套资源：\效果\第7章\行业实战\yhzs20230203162102001.html）。

图7-39　添加外部链接

📑 **职业素养**

　　为了在竞争激烈的市场环境中取得成功，SEO人员需要发挥创新思维，不断更新知识，紧随时代步伐，并在实践中探索新的解决方案，以提升网站的排名和增加网站的流量，为企业创造更多价值。

📊 **课后练习**

### 一、填空题

1. 网页中的链接按链接对象分类可以分为＿＿＿＿＿和＿＿＿＿＿，按链接方向分类可以分为＿＿＿＿＿和＿＿＿＿＿，按内外进行分类可以分为＿＿＿＿＿和＿＿＿＿＿。

2. 内部链接是指＿＿＿＿＿下的各个网页之间的链接。

3. 外部链接又叫"＿＿＿＿＿"或"＿＿＿＿＿"，是指与＿＿＿＿＿之间的链接。

4. 友情链接也称为＿＿＿＿＿、＿＿＿＿＿、＿＿＿＿＿等，是一种具有＿＿＿＿＿的网站之间的简单合作形式。

### 二、选择题

1. 下列（　　）不是网站内部链接的表现形式。

　　A. 网站导航　　　　B. 网站地图　　　　C. 图片链接　　　　D. 友情链接

2. 下列选项中，属于网站内部链接的作用的是（　　）。

　　A. 提升用户体验　　　　　　　　　　B. 增加网站收录量

　　C. 提升网站权重　　　　　　　　　　D. 以上都是

3. 下列选项中，对于网站导航优化的描述，错误的是（　　）。

　　A. 进行网站导航设置时，可以多使用图片、Flash、JavaScript等生成导航

　　B. 导航中不要堆积关键词，这不利于用户体验

　　C. 使用面包屑导航的网站的架构更加清晰，同样有利于提升网站的用户体验和方便搜索引擎蜘蛛的抓取

　　D. 网站导航关键词可以按照从左到右、从上到下的重要性依次进行分布，这样既符合用户的浏览习惯，也有利于搜索引擎的权重分配

4. 下列选项中，关于友情链接交换条件的描述，错误的是（　　）。

　　A. 交换友情链接时要注重行业相关性，也就是说两个网站的行业一定要相同

　　B. 查看对方网站百度快照的更新速度，判断该网站是否正常

　　C. 与导出链接数量少的网站交换链接，对自己的网站比较有利

　　D. 查看对方页面的百度权重，只与权重相同或权重更高的网站交换链接

### 三、判断题

1. 纯文本链接是指从一个网页通过链接指向另外一个网页的链接。　　　　　　（　　）

2. HTML版本的网站地图只适合搜索引擎蜘蛛抓取，不利于用户体验。　　　（　　）

3. 外部链接是指从其他网站指向自己网站的链接。　　　（　　）

## 四、简答题

1. 内部链接有哪些作用？

2. 面包屑导航的作用有哪些？

3. 外部链接的作用有哪些？

4. 友情链接都有哪些作用？

5. 交换友情链接的途径有哪些？

## 五、操作题

1. 使用站长工具中的"反链查询"工具查询自己网站中的外部链接。

2. 使用爱站网的"死链检测"工具查询自己网站中的死链接。

# SEO效果分析

网站在经过一段时间的优化后，就需要对SEO的效果进行分析，查看是否达到预期目标。如果没有达到，就需要分析各个环节的问题，并有针对性地改进优化方案；对于效果良好的部分也要总结经验，争取做得更好。

## 知识目标

- 掌握SEO综合查询与分析的方法。
- 掌握网站流量分析的方法。
- 掌握网站流量来源分析的方法。
- 掌握网站页面访问分析的方法。
- 掌握网站用户分析的方法。

## 素养目标

- 提升解决实际问题的能力，能应对SEO数据监测和分析过程中的各种挑战，并且能够有效、高效率地解决相关问题。
- 培养团队合作精神，能够与跨部门的团队成员进行紧密协作。

# 8.1 SEO综合查询与分析

对SEO的效果进行分析，需要获取网站各方面的详细数据。通过一些SEO综合查询工具，可以获取网站的基本信息、权重、排名、大致流量等信息。

## ❋ 8.1.1 查询网站的SEO信息

常用的SEO综合查询工具主要有站长工具网和爱站网的SEO综合查询工具，它们的使用方法基本相同。下面以站长工具网的SEO综合查询工具为例进行讲解。

进入站长工具网首页，默认显示SEO综合查询页面，在文本框中输入要查询的网站的域名，然后单击"查询"按钮，如图8-1所示。稍等片刻将打开该网站的"SEO综合查询"结果页面。

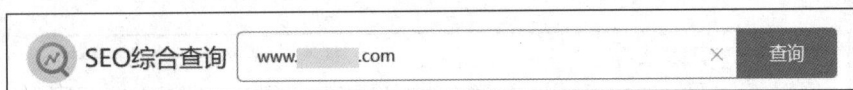

图8-1 SEO综合查询工具

## ❋ 8.1.2 分析网站的SEO信息

"SEO综合查询"结果页面中将显示网站的众多SEO信息，包括总体信息、SEO查询结果、百度趋势、页面TDK信息、META关键词排名、Alexa趋势信息、收录量/索引量信息等。

### 1. 总体信息

在总体信息部分，将显示网站的SEO信息、网站排名、域名信息、备案信息、网站信息等内容，如图8-2所示。

● **SEO信息**：查看网站的全网流量总和以及网站在各大搜索引擎中的权重。网站的流量越大、权重越高，说明网站SEO的效果越好。

● **网站排名**：查看网站的Alexa世界排名和网站的分类。网站的排名越高，说明网站SEO的效果越好。

● **域名信息**：查看网站域名的注册人/机构、注册人邮箱和域名年龄。域名年龄是指域名注册的时间，对网站关键词排名有较大的影响。域名注册的时间越早，越有利于排名。

● **备案信息**：查看网站的备案号、名称、性质和审核时间。

● **网站信息**：查看网站的IP地址、同IP网站、网站速度、竞争网站等信息。

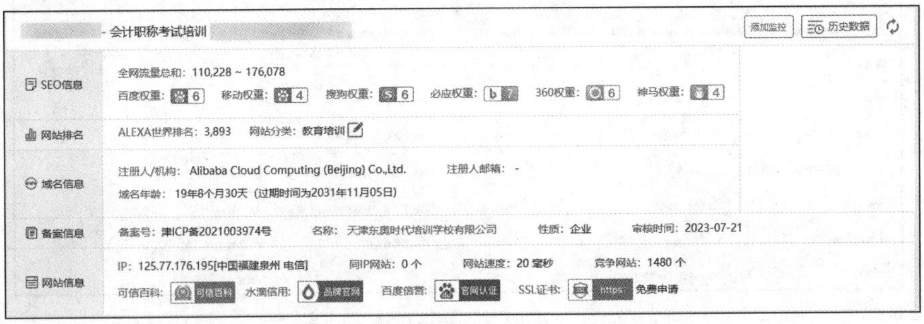

图8-2 总体信息

> **📖知识链接**
>
> 　　网站速度是指网站网页的打开速度。网页的打开速度越快，用户体验就越好，搜索引擎就会给予较好的排名。单击"网站速度"后面的数字，在打开的页面中可以查看从不同线路访问网站的速度，包括最快节点、最慢节点和平均响应等信息，如图8-3所示。

图8-3　从不同线路访问网站的速度

### 2. SEO查询结果

在"SEO查询结果"部分可以查看网站的PC词数、移动词数、首页位置、反链数、收录量、一天收录、一周收录、一月收录以及网站在各大搜索引擎中的收录量和反链数，如图8-4所示。

图8-4　SEO查询结果

### 3. 百度趋势

百度趋势分为百度PC趋势和百度移动趋势，分别用于查看网站关键词在PC端和移动端的百度趋势，如图8-5所示。

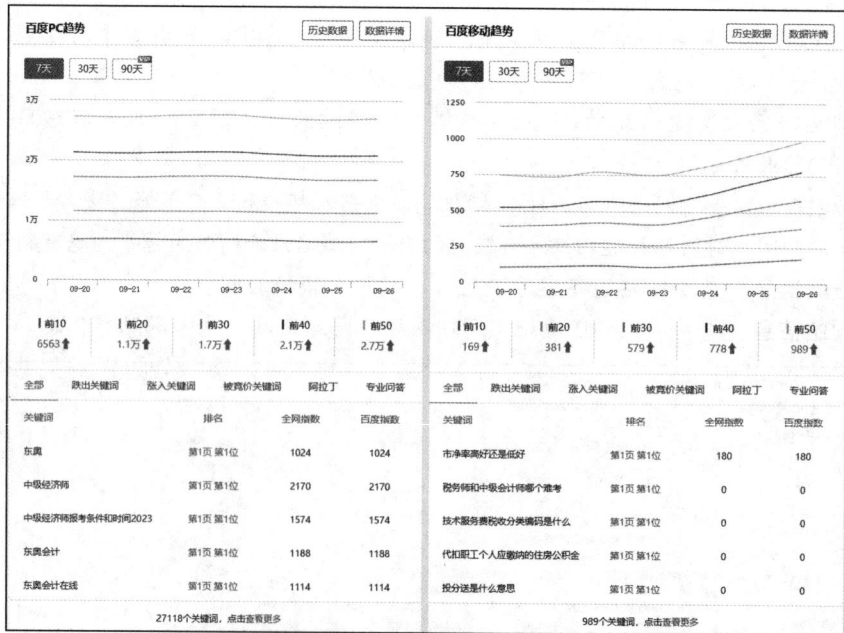

图8-5　百度趋势

### 4．首页TDK信息

首页TDK是指网站首页的标题、关键词和描述这3个位置，主要用于布局网站的核心关键词。在"SEO综合查询"结果页面的"页面TDK信息"栏中可以查看网站首页标题、关键词和描述的长度和具体内容，如图8-6所示。

| 页面TDK信息 | | ↻ |
|---|---|---|
| 标题（Title） | 30 个字符（一般不超过80个字符） | 东奥会计在线 - 会计职称考试培训「专注会计职业教育25年」 |
| 关键词（KeyWords） | 74 个字符（一般不超过100个字符） | 注册会计师,税务师,初级会计职称,中级会计职称,高级会计师,会计实务,会计继续教育,东奥会计在线,东奥书店,会计网校,会计考试,会计培训,会计辅导书 |
| 描述（Description） | 103 个字符（一般不超过200个字符） | 东奥会计在线,汇集业内培训精英的远程教育平台.专注打造初级会计职称,中级会计职称,高级会计师,注册会计师,税务师,会计继续教育等全方位考试培训,以卓越的会计辅导教材和强大的教师团队为考生提供专业的服务! |

图8-6　页面TDK信息

### 5．META关键词排名

在"SEO综合查询"结果页面的"META关键词排名"栏中可以查看网站首页中通过KeyWords属性设置的关键词的出现频率、密度、全网指数、百度指数、百度排名和预估流量的数据，如图8-7所示。

| META关键词排名 提升关键词排名 | | | | | 一键查询 添加关键词 | |
|---|---|---|---|---|---|---|
| 关键词（KeyWords） | 出现频率 | 2%≤密度≤8% | 全网指数 | 百度指数 | 百度排名 | 预估流量 |
| 注册会计师 | 12 | 0.3 % | 3076 | 3076 | 查询 | 查询 |
| 税务师 | 74 | 1.0 % | 1438 | 1438 | 查询 | 查询 |
| 初级会计职称 | 9 | 0.2 % | 288 | 288 | 查询 | 查询 |
| 中级会计职称 | 9 | 0.2 % | 298 | 298 | 查询 | 查询 |
| 高级会计师 | 44 | 1.0 % | 558 | 558 | 查询 | 查询 |
| 会计实务 | 14 | 0.3 % | 153 | 153 | 查询 | 查询 |
| 会计继续教育 | 9 | 0.2 % | 562 | 562 | 查询 | 查询 |
| 东奥会计在线 | 5 | 0.1 % | 483 | 483 | 查询 | 查询 |

图8-7　META关键词排名

从图8-7中可以看出网站首页的关键词优化存在以下问题。

● **关键词的密度较低**：所有关键词的密度都小于2%，关键词的密度较低，需要增加关键词密度。

● **部分关键词排名较低**：有部分关键词的排名较低，需要进一步优化关键词排名。

### 6．Alexa趋势信息

在"SEO综合查询"结果页面的"Alexa趋势信息"栏中可以查看网站综合排名、当日排名、一周排名等信息，如图8-8所示。通过这些信息可以了解网站的排名及其变化趋势。

| Alexa趋势信息 | | | | | | 数据详情 |
|---|---|---|---|---|---|---|
| 3,893 | 12386↑(6803) | 4997↑(1350) | 3789↓(1640) | 3893↑(723) | ≈234000 | ≈97500 |
| 综合排名 | 当日排名 | 一周排名 | 一月排名 | 三月排名 | 预估流量 | 预估PV |

图8-8　Alexa趋势信息

### 7．收录量/索引量信息

在"SEO综合查询"结果页面的"收录量/索引量信息"栏中可以查看网站的收录量/索引量变化趋势以及网站的今日收录量、一周前收录量和一月前收录量，如图8-9所示。

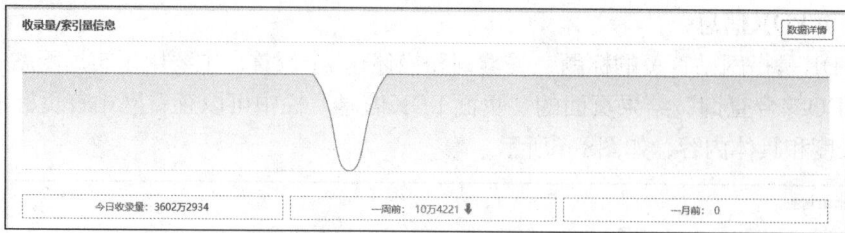

图8-9 收录量/索引量信息

# 8.2 网站流量分析

网站流量分析是优化网站排名和提高SEO效果的关键环节。通过百度统计可以很方便地查询网站的流量数据，通过这些数据，SEO人员可以了解网站访客的行为，优化网站内容和提升用户体验，从而提升网站排名。

## ❋ 8.2.1 监测与分析PV和UV

浏览量（Page View，PV）和访客数（Unique Visitor，UV）是分析网站运营效果的重要指标。正确地检测和分析这两个指标，对企业的数据分析有非常重要的指导作用。

### 1. PV和UV的含义

PV指的是网站被浏览的总页面数。每当用户访问网站中的一个页面时，PV值就会加1。因此，PV是一个反映网站流量的重要指标，也是用来衡量网站广告价值和用户关注度的重要标准。

而UV则是指通过互联网访问、浏览网站网页的总人数。一天之内，每个访客无论访问了网站中多少个页面，UV值只会增加1。因此，通过UV可以更加准确地了解有多少用户访问了网站。

### 2. 检测PV、UV数据

通过百度统计的"趋势分析"报表可以查看网站的PV、UV数据和趋势。图8-10所示为某网站通过百度统计得到的PV、UV数据和趋势，通过该图可以分析出以下内容。

- 该网站的PV值约为UV值的2.19倍（98 886 671 ÷ 45 062 288≈2.19），也就是说平均每个用户只访问了2.19个页面，说明网站内容对用户的吸引力不足。
- 网站的PV值以7天为周期，分为4段有规律地组成了波浪起伏的周期曲线，并且在周末流量较大（连续的两个空心点），说明用户更喜欢在周末访问该网站。

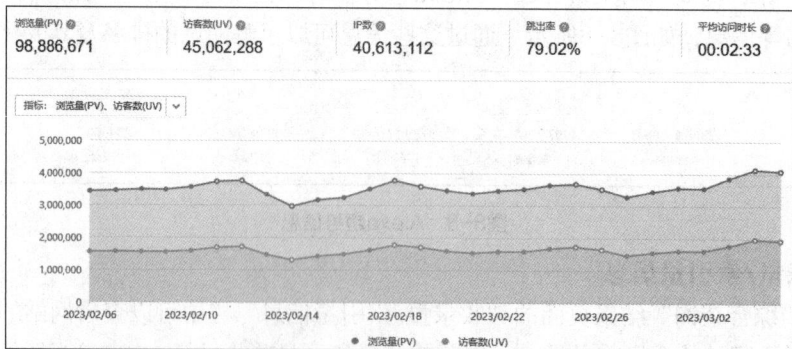

图8-10 PV、UV数据和趋势

### 3．了解PV-UV联动变化

网站的PV与UV趋势变化并不一定是相同的，SEO人员可以根据PV-UV的联动变化了解网站运营情况，并制订改进方案。图8-11所示为PV-UV联动变化，根据PV-UV的不同变化可以得出以下结论。

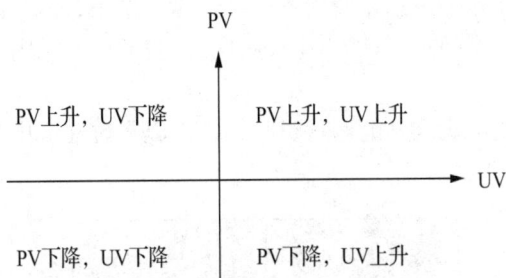

图8-11　PV-UV的联动变化

- **PV上升，UV上升**：表示网站运营良好。
- **PV上升，UV下降**：表示网站还需加大推广。
- **PV下降，UV上升**：表示网站需要进行内容优化。
- **PV下降，UV下降**：表示网站需要同时进行推广和内容优化。

## ❋ 8.2.2　检测与分析网站跳出率

网站跳出率（Bounce Rate）是评价一个网站性能的重要指标。它是指用户进入网站后，只浏览了一个页面就离开的访问次数与网站的总访问次数的百分比，其计算公式如下。

$$网站跳出率 = \frac{只浏览了一个页面就离开的访问次数}{网站的总访问次数} \times 100\%$$

简单地说，就是用户进入目标页面后没有继续访问该网站的其他页面，而是直接离开。

跳出率越高代表进入网站后马上离开网站的用户数越多，说明网站的用户体验不好；反之，跳出率较低，则说明网站做得不错，用户能够在网站中找到自己感兴趣的内容，而且这些用户可能会再次浏览该网站，从而提高用户的回访度，增加网站的转化率。

### 1．检测跳出率数据

通过百度统计的"趋势分析"报表可以得到网站跳出率数据和趋势，如图8-12所示。通过这张图上显示的数据可以得出以下结论。

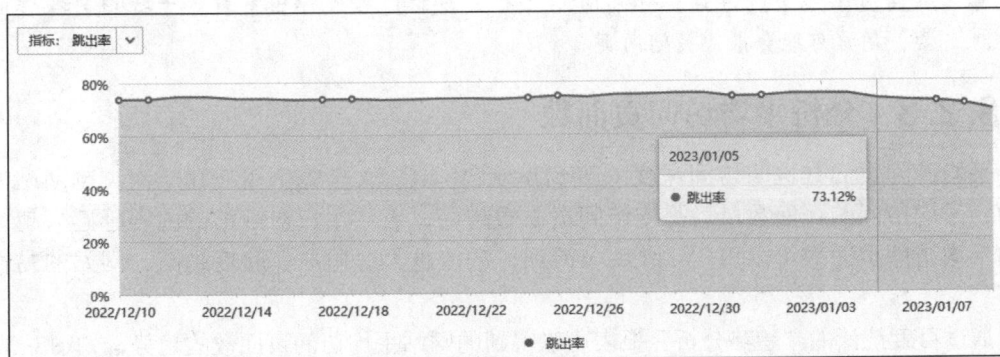

图8-12　网站的跳出率数据和趋势

- 网站的跳出率一直稳定在75%左右，跳出率过高，说明网站内容对用户的吸引力不够，需要找出原因并加以改进。
- 网站的跳出率从2023年1月5日开始有所下降。

### 2．判断网站跳出率的高低

不同类型的网站，其正常的跳出率有所不同。通常情况下，网站跳出率平均值约为40%，其中零售网站为20%～40%，门户网站为10%～30%，服务型网站为10%～30%，内容网站为40%～60%，如图8-13所示。

除了网站类型外，还要考虑网站的运营时间、特点以及过往跳出率的变化情况等因素，这样才能做出最终的判断。

图8-13 不同类型网站的跳出率

### 3．跳出率过高的原因

通常情况下，网站跳出率过高，可能存在以下5方面的原因。

- **网站内容与用户需求不符**：许多软件的下载页面中有许多误导用户下载的下载按钮，而实际上用户单击这些按钮后，打开的是其他软件的推广网页，这会让用户有"上当"的感觉，从而直接关闭网页，提高网站的跳出率。
- **访问速度过慢**：网站的打开速度是影响用户体验的重要因素。研究表明，如果网站超过3秒还没有完全打开，那么约有57%的用户将会直接离开。当用户访问一个网站时，如果很长时间都无法打开网页，大多数用户就会选择直接关闭网页。
- **内容引导性较差**：用户在浏览完一个网页后，如果没有得到相关信息的引导，很有可能会直接关闭网页。
- **页面缺乏可读性**：如果网站的内容排版混乱、字体太小或难以阅读，用户可能会很快关闭网页。
- **广告过多或干扰性强**：如果网站上有太多的广告或弹出窗口等干扰用户操作的元素，用户可能会很快关闭网页。

## ❋ 8.2.3 分析平均访问页面数

平均访问页面数也叫访问深度（Depth of Visit），指每个用户在一次浏览网站的过程中，平均访问的页面数量。平均访问页面数越高，表明用户对网站的内容越感兴趣。网站的平均访问页面数可以用PV除以UV得到，数值越大，用户体验度越高，网站的黏性也越好。

通过百度统计的"趋势分析"报表可以得到的网站平均访问页面数的趋势，如图8-14所示。从图中可以看出，网站的平均访问页面数一直稳定在1.7左右，说明网站内容对用户的吸引力不足，需要找出原因并加以改进。网站的平均访问页面数从2023年1月5日开始上升，在2023年1月9日有2.5左右，说明网站的优化起到了一定的作用。

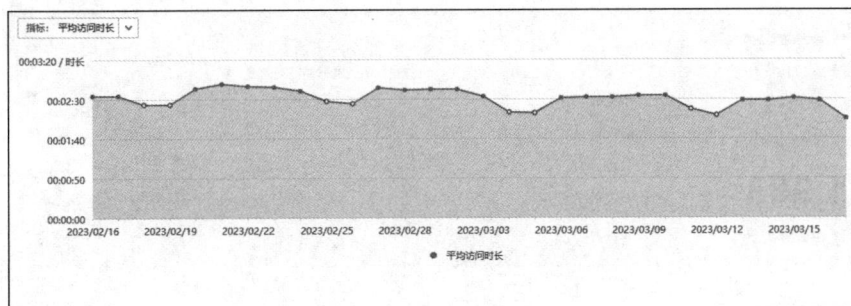

图8-14　网站平均访问页面数的趋势

SEO人员可以通过以下4点来提高平均访问页面数。

● 合理排版和布局网站。
● 精心设计网站的内容。
● 添加合理的导航和适当的内部链接锚文本。
● 提高网站内容的质量。

## 8.2.4　分析平均访问时长

平均访问时长指所有用户在一次浏览网站的过程中所花费的平均时间。通过百度统计的"趋势分析"报表可以得到网站平均访问时长的趋势，如图8-15所示。从图中可以看出，网站的平均访问时长以7天为周期呈波浪起伏状，并且在周末最低，说明用户更喜欢在工作日访问该网站。网站的平均访问时长整体呈下降趋势，如前两周工作日的平均访问时长明显大于2分30秒，而后两周工作日的平均访问时长只在2分30秒左右，说明用户对网站的兴趣有所下降。

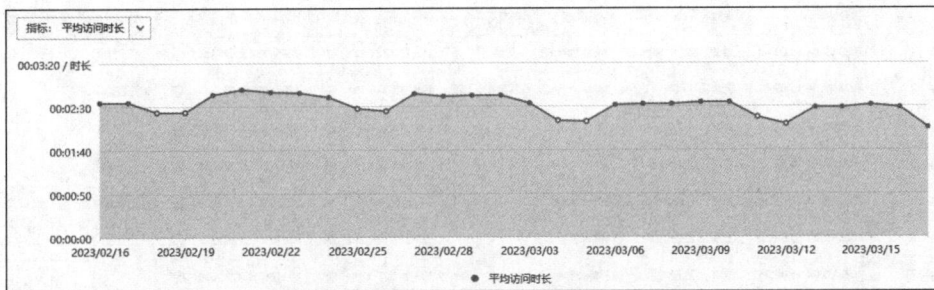

图8-15　网站平均访问时长的趋势

平均访问时长越长并不一定就越好，这要分情况而定。如果是新闻资讯或者网上社区类网站，那么平均访问时间越长越好。这意味着用户在这些网站中可以找到有价值的信息，在社区类网站中可能还会进行互动，停留的时间会更长。而对购物类网站来说，访问时间过长则有可能是因为用户找不到目标信息，SEO人员需要对网站进行优化，让用户尽快找到购物目标，从而实现转化。

## 8.2.5　分析实时访客

在"概况"页面左侧的"网站导航"栏中单击"实时访客"按钮，切换到"实时访客"页面，在"当前在线"栏中可以查看当前在线访客数量以及最近30分钟浏览量和访客数的趋势，如图8-16所示。

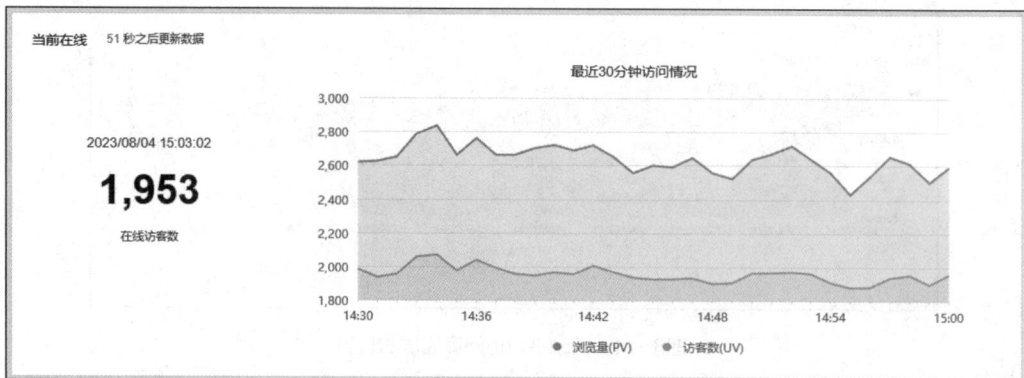

图8-16　当前在线

在下方的"访问明细"栏中可以查看当前用户的访问明细，包括"地域""来源""入口页面""搜索词"等信息，如图8-17所示。从中可以看出用户访问网站所使用的渠道和关键词等，这些信息可以为网站的优化工作提供一定的帮助。

图8-17　访问明细

## 8.3　网站流量来源分析

网站流量的来源主要有直接访问、搜索引擎和外部链接3大类。直接访问的流量反映了网站的知名度，搜索引擎的流量反映了网站SEO的水平，而外部链接的流量则反映了网站受欢迎的程度及网站外部推广工作的成效。

## 8.3.1　分析全部来源

在"概况"页面左侧的"网站导航"栏中单击"全部来源"按钮，切换到"全部来源"页面，在其中的"来源类型"选项卡中可以查看三大来源所占的比例和趋势，如图8-18所示。从图中可以看到网站的流量主要来源于搜索引擎，直接访问所占的比例较小，而外部链接所占的比例更小，因此可以得出结论：外部链接的建设还有很大的提升空间。

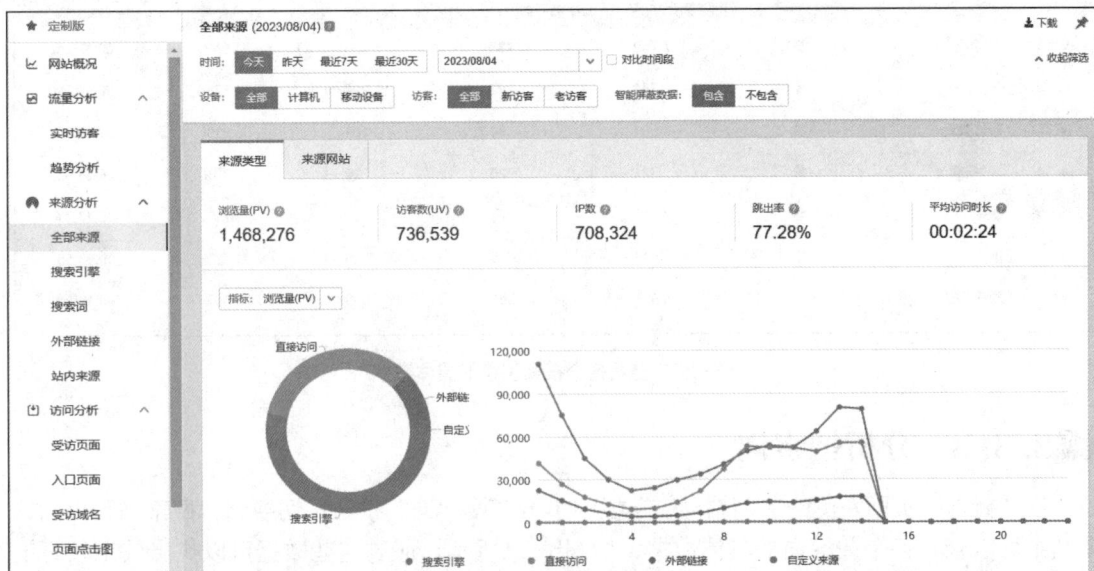

图8-18　查看全部来源

## 8.3.2　分析搜索引擎来源

在"概况"页面左侧的"网站导航"栏中单击"搜索引擎"按钮，切换到"搜索引擎"页面，在其中可以查看各个搜索引擎所占的比例及趋势，如图8-19所示，从中可以看出该网站绝大部分的流量都来源于百度搜索引擎。

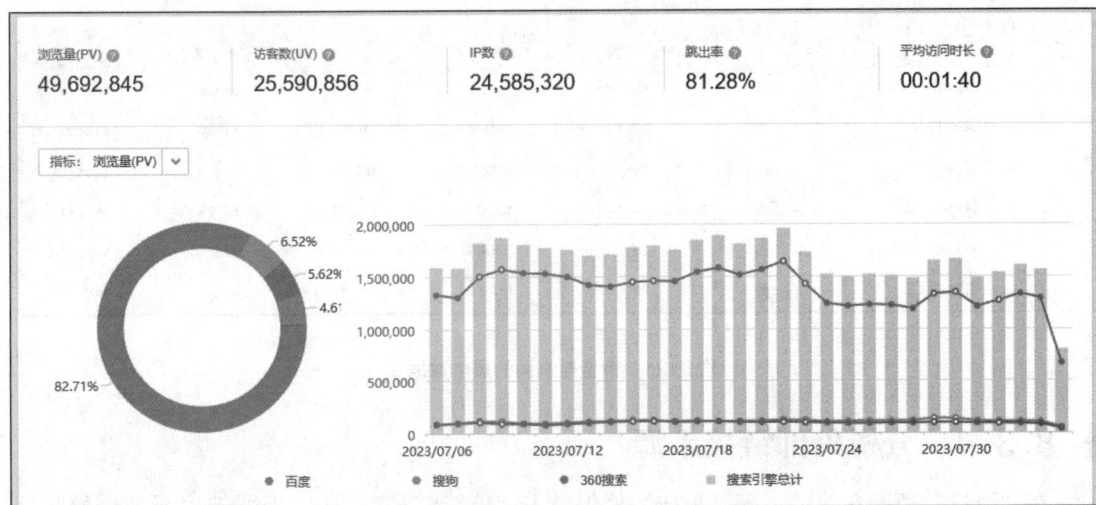

图8-19　各个搜索引擎所占的比例及趋势

在页面下方的表格中可以查看各个搜索引擎的具体数据，如图8-20所示，从中可以看出国外搜索引擎Google和Bing的跳出率都较高；而国内搜索引擎百度、360搜索和搜狗的跳出率都较低，说明网站的主要用户群体是国内用户，在进行SEO工作时，应主要围绕国内搜索引擎展开。

| 搜索引擎 | | | 网站基础指标 | | | 流量质量指标 | |
|---|---|---|---|---|---|---|---|
| | | | 浏览量(PV) | 访客数(UV) | IP数 | 跳出率 | 平均访问时长 |
| + 1 | 百度 | | 2,752 | 438 | 450 | 11.96% | 00:12:25 |
| + 2 | Google | | 741 | 282 | 290 | 59.67% | 00:04:29 |
| + 3 | 神马搜索 | | 504 | 90 | 101 | 33.33% | 00:05:24 |
| + 4 | 360搜索 | | 371 | 26 | 26 | 10% | 00:55:55 |
| + 5 | 搜狗 | | 215 | 25 | 23 | 14.71% | 00:18:04 |
| + 6 | Bing | | 14 | 5 | 5 | 71.43% | 00:06:55 |
| | 当前汇总 | | 4,597 | 866 | 895 | 28.69% | 00:10:36 |

图8-20　查看各个搜索引擎的具体数据

## 8.3.3　分析搜索词

在"概况"页面左侧的"网站导航"栏中单击"搜索词"按钮，切换到"搜索词"页面，在其中可以查看各个关键词的具体数据，如图8 21所示。通过这些数据可以找出效果较好的关键词，并重点对其进行优化。

| 按指标分类 | 按搜索引擎 | | | | 预订全部搜索词 |
|---|---|---|---|---|---|
| 浏览量(PV) | 访客数(UV) | IP数 | 跳出率 | 平均访问时长 | |
| 49,815,390 | 34,290,843 | 34,208,497 | 81.29% | 00:01:40 | |

自定义指标

| 搜索词 | | | 网站基础指标 | | | 流量质量指标 | |
|---|---|---|---|---|---|---|---|
| | | | 浏览量(PV) | 访客数(UV) | IP数 | 跳出率 | 平均访问时长 |
| 1 | BAIDUTONGJI | | 519,031 | 187,552 | 187,666 | 48.14% | 00:02:03 |
| 2 | baidu tongji | | 368,732 | 217,955 | 218,008 | 52.12% | 00:01:10 |
| 3 | 网站统计 | | 349,121 | 186,646 | 186,808 | 69.42% | 00:01:15 |
| 4 | 百度统计代码 | | 345,119 | 129,461 | 129,587 | 55.12% | 00:01:41 |
| 5 | 百度数据分析工具 | | 287,742 | 59,996 | 60,012 | 10.27% | 00:10:33 |
| 6 | 百度统计工具 | | 263,193 | 63,655 | 64,047 | 4.93% | 00:08:13 |

图8-21　查看搜索词的具体数据

## 8.3.4　分析外部链接来源

在"概况"页面左侧的"网站导航"栏中单击"外部链接"按钮，切换到"外部链接"页面，在其中可以查看各个外部链接所占的比例及趋势，如图8-22所示。

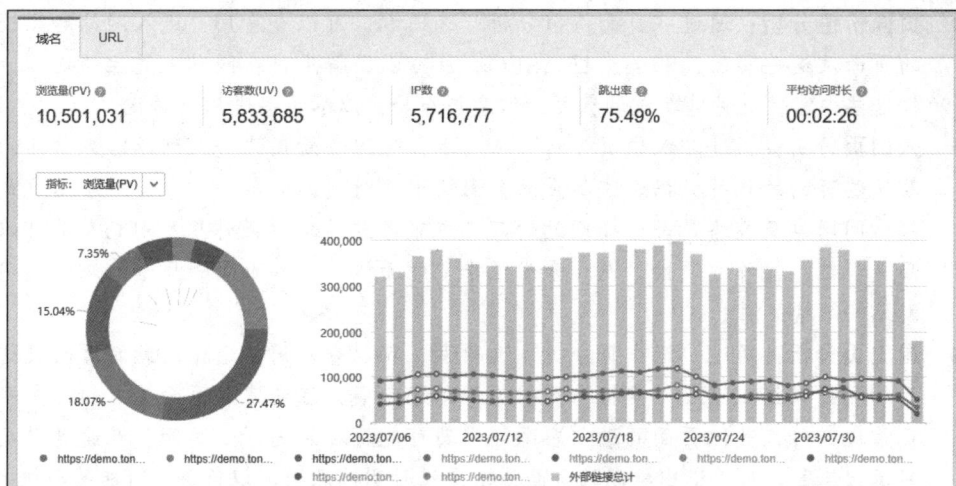

图8-22　查看各个外部链接所占的比例及趋势

# 8.4　网站页面访问分析

百度统计的"访问分析"功能可以从受访页面、入口页面、受访域名等多个方面对网站页面的被访问情况进行分析，SEO人员可以从中了解用户进入网站所使用的域名、访问的页面及对页面中的哪些内容感兴趣等情况，以进一步明确用户的兴趣点和具体需求。

## ❋ 8.4.1　分析受访页面数据

在"概况"页面左侧的"网站导航"栏中单击"受访页面"按钮，切换到"受访页面"页面，在其中可以查看网站页面的访问情况的具体数据，如图8-23所示。

图8-23　查看受访页面数据

从中可以获得以下信息。

● **指标概览**：在"指标概览"选项卡中，可以查看网站每个网页的浏览量、访客数、贡献下游浏览量、退出页次数及平均停留时长等数据。

- **页面价值分析**：通过"页面价值分析"选项卡，可以查看用户进入网站后比较关注的页面及这些页面的相关数据。SEO人员可以了解用户在网站上关注的内容，并根据这些内容，及时更新或调整页面信息与布局，以尽快促进用户转化。

- **入口页分析**：通过"入口页分析"选项卡，可以查看用户进入网站后先访问的页面及这些页面的相关数据。这些页面会影响用户对网站的第一印象，对于用户是否继续访问网站及最终是否选择网站的产品或服务起着决定性作用。SEO人员可以从页面美观性、操作方便性、内容专业性等多方面提升这些页面的质量，以促进用户对网站的继续关注。

- **退出页分析**：通过"退出页分析"选项卡，可以查看用户退出网站的页面及这些页面的相关数据。除了一些特殊页面（如结账完成、注册完成页面等）的退出率高是正常现象外，其他页面的退出率高说明其可能存在问题，如页面打开速度慢或页面显示出错等。对于退出率高的页面，需要及时明确原因，以免丢失可能的商机。

## ❋ 8.4.2　分析入口页面数据

在"概况"页面左侧的"网站导航"栏中单击"入口页面"按钮，切换到入口页面，在其中可以查看用户进入网站后先访问的页面以及这些页面的相关数据，如图8-24所示。

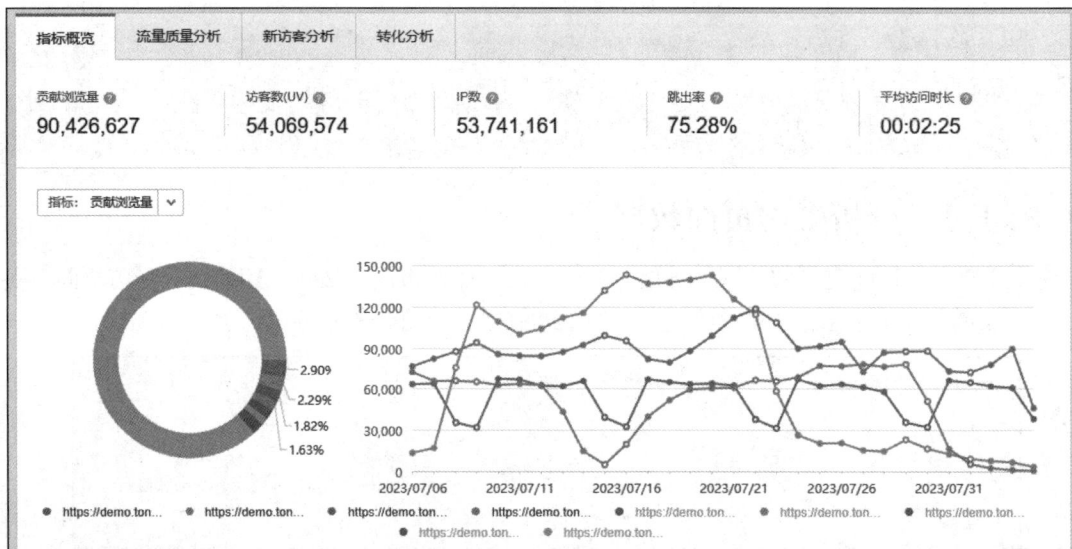

图8-24　查看入口页面数据

从中可以获得以下信息。

- **指标概览**：在"指标概览"选项卡中，以图表的形式展示了每个入口页面所贡献流量的比例及趋势。

- **流量质量分析**：在"流量质量分析"选项卡中，可以查看每个入口页面的访问次数、访客数、跳出率、平均访问时长、平均访问页数和贡献浏览量等数据。

- **新访客分析**：在"新访客分析"选项卡中，可以查看每个入口页面的新访客数及新访客所占的比例。

- **转化分析**：在"转化分析"选项卡中，可以查看每个入口页面的转化次数和转化率等数据。

## 8.5 网站用户分析

百度统计的"访客分析"功能可以从多个方面对网站的用户进行分析，SEO人员可以从中了解网站用户的地域分布，新老访客，访客性别、年龄、学历和忠诚度等内容，从而可以明确网站用户群体的特点和需求，再结合网站自身的实际情况，制订出有针对性的优化方案。

### 8.5.1 分析用户地域分布

在"概况"页面左侧的"网站导航"栏中单击"地域分布"按钮，切换到"地域分布"页面，在其中可以查看网站在不同地区的流量数据，如图8-25所示。通过这些数据可以了解网站的用户主要分布的地区，从而帮助网站有针对性地制订推广方案。对于已经进行了推广的地区，可以及时地了解相关推广方案是否有效，用户是否对网站的内容感兴趣，借助这些信息可以进一步评估推广方案的合理性，并且不断地进行调整与优化；对于尚未进行推广的地区，如果有很好的流量，说明这些地区也有用户在关注网站，可以抓住时机在这些地区进行推广，以获得更多的商机。

| 地域 | | | 网站基础指标 | | | 流量质量指标 | |
|---|---|---|---|---|---|---|---|
| | | | 浏览量(PV) ↓ | 访客数(UV) | IP数 | 跳出率 | 平均访问时长 |
| + 1 | 广东 | | 296,307 | 138,813 | 130,342 | 74.24% | 00:02:47 |
| + 2 | 江苏 | | 223,343 | 106,537 | 101,126 | 76.55% | 00:02:32 |
| + 3 | 河南 | | 200,840 | 104,536 | 101,122 | 77.07% | 00:02:08 |
| + 4 | 山东 | | 181,307 | 95,303 | 89,066 | 78.04% | 00:02:13 |
| + 5 | 浙江 | | 165,291 | 82,023 | 78,398 | 77.78% | 00:02:34 |
| + 6 | 河北 | | 138,053 | 73,248 | 71,960 | 78.42% | 00:02:06 |
| + 7 | 四川 | | 132,391 | 66,741 | 64,574 | 77.02% | 00:02:22 |
| + 8 | 北京 | | 118,255 | 48,842 | 44,465 | 73.24% | 00:03:20 |
| + 9 | 福建 | | 104,036 | 43,846 | 41,397 | 73.22% | 00:02:53 |
| + 10 | 湖北 | | 102,971 | 47,893 | 44,476 | 74.02% | 00:02:49 |

图8-25 查看用户地域分布

### 8.5.2 分析网站新老访客

新访客是指第一次访问网站的用户，而老访客则是当日之前访问过网站、当日再次访问网站的用户。通过百度统计的"新老访客"概况，可以了解网站的新老访客比例及其浏览量、访客数、跳出率等数据，如图8-26所示。

新访客的访问行为表现为跳出率高、平均访问时长较短、平均访问页数较少，这些均属于正常现象。部分新访客可能只是想获得一个单一的信息，偶然通过搜索引擎或外部链接进入网站，在需求被满足后，并没有被网站内部的其他内容吸引，所以很容易就离开；而另外一部分新访客可能会被网站的其他内容所吸引，并且可能以后还会再次访问网站成为老访客。

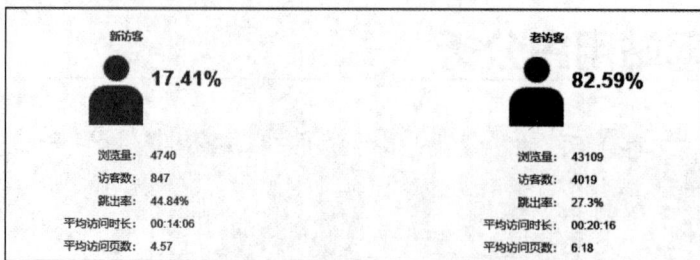

图8-26　查看网站新老访客数据

对一个处于成长期的网站来说，新访客的比例是很大的；而随着网站经营时间的增长，老访客的比例会逐渐增加。如果老访客的比例始终处于一个较低的水平，则说明网站的内容对用户缺乏吸引力，难以将新访客转化为老访客。

## 8.5.3　分析访客属性

访客属性是指网站用户的性别比例、年龄分布、学历分布、职业分布和兴趣指数等数据。通过百度统计的"访客属性"概况，可以了解网站用户的属性。通过这些数据可以从更多的角度分析用户的行为，为网站的优化和营销提供更精准的依据。

图8-27所示是某网站用户的性别比例，其中浅色部分是整个互联网中的数据，而深色部分是该网站中的数据，从中可以看出该网站大约90%的用户都是男性。图8-28所示是某网站用户的年龄分布，从中可以看出该网站的用户主要是18～34岁的人群。图8-29所示是某网站用户的学历分布，从中可以看出该网站的用户主要是本科以上的人群。

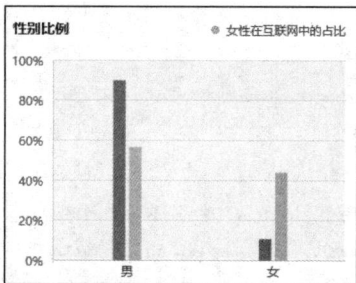

图8-27　性别比例

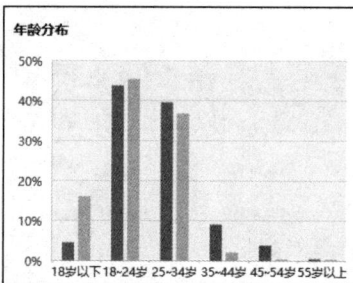

图8-28　年龄分布

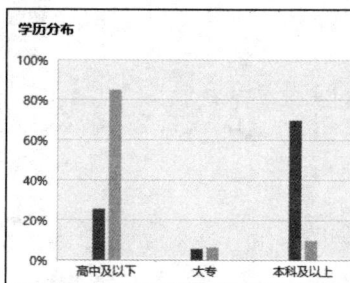

图8-29　学历分布

图8-30所示是某网站用户的职业分布，从中可以看出该网站的用户主要是从事IT通信电子、教育、医药卫生等领域职业的人群。

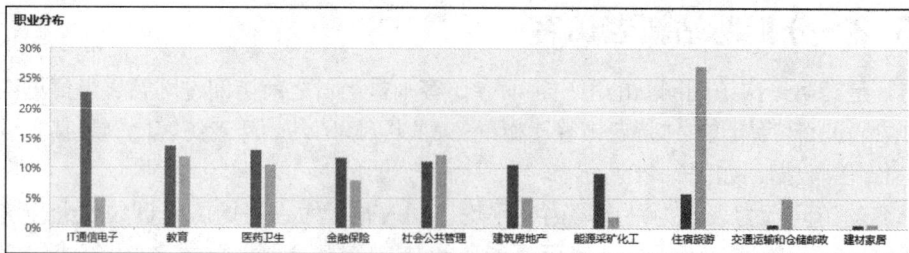

图8-30　职业分布

图8-31所示是某网站用户的兴趣指数，从中可以看出该网站的用户主要对体育健身、资讯、影视娱乐等内容感兴趣。

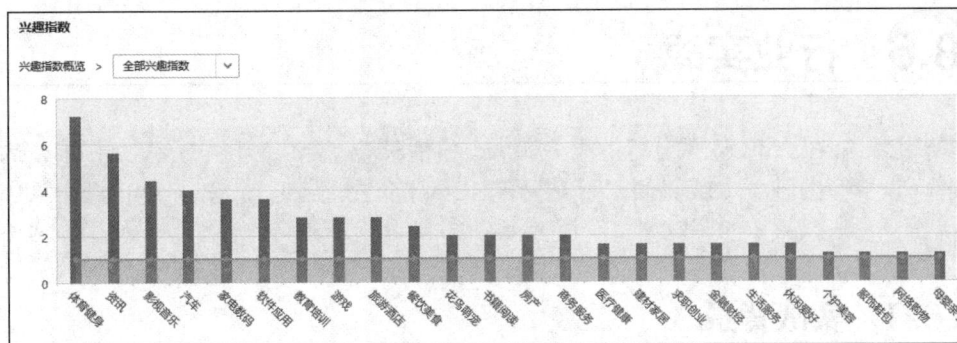

图8-31　兴趣指数

## ✴ 8.5.4　分析用户忠诚度

通过百度统计的"忠诚度"概况，可以了解用户对网站的访问页数、访问深度、访问时长、上次访问时间和访问频次等情况，如图8-32所示。这些数据可以帮助SEO人员更好地了解用户对网站的忠诚度。尤其是在对网站内容进行修改后，通过这些数据可以了解网站对用户的吸引力是否有所提升。

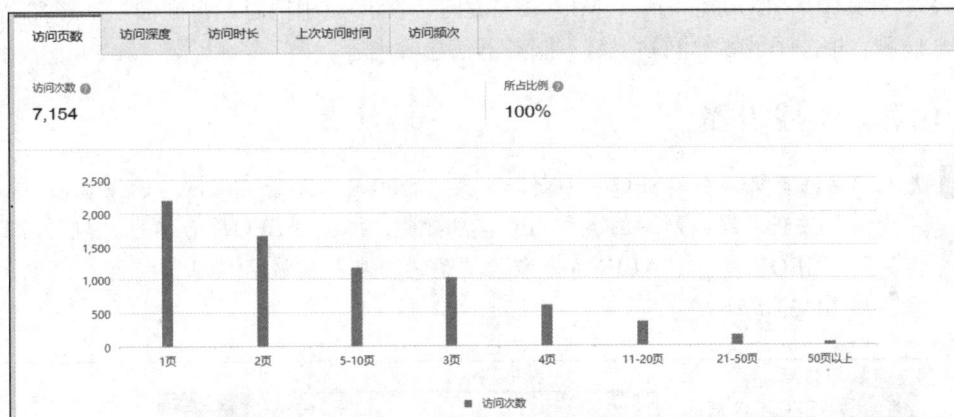

图8-32　查看用户忠诚度

其中，访问页数是指用户在一次访问中浏览网站内网页的总数。如果用户多次浏览了同一页面，访问页数也记多次，反映了用户对网站的总体关注度。访问深度是指用户在一次访问中浏览了网站内不同页面的数量，反映了用户对网站各个页面的关注程度。在分析时，可以将这两个指标结合起来看，如果访问页数多，但访问深度浅，说明用户关注点较分散；如果访问页数少，但访问深度深，说明用户集中关注网站上的少数页面。

用户忠诚度反映了用户对网站感兴趣或者喜欢网站的程度，用户忠诚度可能受以下因素的影响。

- **网站内容**：丰富的网站内容通常能够激发用户的兴趣并且提升用户对网站的信任度，如果网站内容单一，则难以吸引用户继续访问。
- **网站结构**：每个用户进入网站都有不同的关注内容和需求，如果网站缺乏清晰的导航，用户通常会因为不能迅速找到需要的内容而离开。
- **推广信息**：很多用户会在看到一些推广信息后进入网站，但如果用户进入网站后看到的实际情况与推广信息不符，通常会放弃对网站的继续访问。

## 8.6 行业实战

本章主要介绍了SEO效果分析的相关知识，包括SEO综合查询与分析、使用百度统计对网站进行分析等内容。本节将使用爱站网的SEO综合查询工具查询与分析某网站的SEO信息。

### 8.6.1 实战背景

"文具1号"是一家专门销售各类文具产品的网站，提供各种办公用品、学生用品、艺术用品等文具产品。"文具1号"的SEO人员在对网站进行SEO后，为了评估SEO效果，需要使用SEO综合查询工具来对网站进行综合分析。这样可以查看网站当前在搜索引擎搜索结果中的排名情况，了解关键词的竞争情况，然后根据分析结果进行优化策略的调整。

### 8.6.2 实战要求

（1）使用爱站网的SEO综合查询工具查询网站的SEO信息。
（2）查看其中的SEO综合信息、META关键词、收录/索引信息、页面信息、安全检测、相关子域名、网站反链、服务器信息等内容。

### 8.6.3 实战步骤

步骤01 进入爱站网首页，在"SEO综合查询"文本框中输入要查询的网站的网址，然后单击"查询"按钮得到该网站的各种SEO信息数据。首先是SEO综合信息，包括"TITLE信息""SEO信息""ALEXA排名""备案信息""域名信息""网站速度"等内容，如图8-33所示。

图8-33 查看SEO综合信息

步骤02 向下滚动网页，在"META关键词"栏中查看在<meta>标签中设置的关键词的相关数据，如图8-34所示，包括"出现频率""密度""百度指数""360指数"等内容。单击"百度排名"下的"查询"超链接，查询该关键词在百度搜索结果中的排名；单击"预计流量"下的"未知"超链接，查询该关键词的流量数据。

| META关键词 来路关键词 | | | | | | | ○一键更新 |
|---|---|---|---|---|---|---|---|
| 关键词 | 出现频率 | 2%≤密度≤8% | 百度指数 | 360指数 | 百度排名 | 排名变化 | 预计流量 |
| 办公用品 | 11 | 1.30% | 544 | 973 | 50名外 | - | 较少 IP |
| 办公耗材 | 6 | 0.71% | 338 | 157 | 查询 | - | 未知 |
| 办公设备 | 3 | 0.35% | 164 | 67 | 查询 | - | 未知 |
| 金万年 | 4 | 0.35% | 115 | 34 | 查询 | - | 未知 |
| 办公文具 | 3 | 0.35% | 109 | 35 | 查询 | - | 未知 |
| 文具网站 | 3 | 0.35% | <10 | <10 | 查询 | - | 未知 |
| 办公用品网 | 2 | 0.29% | <10 | <10 | 查询 | - | 未知 |
| 文具采购网 | 1 | 0.15% | <10 | <10 | 查询 | - | 未知 |
| 办公文具网站 | 1 | 0.18% | <10 | <10 | 查询 | - | 未知 |
| 上海办公用品公司 | 1 | 0.24% | <10 | <10 | 查询 | - | 未知 |

图8-34　查询META关键词

**步骤 03** 向下滚动网页，在"收录/索引信息"栏中查看网站中的网页被搜索引擎收录和索引的情况，如图8-35所示。

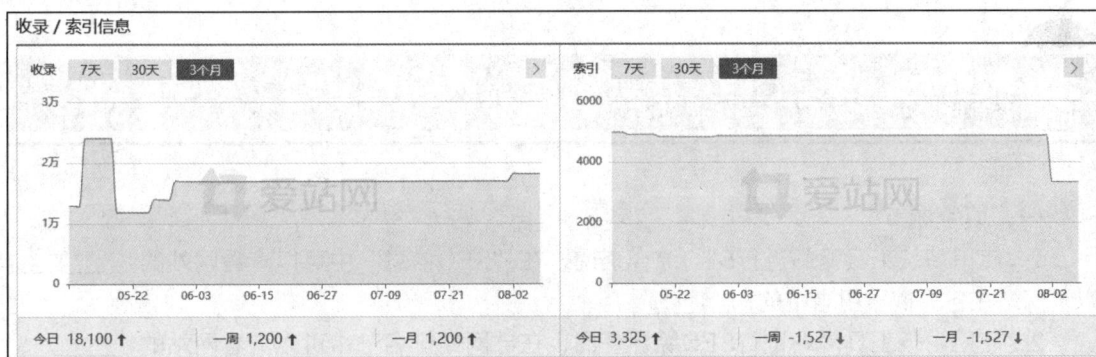

图8-35　收录/索引信息

**步骤 04** 向下滚动网页，在"页面信息"栏中可以查看网站首页标题、关键词和描述的内容及字符数，如图8-36所示。

| 页面信息 | | | |
|---|---|---|---|
| 网站标题 | 26 个字符 | 文具1号-办公用品一站式采购网站_阳光价格_品质保障 | 一般不超过80字符 |
| 网站关键词 | 65 个字符 | 办公用品,办公文具,办公文具网站,文具网站,办公用品网,文具采购网,金万年,办公设备,办公耗材,上海办公用品公司,办公用品网站排名 | 一般不超过100字符 |
| 网站描述 | 119 个字符 | 文具1号是上海办公用品供货商公司,为世界500强企业及SOHO办公族提供办公日用办公设备网上**一站式采购、办公耗材批发服务,定制办公用品清单及价格明细,厂家直销,好货又便宜【阳光采购就上文具1号 阳光价格 老板放心 品质保障 员工省力】 | 一般不超过200字符 |

图8-36　页面信息

**步骤 05** 向下滚动网页，在"网站反链"栏中可以查看该网站的外部链接数量及具体域名，如图8-37所示。在"服务器信息"栏中可以查看网站服务器的具体信息，包括"协议类型""页面类型""服务器类型"等内容，如图8-38所示。

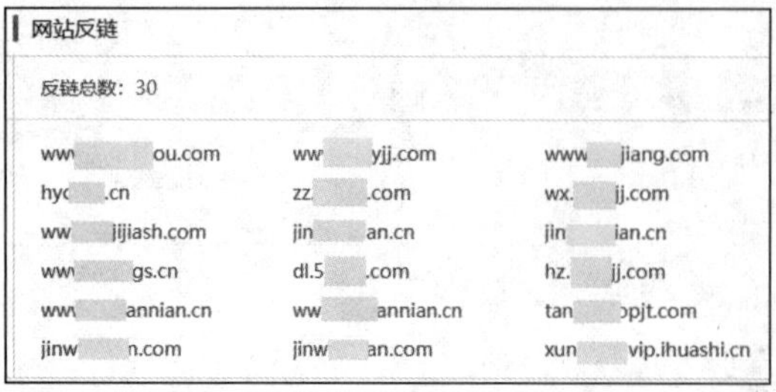

图8-37 网站反链

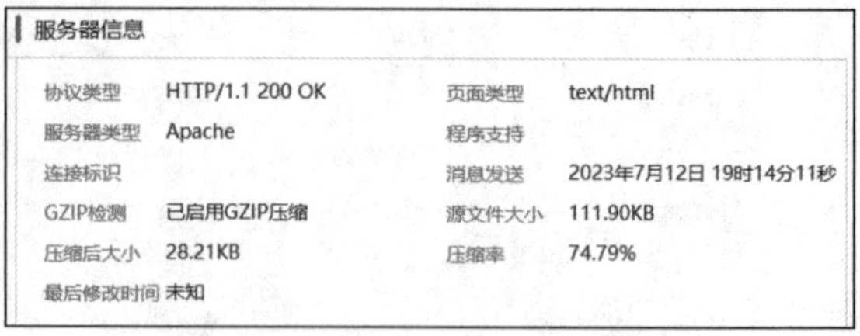

图8-38 服务器信息

### 职业素养

　　一名优秀的SEO人员需要掌握丰富的专业知识和高超的数据分析技能，能够通过深入分析和有效利用数据，制定切实可行的优化策略，并成功提升网站的搜索排名和增加网站的流量。这些关键技能将使其从竞争激烈的搜索引擎市场中脱颖而出，为公司或客户创造更大的价值。

## 课后练习

### 一、填空题

　　1. 使用站长工具网站进行SEO综合查询，在"SEO信息"中可以查看网站的_____以及网站在各大搜索引擎中的_____。

　　2. 使用站长工具网站进行SEO综合查询，在"网站排名"中可以查看网站的_____和网站的_____。

　　3. 网站速度是指网站网页的_____。其时间越_____，网页的打开速度越_____，用户体验就越_____，搜索引擎就会给予较好的_____。

　　4. 域名年龄是指域名注册的_____，对网站关键词排名有较大的影响。域名注册的时间越_____，越有利于排名。

　　5. 首页TDK是指网站首页的_____、_____和_____，主要用于布局网站的_____。

　　6. 浏览量（PV）指的是网站被浏览的_____。每当用户访问网站中的一个页面时，PV值就会加_____。

　　7. 访客数（UV）是指通过互联网访问、浏览网站的_____。一天之内，每个访客无论访问了网站中多少个页面，UV值只会增加_____。

　　8. 网站跳出率是指用户进入网站后，_____与网站的_____的百分比。

　　9. 平均访问页面数也叫访问深度，是指每个用户在一次浏览网站的过程中，平均访问的_____。

10. 平均访问时长指所有用户在一次浏览网站的过程中所花费的_____。

11. 访客属性是指网站用户的_____、_____、_____、_____和_____等数据。通过这些数据可以从更多的角度分析_____，为网站的_____和_____提供更精准的依据。

## 二、选择题

1. 下面关于站长工具网的SEO综合查询结果的说法中，错误的是（　　　）。
    A. 可以获悉每个页面的TDK信息
    B. 可以获悉网站在不同地区的响应时间
    C. 可以获悉网站每条出站链接的详细信息
    D. 可以获悉网站每条外部链接的详细信息

2. 下列网站跳出率不正常的是（　　　）。
    A. 零售网站为40%～60%　　　　　　B. 门户网站为10%～30%
    C. 服务型网站为10%～30%　　　　　D. 内容网站为40%～60%

3. 以下（　　　）不是网站跳出率过高的主要原因。
    A. 网站内容与用户需求不符　　　　B. 访问速度过慢
    C. 网站内容有过多非原创的内容　　D. 内容引导性较差

4. 百度统计可以分析网站用户的信息，但（　　　）是不能分析的。
    A. 用户地域分布
    B. 用户系统环境
    C. 用户性别、年龄、学历、职业以及兴趣爱好
    D. 用户体貌特征

## 三、判断题

1. 在"受访页面"页面的"入口页面分析"选项卡中，可以查看用户进入网站后先访问的页面及这些页面的相关数据。　　　　　　　　　　　　　　　　　　（　　　）

2. 新访客的访问行为表现为跳出率高、访问时长较短、平均访问页数较多。（　　　）

3. 对一个处于成长期的网站来说，新访客的比例是很大的，但随着网站经营时间的增长，老访客的比例一定会超过新访客的比例。　　　　　　　　　　　　　（　　　）

4. 如果用户访问页数多，但访问深度浅，说明用户关注点较分散；如果访问页数少，但访问深度深，说明用户集中关注网站上的少数页面。　　　　　　　　　（　　　）

5. 根据PV-UV的联动变化，可以了解网站运营情况，如果PV下降、UV下降，则表示网站需要同时进行推广和内容优化。　　　　　　　　　　　　　　　　　（　　　）

## 四、简答题

1. 网站的流量来源有哪些？这些来源的流量大小分别反映了什么问题？
2. 用户地域分布数据有什么作用？
3. 通常情况下，用户忠诚度可能受哪些因素影响？

## 五、操作题

1. 使用互联网上的SEO综合查询工具查询自己网站的SEO信息。
2. 注册百度统计账号，并使用百度统计对自己的网站进行流量数据分析。

# 第9章

# 移动端SEO

随着移动互联网的飞速发展，移动网络用户和移动搜索引擎的搜索量已经超越了PC端。越来越多的用户通过手机等移动设备在移动互联网中进行学习、娱乐、办公和购物等。因此，对SEO人员来说，关注网站在移动设备上的展示效果和在移动搜索引擎搜索结果中的排名已经成为必要的工作。

## 知识目标

- 掌握移动端网站SEO。
- 掌握手机淘宝SEO。

## 素养目标

- 具备对前沿技术和趋势的敏锐洞察力，能够持续学习并掌握移动端网站设计领域的新技术和新方法。
- 能够从用户的角度出发，不断提升移动端网站的可访问性。
- 树立理想信念，培养改革创新精神。

# 9.1 移动端网站SEO

在移动互联网的时代背景下，人们越来越倾向于通过手机等移动设备来浏览网页、查找信息和进行交流。因此，确保移动端网站的良好体验是至关重要的。通过优化移动端网站的设计和内容，可以提升用户的满意度，并使网站在移动搜索引擎中获得更高的排名。

## ❋ 9.1.1 移动端网页的发展趋势

随着移动互联网的不断发展，用户通过移动设备获取信息的需求也越来越大。实际上，目前使用移动设备访问网络的用户量已经超过了PC端用户量。因此，建立移动端网站并进行移动端网站SEO以获取更多的移动端流量已成为必然趋势。

相较于PC端网站，移动端网站具有以下优势。

- **移动端网站能够吸引更多的用户**：根据中国互联网络信息中心发布的第52次《中国互联网络发展状况统计报告》，截至2023年6月，我国手机网民规模达到10.76亿，较2022年年底增长了1109万人。而且，使用手机上网的比例也达到了99.8%，如图9-1所示。这使得移动端SEO的需求持续增强，可以预见移动端SEO将变得不可或缺。
- **移动端网站具有更高的转化率**：移动设备的使用者通常是年轻人和上班族等群体，他们对在线购物的需求更迫切。因此，移动端网站可以更好地吸引这些用户，并提高转化率。
- **更好的用户体验和更高的互动性**：移动设备具有许多独特的功能和特点，如GPS定位和语音操作等，这使得移动端网站具有更好的用户体验和更高的互动性。

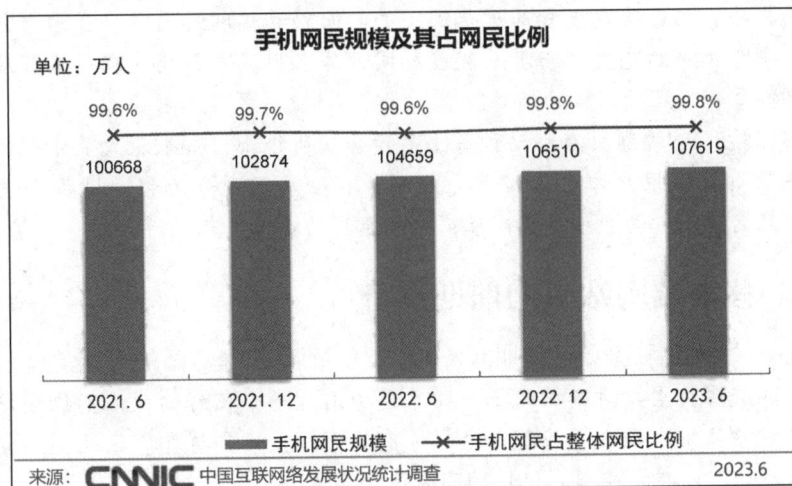

图9-1　手机网民规模及其占网民比例

## ❋ 9.1.2 移动端网站与PC端网站的差异

移动端网页和PC端网页的显示效果如图9-2所示，它们的区别主要体现在以下3个方面。

图9-2　移动端网页与PC端网页的显示效果

- **页面宽度**：PC端网页的页面宽度是固定的，并且通常超过1000像素。而移动端网页的宽度是自适应的，能够根据移动设备屏幕的宽度进行自动调整。
- **页面结构**：PC端网页的页面结构相对复杂，整个页面会被分割为多个宽度和高度不同的板块，且这些宽度和高度是固定的。而移动端网页通常只在水平方向上进行分割，每个板块的宽度都与屏幕宽度相同，并采用流式布局，在屏幕宽度变化时会自动调整每一行显示内容的数量。
- **用户体验**：PC端网页在移动设备上显示会变得很小，如果放大显示就需要频繁地左右拖动页面，用户体验非常差。然而，移动端网页专为移动设备而设计，大小适中，只需上下滑动即可浏览内容，更方便移动端用户。

## 9.1.3　移动端网站SEO前期准备

确定好适配方式后就要开始做前期准备，主要包括以下3个方面的内容。

- **域名的选择**：用户对网站的第一印象是域名，一个良好的域名不仅应该简单明了，还应该方便用户向别人推荐，这样才有利于扩大用户群体。因此，网站的域名应该越短越好，以在方便用户记忆的同时便于操作。
- **服务器的选择**：应选择正规服务器提供商，避免与"垃圾网站"共用服务器，以提高用户上网的速度与稳定性。
- **使用HTML5**：HTML5本身有着多设备跨平台、自适应网站设计和即时更新的优点，所以优化时建议使用HTML5。

## ✳ 9.1.4 移动端网站的适配方式

在使用移动设备浏览网站时，为了呈现适合移动设备的网页内容，网站通常需要采用相应的适配方式。目前常见的适配方式主要有独立移动网站、动态服务和响应式设计3种。

### 1. 独立移动网站

独立移动网站是专门为移动设备设计和开发的单独网站，使用不同的子域名进行访问。例如，移动端网站的网址可能是m.abc123.com，而PC端网站的网址则是www.abc123.com。

独立移动网站相比PC端网站具有更简洁和优化的内容和功能，这可以提高网站的访问速度和用户交互性。然而，独立移动网站需要单独维护和更新，这可能会增加开发和管理成本的投入。

由于独立移动网站使用了不同的网址，搜索引擎无法自动识别它们与PC端网站之间的对应关系。因此，需要采用以下3种方法来告知搜索引擎独立移动网站的存在。

（1）自动跳转

使用跳转功能，可以实现在不同网页之间的跳转。当PC端用户或搜索引擎蜘蛛访问移动端网站页面时，需要自动跳转到对应的PC端网页；而当移动端用户或搜索引擎蜘蛛访问PC端网站页面时，则需要自动跳转到对应的移动端网页。只有在PC端用户或搜索引擎蜘蛛访问PC端网站页面，或移动端用户或搜索引擎蜘蛛访问移动端网站页面时，才无须进行跳转。

> 📖知识链接
>
> 这里的跳转百度建议使用301跳转，而不推荐使用JavaScript跳转。而Google则表示301跳转、302跳转或JavaScript跳转均可，但更倾向于使用302跳转。因此，如果网站的主要用户是国内用户，则应使用301跳转，主要用户是国外用户则应使用302跳转。

（2）<head>标签中的标注

在对应的PC端网页和移动端网页的<head>标签中添加相应的代码，让它们相互指向，这样搜索引擎就可以判断他们之间的关系。

在PC端网页的<head>标签中添加如下代码。

```
01   <link rel="alternate" media="only screen and (max-width: 640px)" href= "http://m.abc***123.
     com">
02   <meta name="applicable-device" content="pc">
```

在移动端网页的<head>标签中添加如下代码。

```
01   <link rel="canonical" href="http://www.abc***123.com">
02   <meta name="applicable-device" content="mobile">
```

（3）移动适配提交

通过搜索引擎的移动适配提交功能可以直接向搜索引擎提交PC端网页和移动端网页的对应关系。

### 2. 动态服务

动态服务不会进行网址跳转。PC端网页和移动端网页使用相同的网址，但会根据用户使用的设备型号或浏览器标识来判断用户访问网页的设备类型。如果是PC，则服务器返回PC端的网页代码；如果是移动设备，则返回移动端的网页代码。

实现动态服务的关键在于服务器能够根据用户访问的设备类型动态地返回不同的网页代码。为了实现这一目标，用户代理（User Agent）头信息发挥着重要作用。用户代理头信息可以告诉服务器用户使用的设备类型、浏览器类型和版本等关键信息。服务器可以根据这些信息判断用户的设备类型，并返回相应的网页代码。

同时，为了确保搜索引擎能够正确抓取网站的内容，需要设置Vary HTTP头信息。通过设置Vary HTTP头信息，可以向搜索引擎传达网站内容会根据用户代理的不同而有所区别的信息，即服务器会根据用户代理的不同返回不同版本的内容。这样，搜索引擎就能够根据不同设备类型抓取相应版本的内容，从而提供更好的搜索结果，提高用户体验。

在Apache服务器中设置Vary HTTP头信息，需要在配置文件httpd.conf中找到以下代码。

```
#LoadModule headers_module modules/mod_headers.so
```

删除该行代码前面的"#"，使其生效。
然后在配置文件中添加如下代码 。

```
01    <IfModule mod_headers.c>
02        Header set Vary User-Agent
03    </IfModule>
```

### 3．响应式设计

响应式设计不会进行网址跳转，也不会生成另外的网页内容，而是会根据用户设备的屏幕大小和分辨率等特性自动调整网页布局和显示效果，以实现更好的用户体验。

响应式设计的好处在于它可以为用户提供一致的用户体验，这样可以提高用户满意度和访问量，并且SEO人员也不需要开发不同版本的网站，从而减少工作量。

由于网址一样、PC端和移动端浏览器所获得的代码也一样，所以对SEO来说，响应式设计的优势非常明显，搜索引擎不用检测PC端网页和移动端网页的对应关系。

要实现响应式布局，首先需要设置视口（viewport），告诉浏览器和搜索引擎要按照设备的宽度自动调整排版。

```
<meta name="viewport" content="width=device-width, initial-scale=1">
```

此外，还需要添加如下代码，告诉搜索引擎此网页同时适合PC端和移动端。

```
<meta name="applicable-device" content="pc,mobile">
```

最后在CSS样式文件中通过媒体查询设置不同设备下的CSS样式，以实现在不同设备中采用不同的网页布局，其代码结构如下。

```
01    PC端CSS样式
02    @media (max-width: 640px){
03        移动端CSS样式
04    }
```

## 🌟 9.1.5　提升搜索引擎友好度

搜索引擎友好度是指网站对于搜索引擎的适应程度和优化程度。一个友好度高的网站，能够更好地被搜索引擎理解，从而在搜索结果中获得更好的排名。要提升搜索引擎的友好度，在优化网站时需要注意以下6个方面。

- **机器可读**：当前搜索引擎蜘蛛只能读懂文本内容，无法很好地处理Flash或图片，因此为了提高网站流量，重要的内容和链接都需要以文本形式呈现。
- **结构扁平**：扁平化的结构设计具有层次浅、结构清晰的特点，可以使用户快速了解网站内容并找到有用的信息。同时，这也有助于搜索引擎迅速理解网站的结构层次。
- **网状的链接**：每个页面都应该有上级和下级的链接，以及与相关内容的链接。每个网页都应成为整个网站结构的一部分，通过其他网页的链接可以找到它。这样才不会形成链接孤岛，从而使搜索引擎能够快速、有效地抓取信息。
- **简单的URL**：简短、规范的URL不仅方便用户记忆，还方便搜索引擎抓取和判断网页内容。
- **涵盖主旨的锚文本**：移动端网站的SEO与PC端网站的SEO在某种程度上有相似之处。因此，在进行移动端网站的SEO时，可以借鉴PC端网站的SEO方法，如优化锚文本，确保主旨清晰、内容简洁，从而提高网站排名、增加网站权重，提升用户体验。
- **设置合理的返回码**：如果网站临时关闭，应将返回码设置为503而不是404，这样搜索引擎就会认为网站暂时不可访问，并在短时间内继续抓取。如果要更改域名或进行网站改版，则应设置为301永久性重定向，以避免降低网站的收录量。

## 🌟 9.1.6　优化排名

移动端网站的排名受多个因素影响，与PC端网站排名相似。同时，移动端网站的排名还有其自身的优化要求。

总体而言，移动端搜索结果是通过对PC端搜索结果进行调整并结合移动端特点得出的。百度会优先对移动页面进行排名，因此对没有移动页面的网站来说，首要任务就是将网站移动化，并对网站内容进行优化。提升移动端网站的排名需要注意以下4个方面。

- **主旨明确的标题**：搜索引擎主要通过网页的标题判断页面权重，因此网页的标题应告知用户和搜索引擎该网页的主题。标题需要满足4个要求：一是内容明确，涵盖页面主题；二是不罗列关键词，方便用户快速捕捉有用信息，并且字数一般不超过17个；三是重要内容放在页面左侧，并确保语义通顺；四是使用用户常用或熟悉的字词。
- **长期提供优质原创内容**：网站能吸引和留住用户的一个重要原因是能够长期为用户提供高质量的原创内容。定期更新原创内容或对优质内容进行系列整合，对提升网站排名非常有帮助。
- **地理信息的标注**：根据搜索引擎对用户搜索行为的统计，许多用户更倾向于具有本地特征的搜索结果。因此，在标注位置信息后，搜索引擎会优先展示与用户位置接近的搜索结果，以方便用户获取本地信息和服务。

● **加载速度的提升**：大多数移动用户都是通过碎片化时间浏览网页，因此希望能够快速打开网页。根据统计发现，当一个网页加载时间超过5秒，用户就极有可能关闭页面并寻找新的页面。因此，SEO时进行移动网站的加载时间优化，提高加载速度是非常有必要的。

## ✳ 9.1.7 增强移动端网站用户体验

网站页面是展示网站重要性的关键。页面是评估用户体验的重要因素，而用户体验又是吸引用户的重要依据。移动端网站用户体验主要涉及浏览体验、增益体验等方面。

### 1. 浏览体验

浏览体验与网站页面结构密切相关，如果结构混乱，浏览体验就难以令人满意；相反，如果结构合理，浏览体验就会相对良好。改善移动端网站浏览体验有以下3个要点。

（1）页面中的文本颜色应与背景色形成明显的对比，从而更好地突出文本内容。在图9-3所示的两个网页中，左侧网页的背景色与文本颜色对比度低，并且字号过小，这样会导致文章阅读困难；而右侧网页采用白色为背景色，能够很好地突出文本内容，同时各级标题和正文的字号适当，使用户能够轻松地浏览文章的内容。

（2）页面的文本应该分段明确、排版精致。合理的段落划分可以让用户更容易阅读和理解内容。此外，精心排版的文本也可以提高页面内容的整体美感和可读性。

（3）链接文本的大小应适中，并且需要有适当的间距。过小的链接文本不仅会给用户的点击带来困扰，还可能导致误触。因此，要确保链接文本具有足够的大小，以便用户能够轻松点击，同时链接之间还需要留出一定的距离，以降低用户点击错误链接的可能性。图9-4所示网页中的链接，各链接之间的距离太小，十分不利于点击。

图9-3　移动网页的浏览体验对比

图9-4　某移动网站中的链接

针对这种情况，在制作移动端网页时应注意以下方面。

● **正文**：主体内容含文本段落时，正文字号建议为14px，行间距建议为0.42~0.6倍字号；不含文本段落时，正文字号应不小于10px，行间距应不小于0.2倍字号。

● **图片**：主体内容包含多张图片时，图片宽度应一致，图片位置应统一。

- **文本链接**：主体内容包含多个文本链接时，文本链接字号建议为14px或16px。其中，字号为14px时，纵向间距建议为13px；字号为16px时，纵向间距建议为14px；文字链接整体可点击区域不小于40px。
- **其他可点击区域**：主体内容中的其他可点击区域，宽度和高度应大于40px。
- **交互手势**：交互手势应一致，网站中的所有页面应使用相同手势完成相同的功能。
- **Flash**：移动设备不支持Flash，应避免使用。
- **音/视频**：音/视频不需要另外下载播放器，可直接播放且效果清晰。
- **App下载**：App可直接下载最新版本，不需要另外下载手机助手和应用市场。
- **文档页**：应提供可直接阅读的文档，且文档阅读体验好。应避免将文档资源转换为图片资源，这不仅影响用户体验，对搜索引擎也不友好。
- **产品页**：应提供完整的产品信息和有效的购买路径。
- **搜索结果页**：页面罗列出的搜索结果应与搜索词密切相关。
- **表单页**：表单页主要指注册页、登录页、信息提交页等，应提供完整有效的功能。

### 2．增益体验

在建设移动端网站时还要考虑增益体验，这不仅可以受到搜索引擎的青睐，还能提高用户的黏性和回访率。图9-5所示的新浪移动网站页面提供了面包屑导航，当用户浏览完当前页后，可以方便地返回上一页或首页。图9-6所示的百度移动网站页面中同时提供了图片和语音搜索功能。当用户无法方便地输入文字时，可以使用语音搜索；而在需要查找图片类信息时，用户也可以使用图片搜索功能。这两者都有助于提升网站的增益体验。

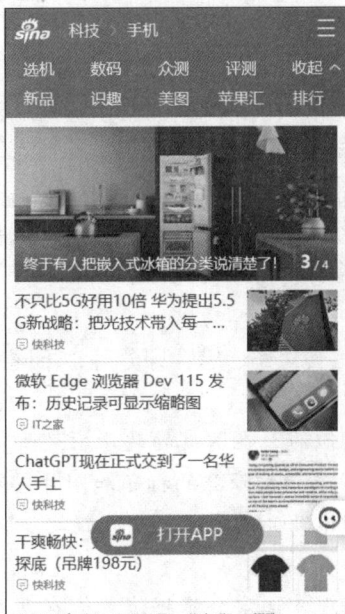

图9-5 新浪移动网站中的增益体验　　图9-6 百度移动网站中的增益体验

网站增益体验主要包括以下4项内容。

- **访问路径上的增益**：通过提供导航或面包屑导航，使用户能够方便地跳转到下一级或上一级页面。
- **效率上的增益**：通过提供拨打电话、地址定位等功能，让用户无须切换到其他应用程序就能快速实现所需操作。

- **输入方式上的增益**：通过提供语音输入、图像输入和扫码等功能，让用户能够更加灵活地输入信息。
- **页面效果增益**：通过提供夜间模式、字号调整以及背景图片/颜色设置等功能，使用户可以根据自己的喜好和需求进行个性化设置，提升页面的视觉效果。

# 9.2 手机淘宝SEO

随着移动互联网的快速发展，淘宝店铺的移动端流量已经超过了PC端的流量。这个趋势表明，消费者越来越喜欢用移动设备来浏览和购买商品。因此，对淘宝店主来说，优化移动端界面和用户体验，争取更好的排名，已经成为一项必须掌握的技能。

## 9.2.1 认识手机淘宝SEO

手机淘宝SEO是指通过优化店铺的关键词、商品标题、描述、图片等因素，提高店铺在手机淘宝搜索结果中的排名，以吸引更多潜在客户进入店铺浏览并购买商品。手机淘宝SEO的优势在于提高店铺的曝光率、提升店铺的访问量、促进销售，同时帮助商家更好地了解用户需求，为产品研发和营销策略的制定提供有力支持。

### 1．淘宝搜索的基本原理

淘宝搜索是淘宝平台查找商品的主流方式，能够给网店带来较高的转化率和成交率。淘宝搜索是一种"人找货"的模式，以成交为导向，其目的是通过搜索帮助消费者快速找到合适的商品。

淘宝搜索首先会对消费者的搜索行为进行分析，推断出消费者真正的需求。大部分消费者在淘宝搜索商品时，会输入关键词搜索感兴趣的商品，淘宝则会根据消费者输入的关键词为消费者打上需求标签，并将与关键词相关的商品推送给消费者。

因此，商家如果想要获得更多的淘宝搜索流量，就要努力提升商品在站内搜索结果中的排名。为此，商家可以针对影响搜索排名的因素，进行有针对性的优化。

### 2．影响淘宝搜索排名的因素

影响淘宝搜索排名的因素包括点击率、跳出率、转化率、综合评分等，不同的因素权重不同，对商品排名的影响也各不相同。

- **点击率**：新品上架后的随机展示概率是相似的。在固有的展示次数里，如果点击率高，如100次展示机会中获得20次点击量，表示该商品的标题和图片搭配比较合理，能够获得不错的点击率，淘宝会继续增加该商品的展示机会。反之，点击率过低淘宝就有可能降低其排名。
- **跳出率**：跳出率是商品描述质量的一种体现。淘宝会根据消费者在网店的停留时间和跳出率来判断商品描述页是否吸引消费者。消费者在网店中的停留时间越长，浏览的页面越多，跳出率越低，则越有利于增加网店排名。
- **转化率**：转化率是商品能否得到消费者认同的一种体现。一般来说，商品页面转化率越高，则说明商品描述越真实，消费者对其的信任度越高，淘宝将对这类商品的排名进行提升。转化率过高的商品可能进入人工审核系统，审核合格则给予提升排名的处理，审核不合格则会对之进行降权处理。

- **综合评分**：综合评分包含多种因素，如人气、销量、信誉、价格等，其中人气又包括浏览量、收藏量等。总而言之，不论是商品质量还是服务质量都要做好，以赢得更多消费者的好评和青睐，从而提高综合评分。综合评分值较高，淘宝将提升网店排名；综合评分值过低，淘宝会降低网店排名和权重。

- **动态评分DSR**：DSR评分是网店综合服务水平的体现，DSR评分越高，对排名越有利。

- **下架时间**：淘宝中的商品在即将下架时会获得排名提升和更多展示机会，这就是要慎重设置商品上下架时间的原因。

- **商品属性的完整度和准确度**：商家填写商品属性时应尽量完整且定位准确。尽量完整是指尽量按照淘宝中列举的条目填写完整；定位准确则是指描述商品的类目和属性时必须准确，如商品为短靴，必须填写短靴，不能填写成长靴等，否则容易被淘宝进行降权处理。

- **消费者保障**：参加消费者保障的商品，其排名将更靠前。

- **退款率、纠纷率**：退款率和纠纷率是判断商品质量和服务质量的重要指标。退款率比同行高的网店，排名则会降低；而有纠纷或纠纷率高的网店，则会被淘宝做降权处理。

- **降权**：当淘宝判断网店出现违规行为时，会对网店进行降权处理，因此商家要熟知淘宝网的规则，避免出现违规行为。

- **全店动销率、滞销率**：动销率、滞销率也是影响搜索排名的重要因素，建议商家对长时间未出售的商品进行重新编辑或下架处理。

- **回头客**：回头客是判断网店品质的重要依据，也是淘宝判断网店质量的因素之一。网店的回头客越多，其排名会越靠前。同理，商品的复购率高，网店排名也会更靠前。

- **关键词匹配**：细分淘宝商品的标题关键词时，要用该商品所在类目下的热门关键词，同时建议在商品的详细描述中也包括商品的热搜关键词，这样更有利于提升排名。

## ✱ 9.2.2 优化商品标题

很多消费者在淘宝购买商品时，都是通过搜索关键词来寻找商品的。因此，商品标题与自然搜索流量密切相关，商家必须做好标题优化，尽可能增加商品被搜索到的概率。在优化商品标题时，商家要先了解商品标题的构成，然后查找关键词，最后拆分和组合关键词。

**1. 了解商品标题构成**

商品标题优化的基本前提是符合消费者的搜索习惯，而消费者一般会根据商品的名称、属性等关键词来搜索商品，因此商品标题也是由这些关键词构成的。一般来说，商品标题主要由核心关键词、属性关键词和热搜词3个部分构成。

- **核心关键词**：核心关键词是指商品类目名称，如"耳机"，其作用是可以使消费者通过标题快速了解商品是什么，是否是所需商品。

- **属性关键词**：属性关键词即对商品属性的介绍，商品材质、颜色、风格等都属于商品属性。例如，在"深蓝水晶真皮条纹女包"关键词组中，"深蓝水晶""真皮条纹"都是用于形容核心关键词的属性关键词。

● **热搜词**：热搜词是指与商品相关的搜索量高的词，其主要用于优化商品标题，增加被搜索到的概率。例如，"新款特价女包"中的"新款特价"即属于优化商品标题的热搜词。为了增加被搜索到的概率，商家可以尽可能地组合各种与商品相符的热搜词。

### 2. 查找关键词

淘宝商品标题的关键词多由热搜词组成，淘宝为此提供了选词助手工具帮助商家分析和选择热搜词。现某童鞋店准备使用选词助手查找行业相关搜索词，并在热搜排行中查看近7天内搜索人气、点击率等排名靠前的行业相关搜索词，其具体操作如下。

**步骤 01** 进入千牛卖家中心，在左侧的导航栏中单击"数据"选项卡，打开生意参谋主页面，在顶部导航栏中单击"流量"选项卡，然后选择页面左侧导航栏中"来源分析"栏下的"选词助手"选项，如图9-7所示。

**步骤 02** 单击"选词助手"页面右上角的按钮以设置查看的时间，单击"行业相关搜索词"选项卡，在默认打开的"热搜排行"列表中查看搜索人气、点击人气、点击率等排名靠前的行业相关搜索词，如图9-8所示。

查找关键词

图9-7　选择"选词助手"选项

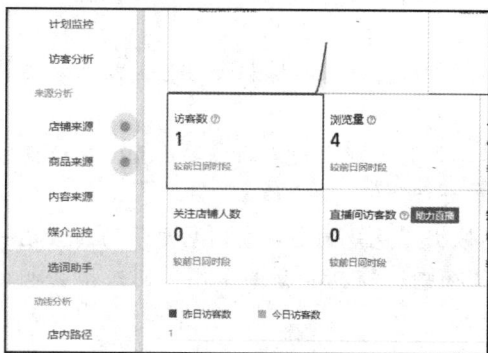

图9-8　查看搜索关键词

> 📖 **知识链接**
>
> 如果想要选择某一指标，可以选中"搜索人气"等指标前面的复选框。除此之外，商家也可以复制需要的搜索数据并将其保存为 Excel 文件，以便在优化商品关键词时使用。

### 3. 拆分与组合关键词

淘宝商品标题多由多个关键词组合而成，通过选词助手，商家可以清楚了解当前类目中关键词的热度、热门的关键词等，并据此拆分或组合商品关键词，以达到优化商品标题的目的。常见的拆分、组合关键词的方式如下所示。

● **组合属性关键词**：属性关键词通常表现为二级关键词，如"春装连衣裙""联想笔记本"等，也是消费者在搜索时会使用的关键词。在选择属性关键词时，可以结合选词助手中提供的行业相关搜索词进行分析和选择，排名不具有优势的商家可以选择搜索人气较低、但点击率较高的关键词加入标题，也可以在标题中设置一些长尾关键词（与目标关键词相关的、搜索量较少的组合型关键词，比较长，往往由2~3个词组成），如"无袖拼接碎花春装连衣裙"等。虽然长尾关键词搜索热度较低，但它对目标用户的定位更加准确。

- **搭配热搜词**：这里的热搜词不仅指消费者经常搜索的，还可以是对商品进行形容和修饰的词语，如"2022新款时尚休闲板鞋"。如果商品为知名品牌，建议将品牌名加入标题，这样可以更准确地定位到对品牌忠诚度较高的目标消费人群，如图9-9所示。

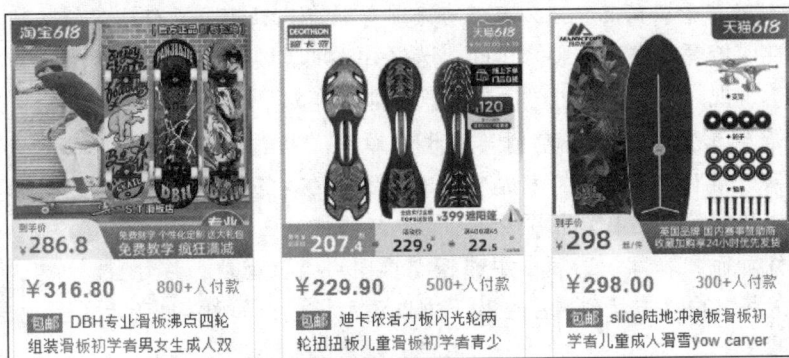

图9-9　加入品牌名

> 📖**知识链接**
>
> 　淘宝商品标题最多可以包含30个字，在结构合理的情况下，应尽量多地组合热搜词，从而提高被消费者搜索到的概率。在选择热搜词时，应尽量选择符合商品特性的词语，优先选择搜索频率高又能够尽可能地突出商品卖点的关键词。

## ✳ 9.2.3　增强手机淘宝网店用户体验

　随着移动设备的普及和移动互联网的发展，移动电商逐渐成为新的趋势。越来越多的消费者选择在手机上购物，这也使得商家纷纷在移动端开通了淘宝店铺。由于手机淘宝与PC端的界面存在较大差异，因此商家需要针对移动端进行专门的店铺装修，以提供更好的用户体验和提升店铺的权重。

### 1. 手机淘宝店铺装修

　手机淘宝店铺装修需要满足用户在手机上浏览和购物的需求。在手机屏幕上，由于屏幕尺寸较小，如何让图片和文字合理显示，以便用户清晰地查看商品信息，是手机淘宝店铺装修要解决的主要问题。以下是卖家在进行手机淘宝店铺装修时需要注意的几个事项。

- **确定独特的店铺风格**：根据商品种类和目标客户群体，确定独特的店铺风格。风格的确定有助于提升品牌形象，强化品牌认知度，增加用户黏性。要注意：整体风格需保持一致，以吸引和巩固用户群体。

- **设计简洁明了的导航栏**：导航栏是引导用户的重要工具，应简洁明了，使用户能够快速找到所需内容。例如，可以设置"首页""商品分类""购物车""客服中心"等选项，这样用户能够根据自己的需求快速导航，提高购物体验。

- **优化店铺布局**：店铺布局要合理，符合用户浏览习惯。例如，将热销商品放在首页显著位置，按照商品类别进行分类，便于用户查找。同时，注意页面加载速度，过多的图片和复杂的设计会降低页面加载速度，影响用户体验。

- **设计精美的店铺图标和宣传海报**：店铺图标和宣传海报是展示店铺形象的重要窗

口，其设计要简洁大方、易于识别，能够吸引用户的注意力。图标和海报应该与店铺风格保持一致，以强化品牌形象。

● **编写良好的店铺名称和简介**：店铺名称和简介能够表现店铺的核心竞争力和品牌形象。名称要简洁易记，简介要突出店铺特色，以吸引潜在用户。店铺简介中可以包含店铺的背景、商品特点以及服务质量等信息，让用户更好地了解店铺。

移动端网店装修需要先进入装修页面，选择并添加需要的模块，然后在模块右侧的面板上编辑图片、文本、视频、链接地址等信息，其具体操作如下。

**步骤 01** 进入千牛卖家中心，在左侧导航栏中单击"店铺"选项卡，选择"店铺装修"栏下的"手机店铺装修"选项，打开手机店铺装修页面，在"首页"栏中单击"装修页面"超链接，如图9-10所示。

**步骤 02** 在装修页面"容器"选项卡中选择"单图海报"模块，按住鼠标左键不放将其向右拖动到网店名称下方以添加模块，如图9-11所示。

手机淘宝店铺装修

图9-10 单击"装修页面"超链接

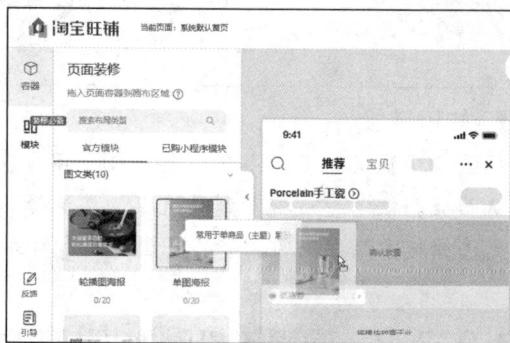

图9-11 添加单图海报模块

**步骤 03** 在右侧"单图海报"面板中的"模块名称"文本框中输入"海报"文字，在"上传图片"栏中单击"上传图片"按钮，如图9-12所示。

**步骤 04** 在"选择图片"对话框中单击"上传图片"按钮，在打开的对话框中单击"上传"按钮，打开"打开"对话框，选择效果中保存的图片（配套资源：\素材\第9章\移动端海报.jpg、网店优惠券.jpg、商品展示.jpg），单击"打开"按钮。

**步骤 05** 返回"选择图片"对话框，选中"移动端海报"对应的单选项，单击"确认"按钮，如图9-13所示。

图9-12 单击"上传图片"按钮

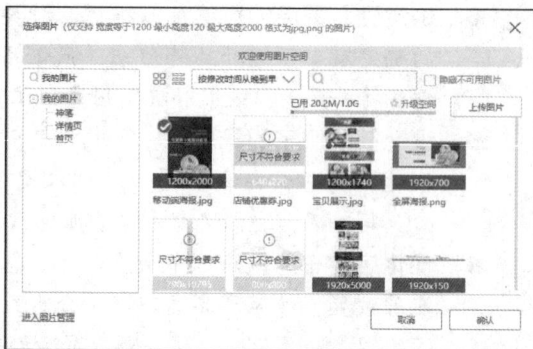

图9-13 选择图片

📖 知识链接

在添加单图海报时，需要注意海报的宽度要等于1200px，其最小高度为1200px，最大高度为2000px。

步骤 06 在"选择图片"对话框右侧设置裁剪尺寸的高为"2000"，单击"保存"按钮，如图9-14所示。

步骤 07 返回装修页面，在右侧"单图海报"面板中的"跳转链接"栏下的文本框中输入商品的链接，单击"保存"按钮保存设置，如图9-15所示。

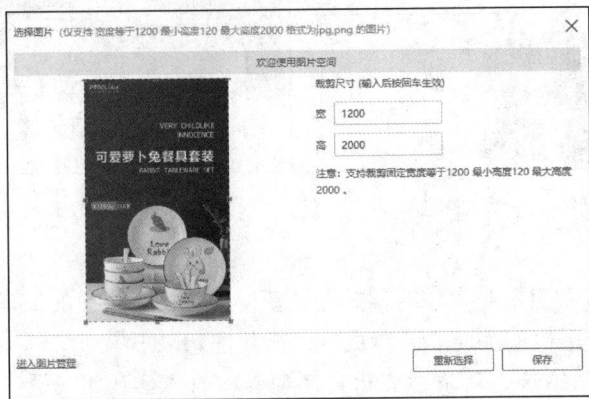

图9-14　设置图片裁剪尺寸

图9-15　输入商品链接

📖 知识链接

获取商品链接的方法是在千牛卖家中心左侧的导航栏中单击"商品"选项卡，选择"商品管理"栏下的"我的宝贝"选项，在打开的页面中将鼠标指针移到相应商品的"分享"按钮上，单击出现的"复制商品链接"按钮。

步骤 08 在"容器"选项卡中选择"多热区切图"模块，按住鼠标左键不放将其向右拖动到海报下方以添加模块。

步骤 09 在右侧"多热区切图"面板中的"模块名称"文本框中输入"优惠券"文字，在"上传图片"栏中单击"上传图片"按钮，在打开的对话框中选择"优惠券"图片，依次单击"确认"按钮和"保存"按钮，完成图片的添加，然后单击"添加热区" 按钮，如图9-16所示。

步骤 10 在打开的"热区编辑器"对话框中选择左侧蓝色的矩形框，将其放于最左边的优惠券上，调整矩形框大小，然后在右侧文本框中输入优惠券链接，单击"添加热区"按钮为其他优惠券添加热区。使用相似的方法输入其他优惠券的链接，完成后单击右上角的"完成"按钮，如图9-17所示。

**步骤 11** 返回"多热区切图"面板，单击"保存"按钮。使用相似的方法制作宝贝展示模块，并添加链接，完成后单击"预览"按钮可预览效果，如图9-18所示。单击"发布"按钮，发布首页。

图9-16　添加优惠券图片　　　　　图9-17　添加热区　　　　　图9-18　预览效果

### 2. 手机淘宝商品详情页制作

商家发布移动端详情页，可以提高搜索引擎对商品的友好性，获得淘宝搜索引擎的流量倾斜、搜索加权、优先展示等扶持。在制作手机淘宝商品详情页时，需要注意以下事项。

- **精准的商品描述**：商品描述应该准确、简洁，突出商品的核心特点和适用场景，包括尺码、颜色、材质等基本信息，让用户能够快速了解商品的属性。在有限的屏幕空间内，用最简短的语言说明商品的主要特点和优势，让用户对商品有初步的了解。

- **高质量的商品图片**：图片是用户了解商品的重要途径，因此应提供多角度、高清晰度的图片，展示商品的细节和整体效果，让用户有更直观的感受。确保图片清晰、色彩鲜艳，同时注意图片的大小和格式，以避免页面加载速度过慢或显示格式混乱。

- **详细的商品评价和口碑**：用户评价和口碑是影响用户购买决策的重要因素，可以展示好评、中评和差评，以及相应的解释，让用户对商品有更全面的了解。这不仅有助于提高用户对商品的信任度，也有助于打消用户在购买前的疑虑。

- **优化商品价格和促销活动**：合理的价格和促销活动是吸引用户购买的关键因素。根据市场情况和竞争对手的定价，制定具有竞争力的价格策略，同时推出促销、满减等优惠活动，吸引用户购买。

- **提供多种支付方式**：为了满足不同用户的需求，提供多种支付方式，如支付宝、微信支付、信用卡等，方便用户进行支付。这样可以增强用户的支付灵活性和便捷性，提高用户的购买体验。

- **增加用户互动环节**：在商品详情页中增加用户互动环节，如评论、分享、点赞等，可以让用户发表自己的观点和看法，从而提高用户的参与度。这也有助于提高商品的曝光度和销售量。

手机淘宝商品
详情页制作

淘宝为移动端商品详情页装修提供了很多模块，使用模块进行装修不仅省时省力，而且可以保证页面整体风格一致，得到较好的装修效果。在使用模块装修移动端商品详情页时需要先编辑模块，如替换模块中的图片、修改文字、添加模块等，然后发布制作好的效果，具体操作如下。

**步骤 01** 进入千牛卖家中心，在左侧导航栏中单击"店铺"选项卡，选择"商品管理"下的"商品装修"选项，在右侧"图文详情"栏下单击"编辑图文详情"按钮，如图9-19所示。

**步骤 02** 在装修页面左侧单击"装修"选项卡，在展开的列表中选择"行业模块"选项，在下方的列表中选择"颜色款式"中的第1个模块，如图9-20所示，此时将在右侧的装修页面中显示选择的模块。

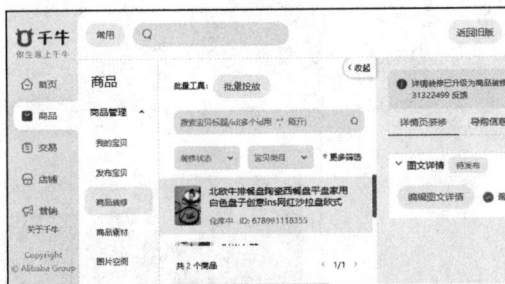
图9-19 单击"编辑图文详情"按钮

图9-20 选择模块

**步骤 03** 选择第一张图片，在出现的浮动框中单击"替换图片"按钮，如图9-21所示。

**步骤 04** 在打开的"选择图片"对话框中选择需要的图片，单击"确认"按钮，如图9-22所示。使用相似的方法替换其他两张图片。

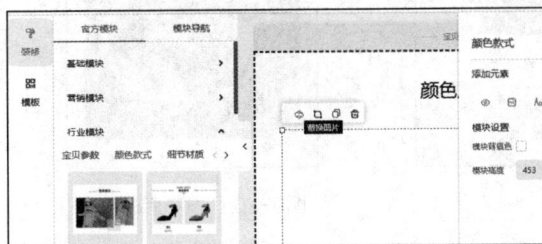
图9-21 替换图片

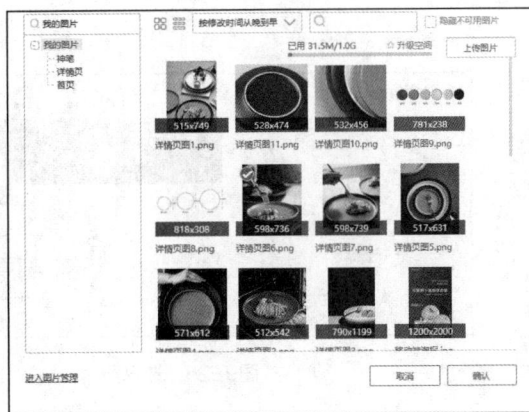
图9-22 选择图片

**步骤 05** 选择文字，并将文字修改为"商品展示"，如图9-23所示。

**步骤 06** 在左侧单击"装修"选项卡，在展开的列表中选择"基础模块"选项，单击"文字"选项卡，在下方的列表中选择第2个模块，添加文字模块，然后修改文字，如图9-24所示。

图9-23　修改文字

图9-24　添加文字模块并修改文字

**步骤 07** 在左侧单击"装修"选项卡，在展开的列表中选择"基础模块"选项，单击"图片"选项卡，在下方的列表中选择第2个模块，添加图片模块，打开"选择图片"对话框，选择需要的盘子图片，如图9-25所示，单击"确认"按钮。

**步骤 08** 使用相似的方法添加其他图片，完成后单击"发布"按钮打开"发布详情页"对话框，单击"确认"按钮发布移动端商品详情页，发布后的效果如图9-26所示。

图9-25　选择图片

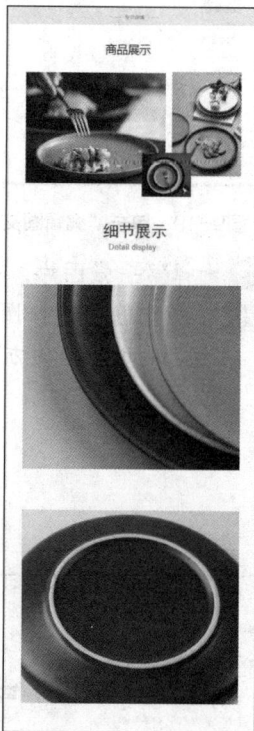

图9-26　发布后的效果

## ❈ 9.2.4　手机淘宝网店推广与营销

手机淘宝网店推广与促销手段非常多，主要可分为站外和站内两种方式。站外推广与营销是指在淘宝以外的其他互联网应用（如在微博、微信等）上进行推广与营销。站内推广与营销是指通过淘宝本身进行推广与营销，是网店推广的主要手段，如包邮、赠送礼品、赠送优惠券、参与淘宝平台营销活动等。

### 1．利用微博推广

微博是一个公开的社交媒体平台，通过微博可以达到实时发布和显示消息的目的。微博的用户数量非常多，因此很多商家选择将微博作为推广平台。

在使用微博推广的过程中，商家可以采用以下推广方式促进内容的传播。

- **转发抽奖**：转发抽奖是指通过网店微博账号与粉丝进行互动，从转发当前微博的粉丝中抽取一名或几名赠送奖品。转发抽奖是一种十分常见的推广方式，通过转发抽奖不仅可以将网店或活动推广至粉丝的粉丝，扩大影响范围，还可累积更多的粉丝，吸引更多的关注。转发抽奖一般都是以"关注+转发"的形式实现的。
- **晒图有奖**：晒图有奖是指邀请消费者上传商品图片并"@"网店的微博账号，然后商家对参加活动的图片进行评比或投票，给予获奖者一定奖品的活动。晒图有奖既可以宣传商品，又能培养消费者忠诚度，是非常有效的一种微博推广方式。
- **发布话题**：微博话题包括普通话题和超级话题，如果普通话题的讨论人数过多，就可能升级为超级话题，从而扩大网店的曝光和营销范围。话题的设计应该围绕网店商品、活动。其次，话题内容要有吸引力，要能够引起粉丝的传播与讨论，当话题的发送量达到一定数量时，还可能被微博官方推荐给更多的微博用户查看。因此，网店在发布微博时应尽量带上相关话题，并引导粉丝参与到话题活动中，如带话题转发、参与话题讨论等。

### 2．利用微信推广

微信是一款用户基础非常大的即时通信软件，基于其大众化、即时性等特点，微信推广具有非常大的发展空间和可观的效果。常见的微信推广方式主要有两种，一种是微信朋友圈推广，另一种是微信公众号推广。

（1）微信朋友圈推广

微信朋友圈是一个重要的信息发布渠道，其分享的性质更能够为商品引流，也更容易与粉丝互动交流。

商家打开淘宝移动端之后，进入网店并选择一款商品（建议选择销量较高的商品），打开商品页面，点击商品主图下方的"分享"超链接，选择分享到"微信"（或选择复制链接、保存图片），然后在微信朋友圈中发布商品链接或图片。

好友在朋友圈中看到商品后，如果对商品感兴趣，可以复制淘口令，然后打开淘宝移动端，通过系统提供的商品链接直接进入商品页面。这种引流方式操作简单，比较便捷，同时可以实现商品的精准引流。但是不经常看朋友圈的好友可能会忽略商品链接，且这种方式只为推销商品，互动性和趣味性不强。

（2）微信公众号推广

微信公众号是微信平台上的一个企业或品牌官方账号，在网店推广方面具有巨大的潜力。如果商家想要通过微信公众号推广网店，就要先注册微信公众号，并做好内容的编写，与消费者展开互动。

- **账号注册**：在注册微信公众号时，需要明确账号的名称、头像和功能介绍等基本信息。为了更好地发挥品牌优势，建议商家在微信、微博等平台上都使用相同的账号名称。这样，消费者在各个平台间流动时，可以更轻松地记住品牌，从而提高品牌知名度。
- **内容编写**：微信公众号推广的内容是关键。优质的内容不仅能吸引消费者的阅读兴趣，还能拉近与消费者的距离，提升品牌形象。内容形式上，图文结合是较常用且效果较佳的方式。文字要求排版整齐，图片要求精致美观，内容要具有可读性。例如，通过趣味软文的形式，结合时下热播电视剧的内容，引出网店的商品推荐。又如，一个图书微信公众号，通过讲述热播电视剧的相关内容，巧妙地引出推荐的图书，借助电视剧的热度吸引读者，并在结尾处完成图书推荐。

● **消费者互动**：微信公众号不仅是推广商品的平台，更是与消费者互动交流的平台。商家可以设置"品牌动态""商城好物""会员有礼"等自定义菜单，然后根据消费者的选择，展示对应的内容。这样，可以为消费者提供更个性化的服务，提高消费者的满意度。此外，为了方便回答消费者的问题，商家还可以设置自动回复或关键词回复。这样，即使在忙碌的情况下，也能快速回应消费者的需求，提升消费者体验。

### 3. 包邮

包邮指消费者在网店里购买总价格超过一定金额的商品时，可以享受包邮服务。包邮的价格不能设置得太高，以避免消费者为了免除邮费需要选择过多商品而放弃。需要注意的是，该方法只针对利润较低的商品，如果商品利润足够，则可以采用直接免邮的方式来吸引消费者。

包邮活动可以使用店铺宝工具设置。设置后，消费者只要达到包邮门槛，再下单店内其他商品都会包邮，其具体操作如下。

**步骤01** 进入千牛卖家中心，在左侧的导航栏中单击"营销"选项卡，在"营销管理"栏中选择"营销工具"选项，如图9-27所示。

**步骤02** 此时将打开"营销工具"页面，在"工具列表"栏中选择"店铺宝"选项，如图9-28所示。

图9-27 选择"营销工具"选项　　　　图9-28 选择"店铺宝"选项

**步骤03** 此时将打开"商家营销中心"页面，在"自定义新建"面板中单击"创建包邮活动"按钮，如图9-29所示。

**步骤04** 此时将打开包邮设置页面，在"基本信息"面板中设置活动名称、开始时间和结束时间，如图9-30所示，然后单击"下一步"按钮。

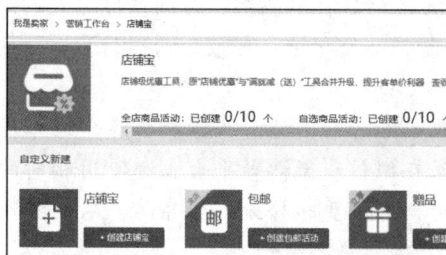

图9-29 单击"创建包邮活动"按钮　　　　图9-30 设置基本信息

**步骤 05** 在打开的页面中设置优惠条件和优惠门槛，这里设置优惠条件为"满元"、优惠门槛为"满39元"，然后单击"资损风险校验"按钮，如图9-31所示。

**步骤 06** 在打开的页面中保持系统默认选择"全部商品"，单击"下一步"按钮，如图9-32所示，完成包邮活动的设置。

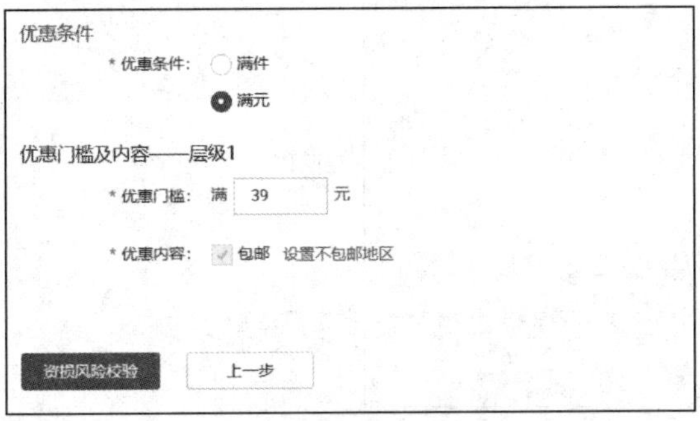

图9-31　设置优惠门槛及内容 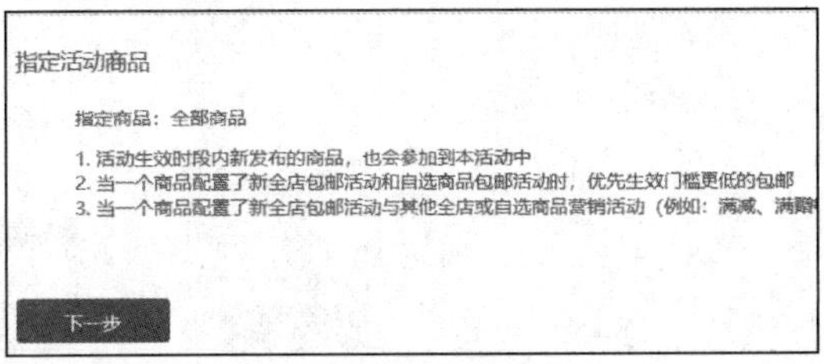　　　　图9-32　指定活动商品

### 4．赠送优惠券

赠送优惠券是一种可以激励消费者再次购物的店内营销活动。优惠券中一般需标注消费额度，即消费到指定额度可使用该优惠券，同时，在优惠券下方还要介绍优惠券的使用条件、使用时间和使用规则等。优惠券主要分为3类，分别是针对全店商品的店铺优惠券、针对特定商品的商品优惠券及裂变优惠券。其中，使用裂变优惠券时，消费者只有把优惠券分享给足够数量的好友才能领取并使用该优惠券。

赠送优惠券活动可以通过优惠券工具设置。下面为某水果网店设置"满199元减15元"的店铺优惠券，活动时间为"2023-06-02—2023-06-03"，发行量为5000张，每人限领一张，其具体操作如下。

**步骤 01** 打开"商家营销中心"页面，选择"优惠券"选项。在打开的页面中单击"创建店铺券"按钮，如图9-33所示。

**步骤 02** 此时将打开"推广渠道"页面，默认推广渠道为"全网自动推广"，在"基本信息"面板中设置优惠券名称、开始和结束时间、低价提醒等，如图9-34所示。

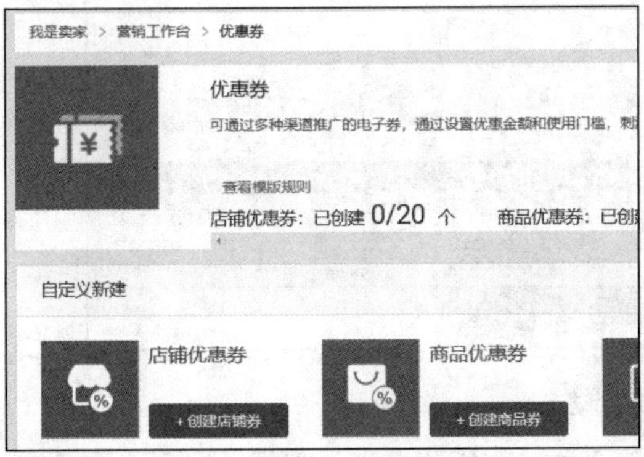

图9-33　单击"创建店铺券"按钮 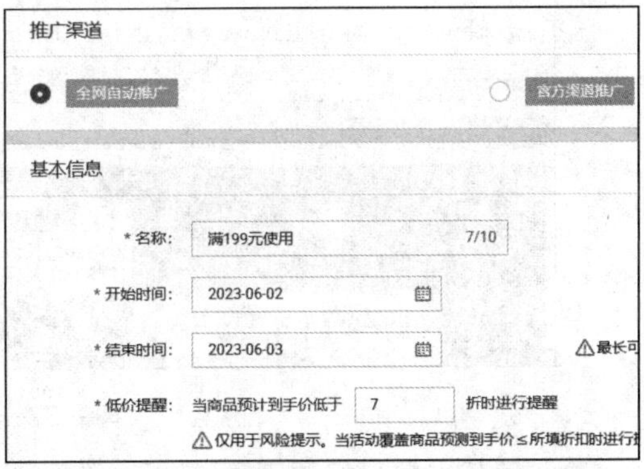　　　　图9-34　设置推广渠道、优惠券基本信息

**步骤 03** 在"面额信息-面额1"面板中设置优惠金额、使用门槛、发行量、每人限领张数等，

单击"资损风险校验"按钮，如图9-35所示。待提示创建成功后，单击"返回列表"按钮可返回活动列表查看创建的优惠券信息。

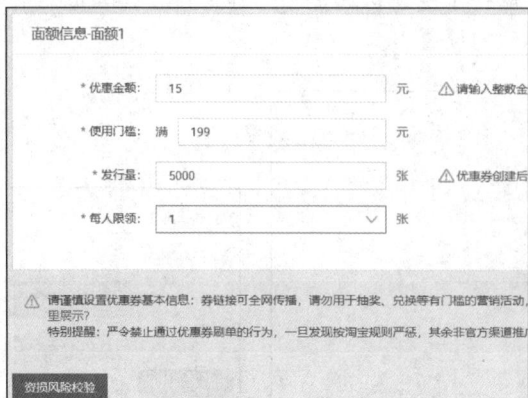

图9-35 设置面额信息

### 5. 参与淘宝平台营销活动

淘宝平台的营销活动主要分为两类，一类是平台大型营销活动（如"双十一""618"），另一类是平台日常营销活动（如聚划算、天天特卖）。通过参与淘宝平台营销活动，商家能够更快速地吸引消费者，并提升商品销量。

图9-36 查看是否符合报名要求

- **参与平台大型营销活动**：商家如果要参与平台大型营销活动，需要满足一定的条件。进入千牛卖家中心首页，在页面左侧查看是否符合报名要求，如图9-36所示。符合报名要求的商家可以单击"查看"按钮，在打开的页面中查看报名指南、活动规则等活动详情，如图9-37所示，并根据活动流程完成报名。

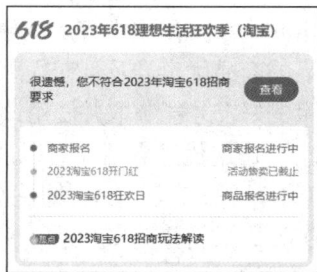

图9-37 了解活动详情

- **参与平台日常营销活动**：平台日常营销活动对商家的要求通常没有平台大型营销活动高，商家可以根据网店推广需要来选择合适的活动参与。具体操作方法为进入千牛卖家中心，在左侧的导航栏中单击"营销"选项卡，"营销活动"栏中默认选择

"活动报名"选项，如图9-38所示。进入"活动报名"页面，在默认打开的"可报活动"选项卡下选择想要报名的活动，单击"立即报名"按钮，如图9-39所示。在打开的活动报名页面中查看活动说明、规则、要求等信息，确认符合要求后单击"去报名"按钮，在打开的页面中签署协议并单击"提交"按钮提交报名申请，如图9-40所示。

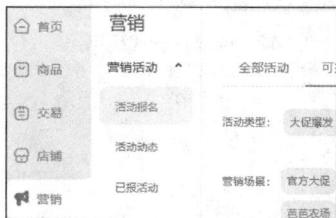

图9-38  单击"营销"选项卡

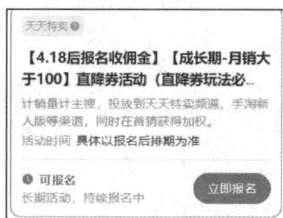

图9-39  单击"立即报名"按钮

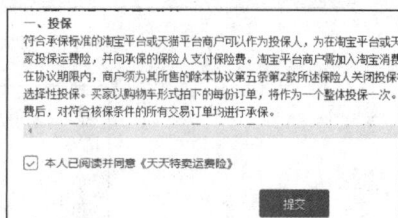

图9-40  单击"提交"按钮

# 9.3  行业实战

本章主要介绍了移动端SEO的相关知识，包括移动端网站SEO和手机淘宝SEO。本节需要对"德光文具"网站中的网页进行优化。

## ❋ 9.3.1  实战背景

为了提升"德光文具"网站移动端的SEO效果，现在需要对网站进行移动端优化，需要将所有网页的布局方式改为响应式布局，并调整各部分内容在移动设备中的CSS样式，使它们在移动端网页中能正常显示。

## ❋ 9.3.2  实战要求

（1）使用响应式布局方式布局网页。
（2）调整网页中各部分内容在移动设备中的CSS样式。

行业实战

## ❋ 9.3.3  实战步骤

**步骤 01**  使用Dreamweaver打开"hysz20230203001.html"网页文件（配套资源：\素材\第9章\行业实战\hysz20230203001.html），切换到代码视图，在其中插入图9-41所示的两行代码。

**步骤 02**  切换到代码视图，单击"mycss.css"按钮，在代码视图中显示"mycss.css"文件的代码，在文件的最后添加媒体查询代码"@media (max-width: 480px){}"，如图9-42所示。

**步骤 03**  在花括号中输入屏幕宽度小于480像素的CSS代码，如图9-43所示。

**步骤 04**  选择"文件"→"保存全部"命令，保存所有的文件，再选择"文件"→"实时预览"→"Microsoft Edge"命令，在Edge浏览器中显示网页内容，如图9-44所示。

**步骤 05**  调整浏览器的宽度，使其小于480px，可以看到网页的布局发生了变化，隐藏了一些不需要的板块，正文的字号也变大了，如图9-45所示。

```
1   <!doctype html>
2 ▼ <html>
3 ▼ <head>
4   <title>办公文具_办公用品_学习用品_德光文具</title>
5   <meta name="description" content="德光文具，专业办公文具销售网站，主营得力、
    晨光、齐心、广博等品牌。买文具，上德光。">
6   <meta name="keywords" content="办公文具,办公用品,学习用品">
7   <meta name="viewport" content="width=device-width, initial-scale=1">
8   <meta name="applicable-device" content="pc,mobile">
9   <link href="mycss.css" rel="stylesheet">
10  </head>
11 ▼ <body>
```

图9-41　插入代码

```
526      float: left;
527      width: 200px;
528      text-align: center;
529      color: #666666;
530      padding: 10px 0 0 60px;
531  }
532  @media (max-width: 480px){
533
534  }
```

图9-42　媒体查询代码

```
532 ▼ @media (max-width: 480px){
533 ▼   .left_content,.right_content,#menu_tab,.footer{
534         display:none;
535       }
536 ▼   .top_right{
537         display: block;
538       }
539 ▼   #main_container,#menu_tab,#header,.center_content,.top_right{
540         width:100%;
541       }
542 ▼   #header{
543         height:10px;
544         position: absolute;
545       }
546 ▼   .center_content img,.big_banner img{
547         width:100%;
548         height:auto;
549       }
550 ▼   .center_content p{
551         text-indent: 0px;
552         text-align: justify;
553         font-size: 16px;
554         line-height: 24px;
555       }
556 ▼   #logo,.big_banner{
557         padding: 0px;
558       }
559 ▼   #logo img{
560         width:50px;
561         height:auto;
562       }
563 ▼   .center_content{
564         padding: 5px 0px;
565       }
566 ▼   .crumb_navigation{
567         margin-left: 50px;
568         font-size: 16px;
569         width:100%;
570         height:30px;
571         background-position:5px 12px;
572       }
573 ▼   #main_content{
574         padding-top:60px;
575       }
576   }
577
```

图9-43　输入CSS代码

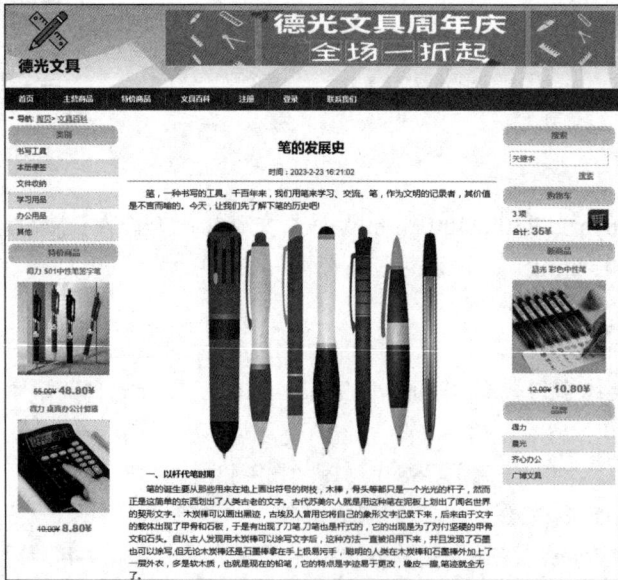

图9-44　在Edge浏览器中的网页显示效果

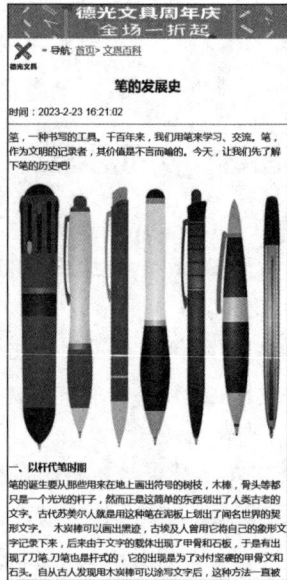

图9-45　移动版网页显示效果

### 职业素养

SEO专业人士必须坚定不移地秉持用户导向信念，积极从用户的实际需求出发，深入研究并提升移动端网站的易用性和可访问性，致力于提供优质的移动端用户体验，让用户能够轻松地进行搜索、浏览、访问和互动。

## 课后练习

### 一、填空题

1. 移动端网页与PC端网页的差别主要体现在_____、_____和_____3个方面。

2. 移动网站的适配方式有_____、_____和_____3种。

3. 影响淘宝搜索排名的因素包括_____、_____、_____、_____等，不同的因素权重不一样，对商品排名的影响也各不相同。

4. 手机淘宝SEO是指通过优化店铺的_____、_____、_____等因素，提高店铺在手机淘宝搜索结果中的_____，以吸引更多_____进入店铺浏览并购买商品。

5. 商品标题主要由_____、_____和_____3个部分构成。

### 二、选择题

1. 移动适配方式中，（  ）功能可以直接告诉搜索引擎PC端网页和移动端网页的对应关系。

   A. 301跳转　　　　B. 302跳转　　　　C. head标注　　　　D. 移动适配提交

2. 下列关于响应式设计的说法错误的是（  ）。

   A. 可以为PC端和移动端提供不同的网页内容

   B. 可以提高用户满意度和访问量

   C. 搜索引擎不用检测PC端网页和移动端网页的对应关系

   D. 可以适配各种设备，避免为各种终端设备打造不同的网站

3. 下列不属于移动端网站的标题应该满足的要求是（  ）。

   A. 标题要明确，准确传达页面的主题　　　B. 使用用户常用或熟悉的词语

   C. 一般不要超过17个字符　　　　　　　D. 在标题中堆砌关键词

4. 在移动网站设计中，（  ）将降低资源易用性。

   A. 精简页面　　　　　　　　　　　　B. 设计友好的导航栏

   C. 使用弹窗广告　　　　　　　　　　D. 优化搜索功能

5. 以下属于站外流量来源的是（  ）。

   A. 微信　　　　　　B. 订阅　　　　　　C. 逛逛　　　　　　D. 淘宝联盟

### 三、判断题

1. 移动设备不支持Flash内容，应避免使用。　　　　　　　　　　　　　　　（  ）

2. 移动网页中的音/视频不需要另外下载播放器，可直接播放且效果清晰。　　（　　）

3. 使用移动设备访问网络的用户已经超过了PC端用户。　　（　　）

4. 移动端网页的结构相对PC端网页来说更为复杂。　　（　　）

5. 响应式设计会生成不同版本的网页内容，以适配不同的设备。　　（　　）

6. 使用动态服务进行移动适配时，服务器可以根据用户代理头信息判断用户的设备类型，从而返回相应的网页代码。　　（　　）

## 四、简答题

1. 为什么移动端网站SEO是网站发展的必然趋势？

2. 请简要介绍独立移动网站的优势和劣势。

3. 在移动端网页设计中，如何增强搜索引擎友好度？

4. 影响淘宝搜索排名的因素有哪些？

## 五、操作题

1. 使用店铺宝开展包邮活动，并设置偏远地区不包邮。

2. 根据网店情况，选择合适的商品报名参加淘宝天天特卖活动。

3. 在淘宝店铺中为单个商品设置"满99元减35元"的优惠券。

# 第10章

# SEM广告

SEO的效果显现得较为缓慢，对一些希望迅速获得推广效果的企业来说，并不是最佳选择。SEM广告则能够弥补SEO的这些不足，让企业能够更精准地锁定营销目标。SEM广告的投放平台很多，本章将主要介绍百度搜索推广、淘宝直通车和抖音巨量千川。

## 🛒 知识目标

- 掌握使用百度搜索推广发布广告的方法。
- 掌握使用淘宝直通车发布广告的方法。
- 掌握使用抖音巨量千川发布广告的方法。

## 🛒 素养目标

- 具备市场洞察力和营销思维，能够从用户需求和竞争情况出发，制定出高效且有针对性的SEM推广策略。
- 具备数据处理和决策能力，可以根据数据反馈来优化策略，从而优化投放效果和提高投资回报率。
- 提升个人修养，恪守职业道德，塑造美好品德。

## 10.1 百度搜索推广

百度搜索推广是一种有效的网络营销方式，它通过在搜索结果页面中展示相关广告，吸引潜在客户点击，从而实现商业转化。

### ❋ 10.1.1 认识百度搜索推广

百度搜索推广是一种高效的营销推广方式，让企业可以通过购买相关产品或服务的关键词，在搜索结果页面中展示其广告。与自然搜索结果不同，搜索推广的结果会在末尾标注"广告"两个字，以便用户区分广告和真实搜索结果，如图10-1所示。这种推广方式通常是按点击付费的，只有在广告被点击时企业才需要支付费用，这使得企业可以更好地掌控营销预算。

图10-1　搜索推广

#### 1. 百度搜索推广的特点

百度搜索推广是网络营销体系中不可或缺的一部分，其四大特点让它成为企业实现精准定向投放和获取高效转化的首选方式。

- **见效快**：相比SEO的漫长等待，搜索推广能够迅速见到广告效果，为网站带来更多有意向的流量。
- **效果好**：通过关键词实现精准定向投放，使得用户轻松找到所需的产品或服务，有效提高转化率。
- **管理灵活**：后台管理功能强大，可以随时调整投放策略和广告的内容，让广告始终保持在较佳状态。
- **精确评估**：数据追踪技术先进，针对每一个细节都有详细的统计数据和图表，SEO人员能够全面了解广告项目的效果并做出精准决策。

#### 2. 百度搜索推广的排名原理

百度搜索推广的排名主要受关键词出价和质量度两个因素的影响。

- **关键词出价**：关键词出价是指广告主愿意为广告被点击一次所支付的最高价格。广告主在对某个关键词进行出价后，将按照出价高低来决定广告在搜索引擎上的展示位置。关键词出价越高，其展示的位置就会越靠前，用户也会越容易看到这些广告。

- **质量度**：质量度是指广告和相关着陆页的质量，是搜索引擎根据广告与目标用户的匹配度、广告的可信度等多种因素给出的评估得分，分值越高表示广告的质量越好。质量度对排名的影响非常大，较高的质量度也可能使出价低的广告排在出价高的广告之前。

## 10.1.2　开通百度营销账户

要使用百度搜索推广，需要先注册百度营销账户，注册百度营销账户的流程可以分为开户资料准备、注册申请、信息审核3步。

- **开户资料准备**：企业在开通推广账户前，需要充分准备开户所需的资料。不同平台需要的资料不尽相同，一般来说，包括企业营业执照、网站ICP备案及行业相关资质等。
- **注册申请**：注册申请是账户创建的第一步。以注册百度营销账户为例，注册流程简单明了，在线填写申请表格并提交相关信息即可。
- **信息审核**：注册申请成功后，百度推广平台会对营业执照、从业资质、ICP备案、公司所在地、联系人信息及网站内容等进行审核。反馈审核结果一般需要3个工作日，若审核通过，需要向账户充值，以作为推广预算，随后便可以轻松实现广告投放。

## 10.1.3　账户设置

高效的营销账户设置需要建立在合理的账户结构与灵活运用各功能模块的基础上。账户设置主要包括地域设置、预算设置等。

### 1．认识搜索推广的账户结构

尽管不同的搜索推广平台可能会有不同的结构和命名方式，但通常情况下，搜索推广账户可以分为4个层级，包括账户、推广计划、推广单元和创意。1个账户里可以有多个推广计划，1个推广计划里可以有多个推广单元，1个推广单元可以有多个创意，其结构如图10-2所示。

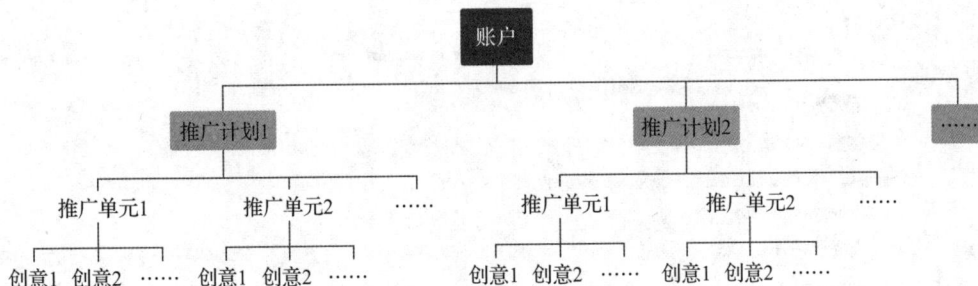

**图10-2　搜索推广的账户结构**

账户结构中不同层级具有不同的功能和作用。

- **账户**：对推广计划进行管理，可以设置账户推广预算、推广地域等。
- **推广计划**：对推广单元进行管理，可以设置推广地域、每日预算、创意展现方式、投放时段、否定关键词等。
- **推广单元**：管理单元内的关键词与创意，可以设置出价、否定关键词等。

● **创意**：对广告的具体内容进行管理，可以设置广告的标题、描述、落地页和创意素材等内容。

## 2．地域设置

通过地域设置，SEO人员可以设置账户的默认推广区域。如果某推广计划未设置推广地域，则以账户设置为准，也可以为特定推广计划单独设定推广地域，这将使其仅在指定区域投放。例如，若账户设定的推广地域为一线及新一线城市，而在某个推广计划中仅设置了北京和天津，则该推广计划将只在北京和天津投放，而其他没有设置推广地域的推广计划将在所有一线及新一线城市投放。地域设置的具体操作如下。

地域设置

**步骤 01** 注册并登录百度营销，单击"搜索推广"栏中的"进入"按钮，如图10-3所示。

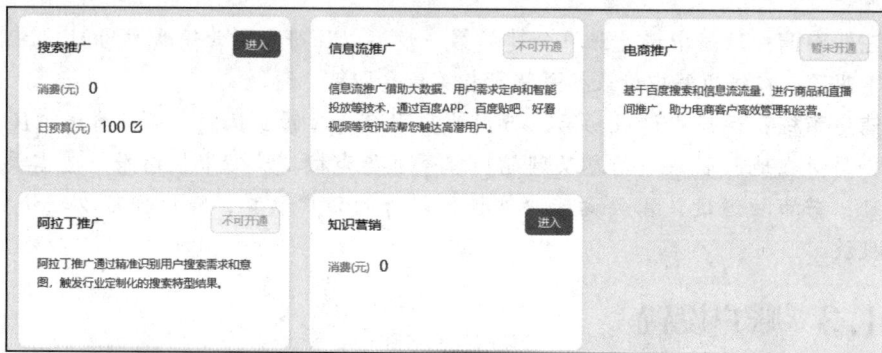

图10-3　单击"进入"按钮

**步骤 02** 在首页左侧选择"设置"栏下的"账户设置"选项，然后在右侧的"账户信息"栏中单击"地域"选项对应的"修改"超链接，如图10-4所示。

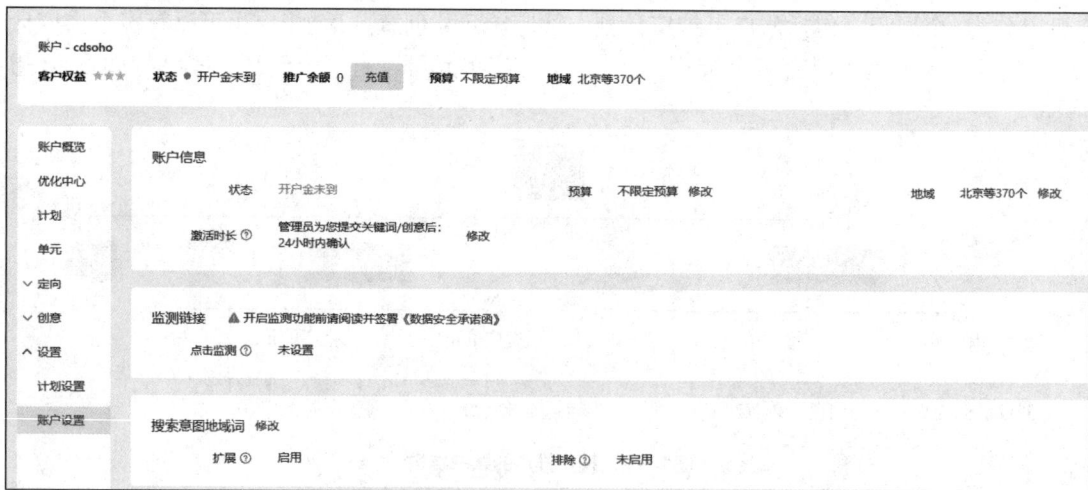

图10-4　单击"地域"选项对应的"修改"超链接

**步骤 03** 在打开的页面的"按省市划分"选项卡中可以按行政区域选择要推广的地域，如图10-5所示。也可以单击"按发展划分"选项卡，在其中可以按城市的发展选择要推广的地域，如图10-6所示。设置完成后单击"确定"按钮，完成账户的地域设置。

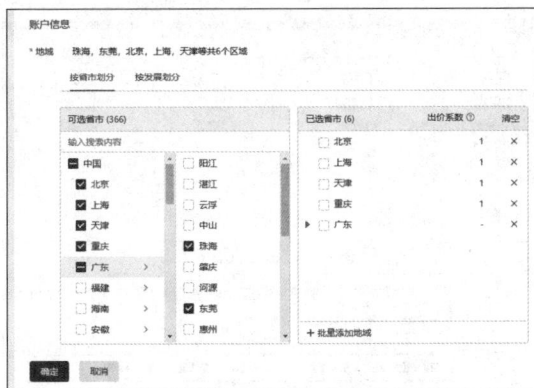

图10-5　按行政区域选择要推广的地域

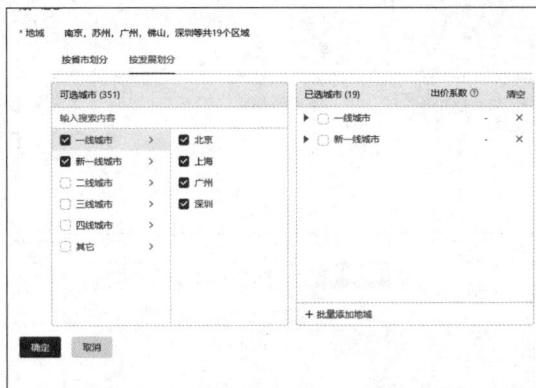

图10-6　按城市的发展选择要推广的地域

### 3．预算设置

　　SEO人员通过预算设置可以为账户和推广计划设置预算。如果某个推广计划产生的广告费用超出了该推广计划的预算，则该推广计划停止投放；如果所有推广计划总的广告费超出账户的预算，则所有推广计划都停止投放。当然也可以将预算设置为不限，这样就不会因预算不足而产生广告突然终止投放的情况。其具体操作如下。

预算设置

**步骤 01**　选择"设置"栏下的"账户设置"选项，然后在右侧的"账户信息"栏中单击"预算"选项对应的"修改"超链接。

**步骤 02**　在打开的页面中单击 自定义 按钮，然后设置每日的预算金额，再单击 确定 按钮完成账户的预算设置，如图10-7所示。

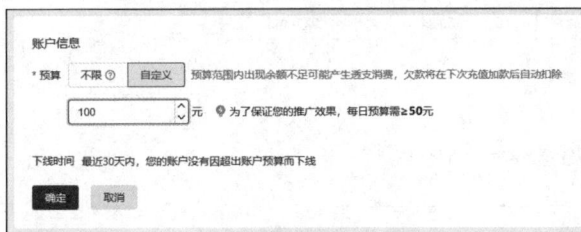

图10-7　设置预算

## ✱ 10.1.4　新建计划

　　要使用百度推广发布搜索引擎广告，需要先在百度推广的搜索推广中新建计划。其具体操作如下。

新建计划

**步骤 01**　进入搜索推广的账户页面，单击左侧的"计划"选项卡，进入"计划"页面，单击左上角的"新建计划"按钮，如图10-8所示。

**步骤 02**　在打开的"营销目标"页面中可以设置营销目标和推广业务，设置完成后单击"确定"按钮，如图10-9所示。

**步骤 03**　在打开的"计划设置"页面中可以进行出价方式、出价、预算、推广地域、推广时段、人群和计划名称的设置，如图10-10所示。设置完成后，单击"保存并新建单元"按钮，保存计划并打开新建单元页面。

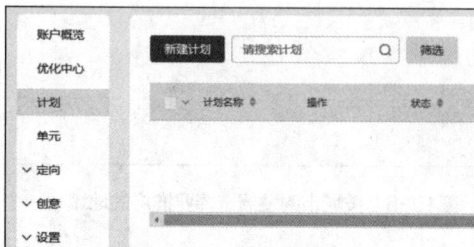

图10-8 新建计划

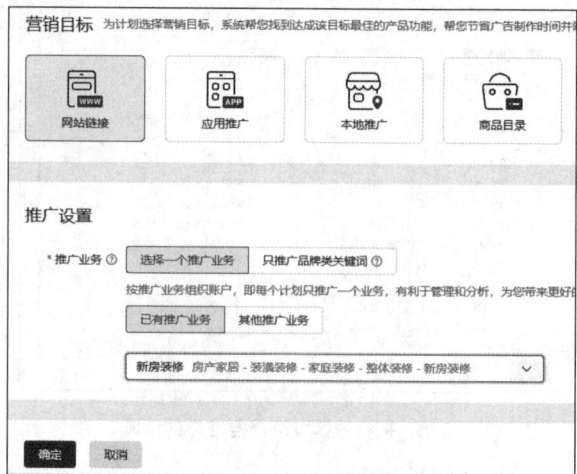

图10-9 设置营销目标和推广业务

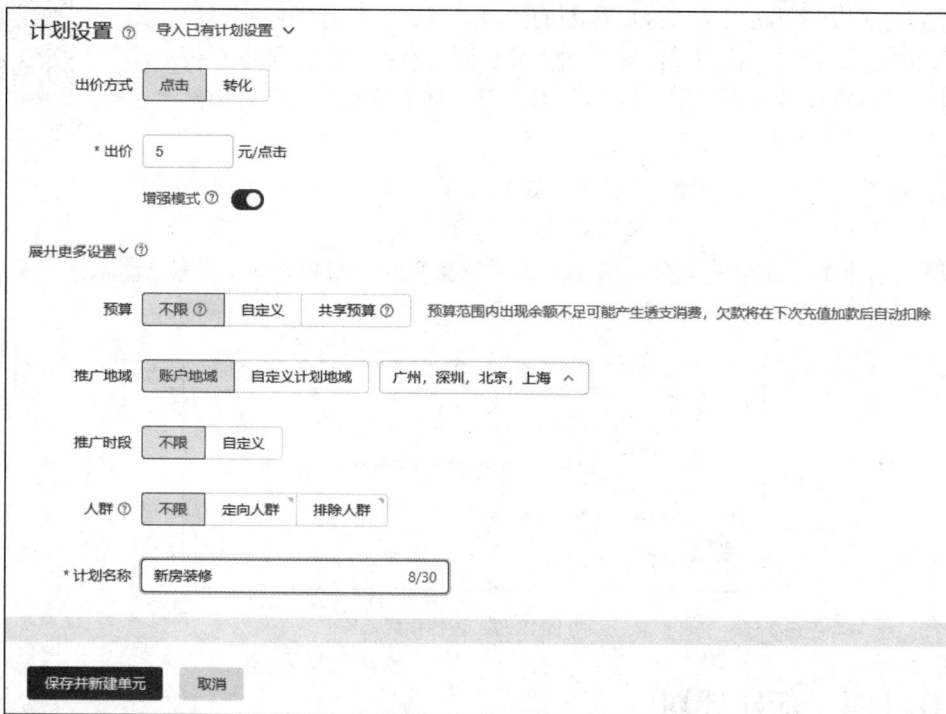

图10-10 计划设置

## ❊ 10.1.5 新建单元

在每个计划中可以新建多个单元，除了可以在保存计划时自动新建单元外，还可以通过单元列表页面新建单元。其具体操作如下。

**步骤01** 在账户页面左侧单击"单元"选项卡，然后单击左上角的"新建单元"按钮，如图10-11所示。

**步骤02** 此时将打开"新建单元"对话框，在"推广计划"下拉列表中选择要添加单元的计划，如图10-12所示。

新建单元

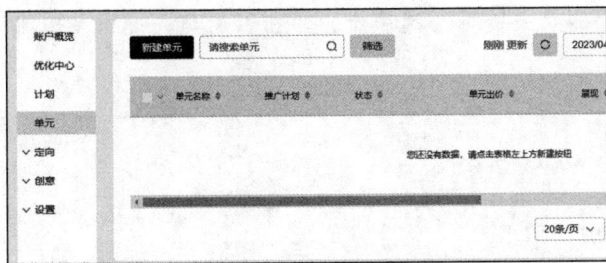

图10-11　新建单元

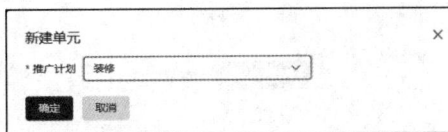

图10-12　选择要添加单元的计划

**步骤 03** 单击"确定"按钮，进入"单元设置"页面，在其中进行单元设置、定向设置、确定单元名称等操作，设置完毕后单击"保存"按钮，如图10-13所示，完成新建单元的操作。

图10-13　单元设置

## ❋ 10.1.6　关键词设置

在SEM竞价推广中，关键词的选择是非常重要的。只有在用户搜索的关键词与SEM竞价推广的关键词相同或相似时，才有可能展示广告，吸引关注并获得咨询，最终实现转化。

### 1．在推广计划中添加关键词

添加关键词是竞价推广的一项重要内容，也是竞价账户搭建的一个重要环节，下面介绍在百度营销中添加关键词的方法，其具体操作如下。

在推广计划中
添加关键词

**步骤 01** 在账户页面左侧单击"定向"下的"关键词"选项卡，单击"新建关键词"按钮，如图10-14所示。

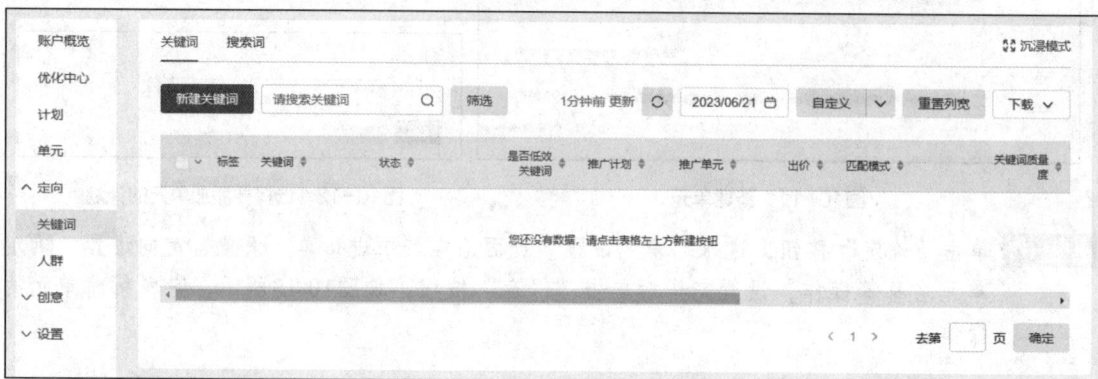

图10-14 单击"新建关键词"按钮

**步骤 02** 此时将打开新增关键词页面，在文本框中输入要添加的关键词，单击"搜索"按钮，如图10-15所示。

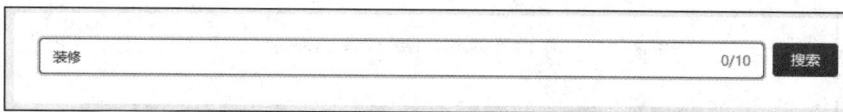

图10-15 新增关键词页面

**步骤 03** 在关键词列表中会列出大量的相关关键词，单击需要添加的关键词后面的"添加"按钮，如图10-16所示，将其添加至右侧的"关键词"列表中。

**步骤 04** 在"添加至"下拉列表中选择要添加关键词的单元，然后单击"确定添加"按钮为所选的单元添加关键词，如图10-17所示。

图10-16 关键词列表

图10-17 确定添加

### 2. 设置否定关键词

否定关键词是与短语匹配和智能匹配这两种匹配方式一同配合工作的，用于从所有配置的搜索关键词中剔除不需要的关键词，当用户的搜索关键词与否定关键词相匹配时，不展示广告。在百度的搜索推广中，可以为计划或单元添加否定关键词。其具体操作如下。

设置否定关键词

**步骤 01** 在账户页面左侧单击"计划"选项卡，单击要设置否定关键词的计划"否定关键词"列的"未设置"超链接，如图10-18所示。

**步骤 02** 此时将打开否定关键词设置页面，单击"+否定关键词"按钮，如图10-19所示。

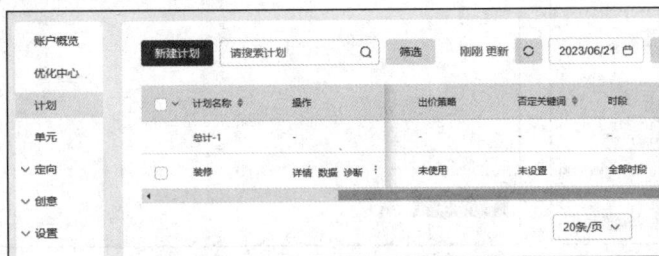

图10-18 单击"未设置"超链接

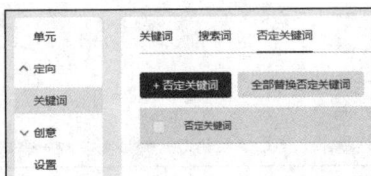

图10-19 单击"+否定关键词"按钮

**步骤 03** 选择一种否定关键词的匹配方式，如选中"精确否定关键词"复选框，然后在打开的列表中输入否定关键词，然后单击"提交"按钮为计划添加否定关键词，如图10-20所示。

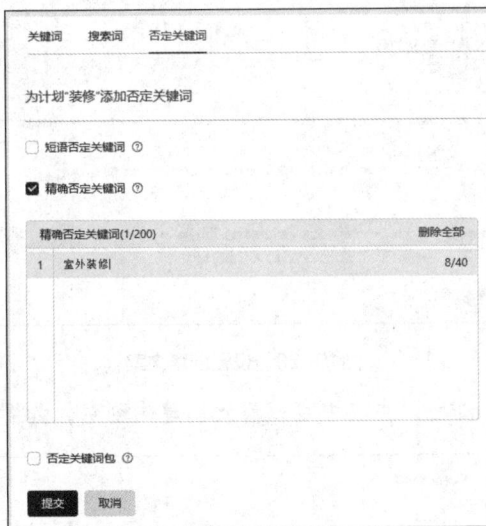

图10-20 添加否定关键词

## ✳ 10.1.7 设置创意

设置创意

在搜索推广的实施过程中，可以利用关键词来精准锁定目标用户，并在此基础上，通过独具匠心的创意来吸引用户的注意力。其具体操作如下。

**步骤 01** 在账户页面左侧单击"创意"下的"创意"选项卡，打开"创意管理"页面，单击左上角的"新建创意"按钮，如图10-21所示。

步骤 02 此时将打开"请选择创意的投放范围"页面，在"可选计划单元"栏中选中"中秋促销"复选框，如图10-22所示，单击"下一步新建创意"按钮。

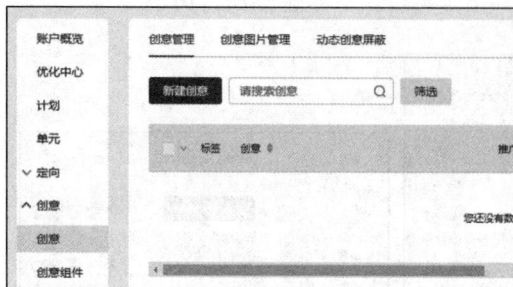

图10-21 单击"新建创意"按钮

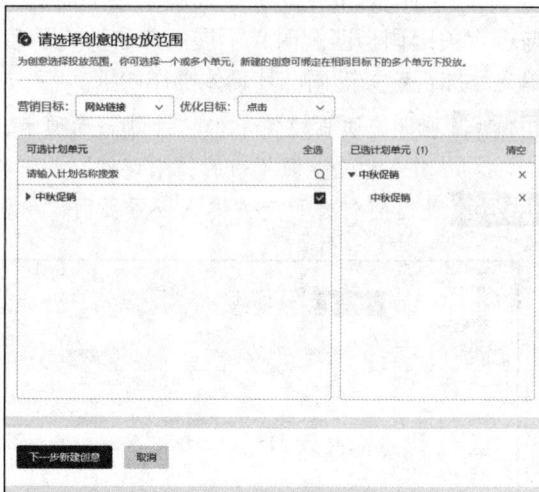

图10-22 选择计划单元

步骤 03 此时将打开"创意文案"页面，在创意标题的页面中设置创意的标题、描述等内容，如图10-23所示。单击页面下方的"保存当前创意"按钮保存创意。

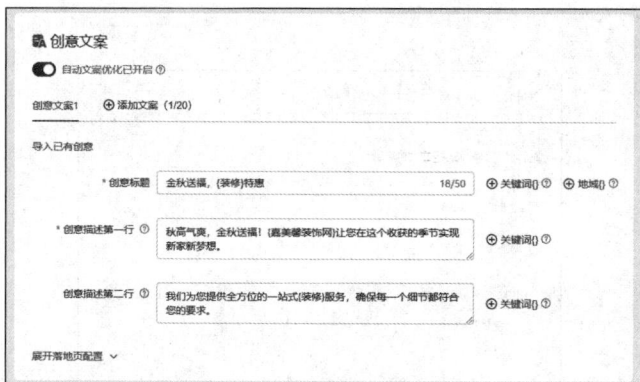

图10-23 设置创意文案

步骤 04 返回"创意管理"页面，在其中可以看到创建的创意，如图10-24所示。

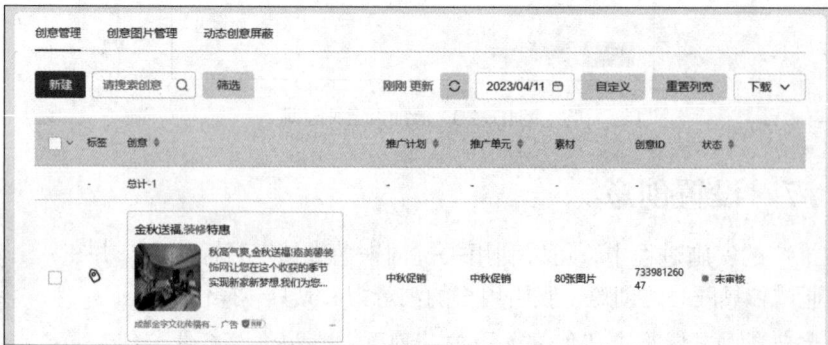

图10-24 查看创意

## ❋ 10.1.8 设置oCPC出价策略

oCPC（optimized Cost Per Click）是一种智能出价模式，通过系统对接广告主的转化数据并深度理解广告主的业务目标，智能预估每一次点击的转化率，并根据竞争环境智能出价，以实现控制转化成本、增加转化数量并提高投放效率的目标。

在互联网广告投放中，转化是一个重要的评估指标，指的是用户在点击广告后完成广告主预设的目标行为，如购买产品、填写表单等。然而，在传统的广告投放模式中，广告主往往难以准确预测和掌控广告的转化效果，导致投放效率低下。oCPC模式的出现为广告主提供了一种更加智能、高效的投放解决方案。

在实际运用中，广告主需要深度理解自己的业务目标和投放需求，同时提供足够的历史转化数据，以便系统能够准确预估转化率并制定合理的出价策略。此外，广告主还需要对投放效果进行实时监控和调整，以保证oCPC模式的投放效果与业务目标相一致。

### 1．oCPC的特点

oCPC的特点主要表现在以下几个方面。

- **基于转化数据的智能预估**：系统通过对广告主的历史转化数据进行学习，从而预估每一次点击的转化率。这种预估不仅考虑了广告主的业务特点，还与广告投放的页面、时间、用户属性等因素有关。
- **竞争环境下的智能出价**：在多广告主的竞争环境中，系统会根据实时数据和预估的转化率，自动调整出价，以获取更高的转化率和高价值流量。
- **强化高转化率流量的获取**：oCPC模式会优先展示转化率较高的广告，从而增加优质流量的获取，减少低转化率流量的展示。
- **实时调整和优化**：系统能够实时学习并调整投放策略，以保证投放效果的最优化。这包括对关键词的调整、预算的分配以及出价的优化等。

### 2．oCPC的优势

相比其他出价模式，oCPC模式在控制转化成本、增加转化数量和提高投放效率方面具有显著优势。这主要表现在以下几个方面。

- **更精准的转化率预估**：通过学习历史数据，系统能够更加准确地预测用户的转化行为，从而为广告主提供更加可靠的投放决策依据。
- **更高效的流量获取**：oCPC模式能够智能识别高价值流量，并自动提高出价以获取更多优质流量。这有助于提高投放效果并减少无效点击。
- **更灵活的出价策略**：系统能够根据实时数据和竞争环境自动调整出价，为广告主提供更加灵活的投放策略。
- **更低的投放成本**：通过智能优化投放策略，oCPC模式能够有效减少无效点击和低转化率流量，从而降低总体投放成本。

### 3．在百度营销中设置oCPC出价策略

在百度营销中可以通过"出价策略（oCPC）"功能为已有的计划设置oCPC出价策略。其具体操作如下。

在百度营销中
设置oCPC出价
策略

步骤 01 在百度营销中单击"资产中心"下的"出价策略（oCPC）"超链接，如图10-25所示。

步骤 02 在打开的"出价策略"页面中单击"新建oCPC出价策略"按钮，如图10-26所示。

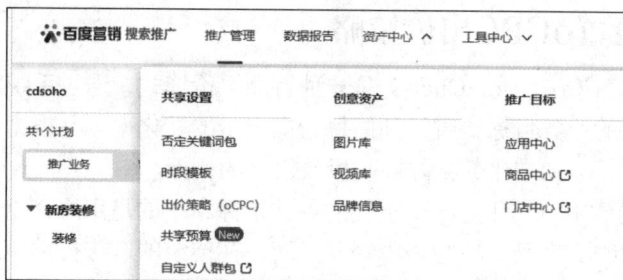

图10-25　单击"出价策略（oCPC）"超链接

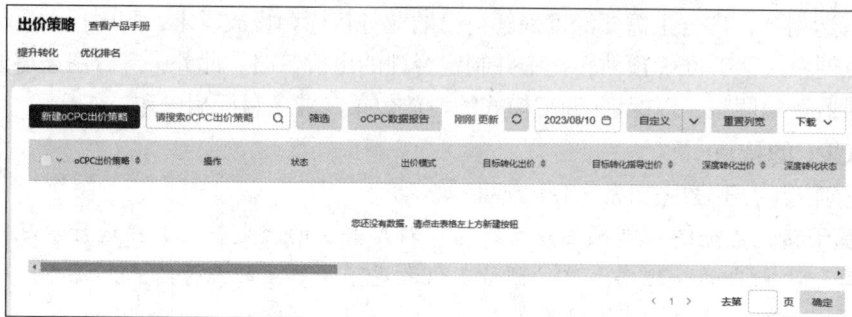

图10-26　单击"新建oCPC出价策略"按钮

**步骤 03** 此时将打开"新建oCPC"页面，在"作用范围"栏中选中要应用oCPC出价策略的计划右侧的复选框，如图10-27所示。

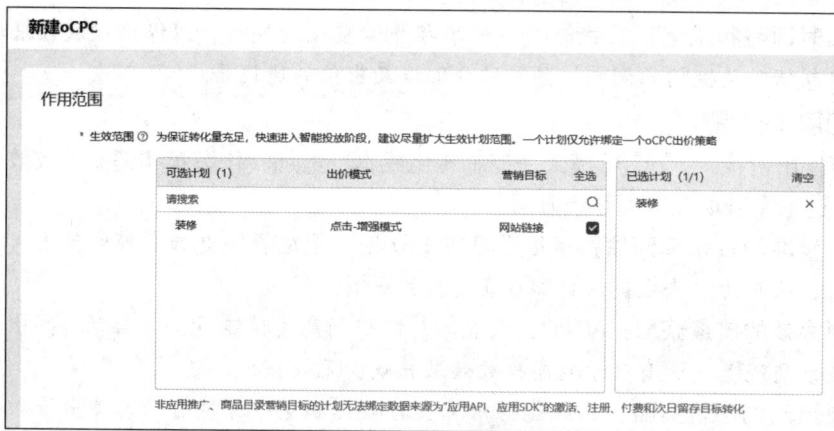

图10-27　选择计划

**步骤 04** 在"投放方式"栏中选择一种出价模式，如图10-28所示。

**步骤 05** 在"转化目标及出价"栏中设置数据来源和目标转化，如图10-29所示。

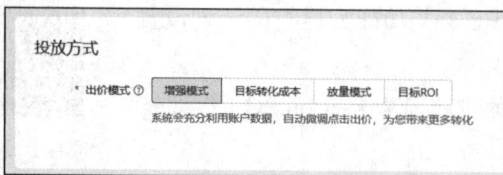

图10-28　选择出价模式

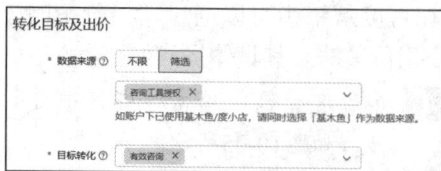

图10-29　设置数据来源和目标转化

步骤 06 在"共享预算"栏中设置是否使用共享预算以及日预算的金额，如图10-30所示。

步骤 07 在"出价策略名称"栏中设置出价策略的名称，然后单击 保存 按钮，如图10-31所示，完成oCPC出价策略的设置。

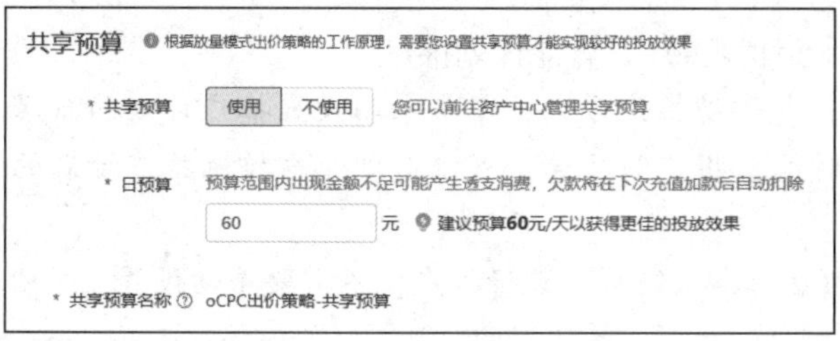

图10-30 设置共享预算

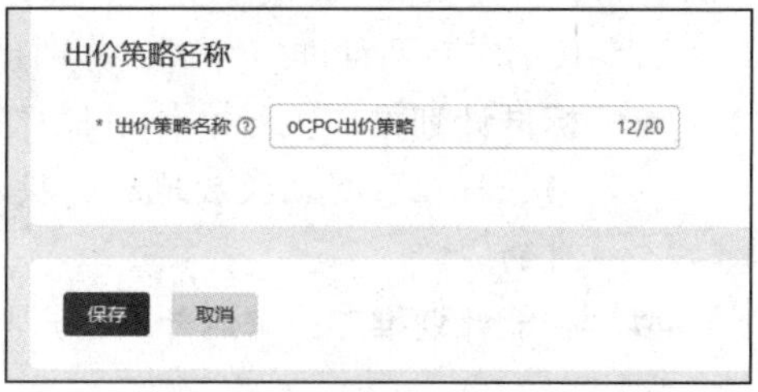

图10-31 设置出价策略名称

---

📖**知识链接**

百度营销oCPC的出价模式包括增强模式、目标转化成本、放量模式和目标ROI 4种。

● **增强模式：**在增强模式下，系统会根据实时数据和预估转化概率进行自动出价调整，提高广告的曝光率和点击率。

● **目标转化成本：**在这种模式下广告主需要先设置目标转化成本，系统会自动调整出价和投放策略，在提高转化量的同时，将总成本控制在目标转化成本以内。

● **放量模式：**该模式会在预算约束下快速放量，自动进行转化出价，为广告主带来尽可能多的转化。该模式可以实现流量的快速增长，但也可能出现超出预算或高成本的情况。

● **目标 ROI：**在这种模式下，广告主需要先设置目标 ROI（Return On Investment，广告投入回报），系统将自动调整出价和投放策略，以实现接近目标 ROI 的同时提高转化价值总量。

---

# 10.2 淘宝直通车

淘宝直通车是按照点击付费的营销推广工具，可以精准地将商品推广推荐给有需求的消费者，是商家进行宣传与推广的主要手段。淘宝直通车不仅可以提高商品的曝光率，还能有效增加网店的流量，吸引更多消费者。

## ❋ 10.2.1 认识淘宝直通车

淘宝直通车是淘宝的一种推广方式，其通过设置推广关键词来展示商品并为商家获得流量。商家可以根据实际需要，按时间段和地域控制推广费用，提高目标消费者的定位精确程度，同时可降低推广成本，提高网店的整体曝光度和流量，从而达到提高销售额的目的。淘宝直通车推广过程如下。

（1）商家为需要推广的商品建立直通车推广计划，设置日限额、推广关键词、出价等，直通车根据商家的设置将其推荐到目标消费者的搜索页面。

（2）消费者在淘宝中搜索与商品相关的关键词时，会在直通车的推广位置看到相关的直通车商品展示效果。

（3）消费者在直通车推广位置单击展示的商品图片，进入商品详情页时，系统会根据推广商品的点击数扣费，即展示免费、点击计费。

淘宝直通车有两种推广方式，分别是标准计划推广、智能计划推广。

- **标准计划推广**：标准计划推广是一种手动推广方式，需要手动设置推广计划的日限额、投放位置、投放地域、投放时间、推广商品等，可以达到精准控制推广计划的目的。
- **智能计划推广**：智能计划推广指由直通车系统自动进行推广，不需要手动设置。

## ❋ 10.2.2　制订淘宝直通车推广方案

根据网店的实际情况和推广需求，商家可以选择适合自己的直通车推广方式，并在直通车页面中创建和设置新的推广计划。

某服装网店为达到更加精准地投放，决定使用标准计划推广主推商品——衬衫，推广目的为促销；设置日限额为30元、投放位置为所有优选广告位、投放地域为所有地域；为1:00—7:00设置70%的折扣；设置推荐关键词出价和精选人群；使用智能调价，设置最高溢价30%，其具体操作如下。

制订淘宝直通车推广方案

**步骤01** 进入千牛卖家中心，在左侧导航栏中单击"推广"选项卡，在打开的列表中选择"直通车"选项，如图10-32所示，在打开的页面中单击"前往直通车官网"按钮。

**步骤02** 在打开页面的上方选择"推广"选项，在打开的下拉列表中选择"标准计划"选项，如图10-33所示。

图10-32　选择"直通车"选项　　　　图10-33　选择"标准计划"选项

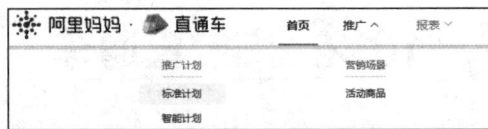

**步骤03** 在打开的"推广"页面底部的面板中单击"标准推广"选项卡中的"+新建推广计划"按钮，如图10-34所示。

**步骤04** 此时将打开推广设置页面，在"推广方式选择"面板中选择"标准推广"选项，如图10-35所示。

**步骤05** 在"投放设置"面板的"计划名称"文本框中输入推广计划名称，然后选中"有日限额"单选项，设置日限额为30元，如图10-36所示。

**步骤06** 在"投放设置"面板中单击"设置'投放位置/地域/时间'"超链接，打开"高级设置"对话框，在"投放设置"选项卡中查看推广位置，并保持默认开启的项目不变，如图10-37所示。

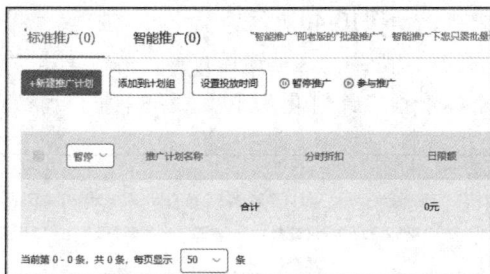

图10-34 单击"+新建推广计划"按钮

图10-35 选择"标准推广"选项

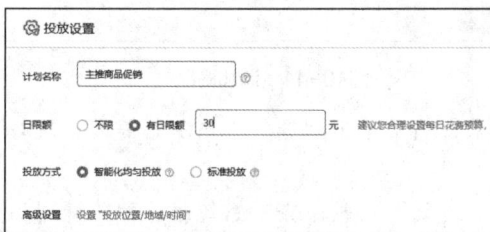

图10-36 设置计划名称和日限额

图10-37 设置投放位置

**步骤 07** 单击"投放地域"选项卡，查看可以推广的地域，这里默认选择所有地域，如图10-38所示，单击"确定"按钮。如果想取消选择某一地域，可以取消选中相应地域前的复选框。

**步骤 08** 单击"投放时间"选项卡，将鼠标指针移动到想要设置折扣的起始时间处，按住鼠标左键不放，拖曳鼠标选择投放时间段，并设置折扣比例。这里选择"1:00—7:00"时间段，并设置折扣比例为70%，单击"确定"按钮，如图10-39所示。

图10-38 设置投放地域

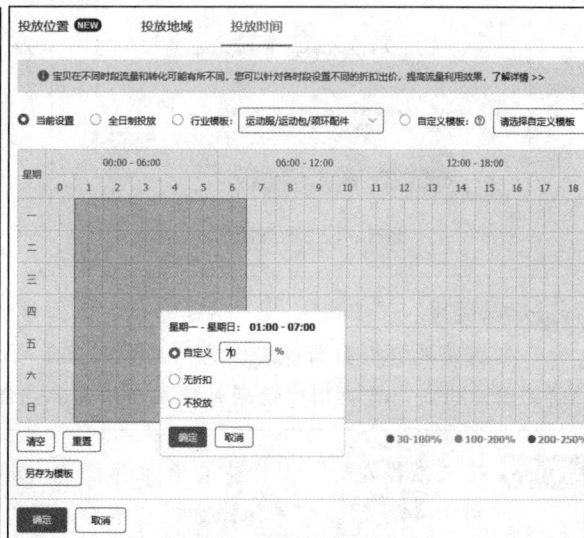

图10-39 设置投放时间

**步骤 09** 在"单元设置"面板中单击"添加宝贝"按钮，如图10-40所示。

**步骤 10** 此时将打开"添加宝贝"对话框，在其中选择推广商品，这里选择衬衫，然后单击"确定"按钮，如图10-41所示。需要注意：一个标准推广计划最多可以选择5个推广商品。

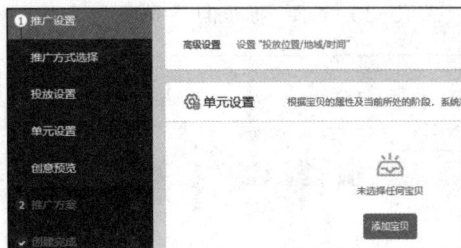

图10-40 单击"添加宝贝"按钮

图10-41 添加商品

**步骤 11** 在"创意预览"面板中预览直通车推广效果，然后单击"进一步添加关键词和人群"按钮，如图10-42所示。

**步骤 12** 此时将打开推广方案设置页面，在"推荐关键词"面板中查看系统推荐的关键词、关键词的出价等，这里默认选择系统推荐的关键词、出价，如图10-43所示。如果想添加更多关键词，可以单击"+更多关键词"按钮；如果想修改关键词出价，可以单击"修改出价"按钮。

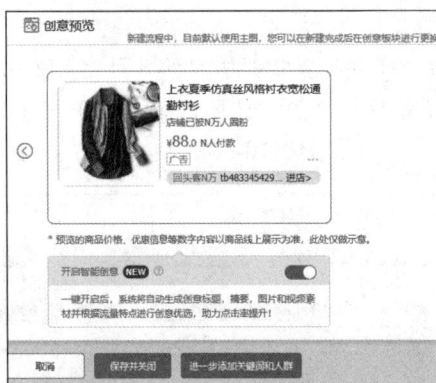

图10-42 创意预览

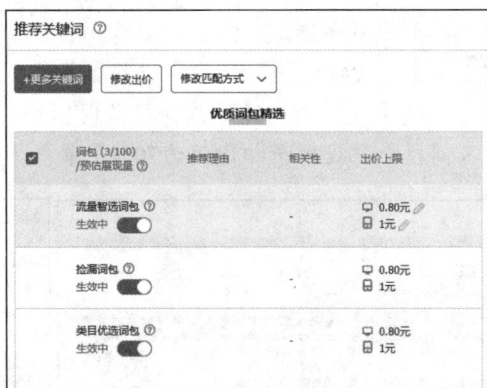

图10-43 设置推荐关键词

📖**知识链接**

创意是能够吸引消费者，为商品带来流量的视觉设计。直通车创意通常由商品标题和商品图片组成，首次创建计划时默认使用商品主图，后续可进行优化设置。

**步骤 13** 在"推荐人群"面板中查看推荐精选人群，这里默认选择系统推荐的精选人群，如图10-44所示。如果想添加更多精选人群，可以单击"+更多精选人群"按钮，在打开的对话框中添加精选人群。

**步骤 14** 在“智能调价”面板中可以设置溢价，这里保持默认设置的最高溢价30%，如图10-45所示。最后单击“完成推广”按钮完成直通车标准计划推广设置。

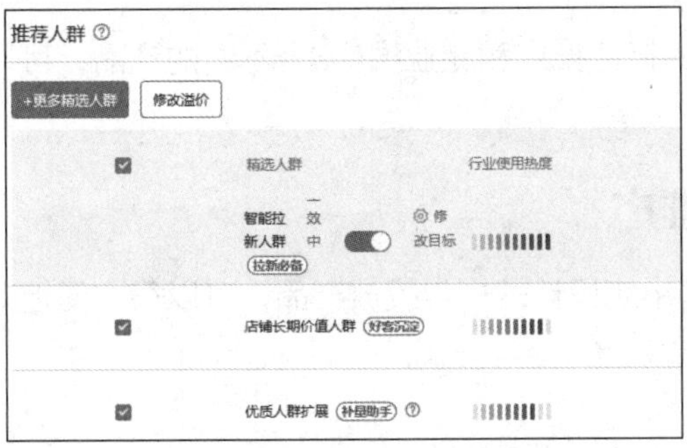


图10-44 设置推荐人群

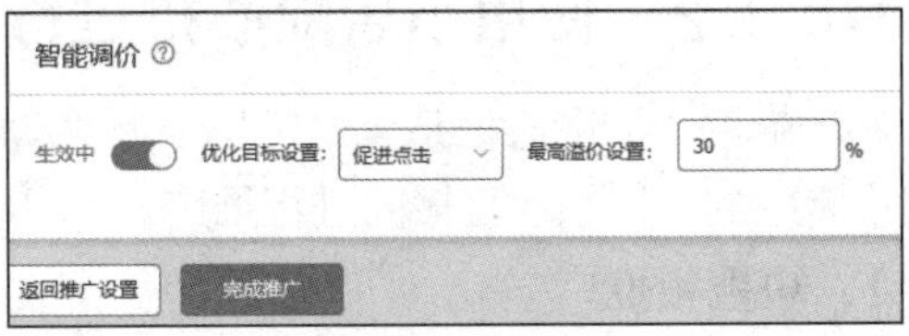


图10-45 设置溢价

# 10.3 抖音巨量千川

随着电商行业的不断发展，电商广告平台的作用越来越重要。抖音作为当前热门的社交媒体平台，其广告投放效果备受关注。抖音旗下的电商广告平台——巨量千川，更是为电商行业注入了新的活力。

## 10.3.1 认识巨量千川

巨量千川是抖音旗下的电商广告平台，为商家和创作者们提供抖音电商一体化营销解决方案。平台致力于成为领先的电商智能营销平台，构建繁荣共赢的电商营销生态，让电商营销更省心高效。

**1. 巨量千川的优势**

巨量千川的核心优势包括场景协同、经营提效、数据驱动和生态繁荣，这些优势极大地提升了电商营销的效果。

- **场景协同：**巨量千川深度融合了抖音电商的经营，打造了全场景的营销解决方案。不仅能满足抖音电商商家的营销需求，还支持深度转化目标，使投放能力能够匹配抖音电商的营销场景。这种全方位的协同效应，无疑将为商家提供强大的营销支持。
- **经营提效：**巨量千川通过一体化智能营销闭环，显著提升了电商营销的效率和效果。这种一体化的营销模式，结合了自动化智能投放和差异化版本设置，使得商家的营销策略能够更加精准、高效地执行。
- **数据驱动：**巨量千川依托于巨量引擎的数据技术优势，能够在电商场景下进行精细化的人群营销。这不仅满足了商家的群体挖掘、洞察、圈选和投放需求，还能对电商营销的全链路进行科学度量和有效归因。这种实时动态调整的营销策略，使得商家能够更好地把握市场变化，提升营销效果。
- **生态繁荣：**巨量千川致力于构建健康、开放的良性生态，为商家的生意发展创造稳定、共赢的环境。巨量千川以开放平台的能力，连接电商营销的各个环节，形成了健康良性的生态圈。这种生态圈的构建，使得商家能够更好地发掘和把握商业机会，实现持续、稳定的发展。

### 2．巨量千川产品

巨量千川包括移动端的小店随心推、PC端的极速推广和专业推广3个不同的产品，可以满足不同广告主的需求。

## ✿ 10.3.2 使用小店随心推进行推广

移动端的小店随心推是巨量千川专为移动端小店设计的广告投放产品，可以很方便地对移动端小店中的短视频或直播间进行推广。

### 1．短视频推广

在抖音App的店铺中单击"小店推广"按钮，进入"小店随心推"界面，选择要推广的视频，再设置优化目标、投放时长、推广商品、推荐给潜在兴趣用户的方式、投放金额、支付方式等信息，然后单击"支付"按钮，完成短视频的推广，如图10-46所示。

### 2．直播间推广

在抖音App的直播间中单击"小店推广"按钮，进入"小店随心推"界面，设置投放金额、直播间优化目标、想吸引的观众类型、加热方式、期望曝光时长、支付方式，并选择同意直播间引流承诺函，然后单击"支付"按钮，完成直播间的推广，如图10-47所示。

图10-46　短视频推广　　　　　　　　　　　　　图10-47　直播间推广

## ✿ 10.3.3 创建极速推广计划

PC端极速推广是一款操作简单、效果显著的广告投放产品，其最大的优势在于只需设置预算、出价等关键要素即可快速投放广告。同时，它还支持基础的定向人群选择，帮助广告主将广告精准投放到目标用户面前。创建极速推广计划的具体操作如下。

步骤 01 在浏览器中打开抖店官网,然后进入抖店商家后台,在首页顶部导航栏中单击"电商广告"超链接,如图10-48所示。

步骤 02 进入巨量千川平台,单击"推广"选项卡,然后单击"+新建计划"按钮,如图10-49所示。

图10-48 单击"电商广告"超链接

图10-49 单击"+新建计划"按钮

步骤 03 在打开的页面中先设置营销目标,选择"短视频/图文带货"选项,可以吸引用户直接购买商品;选择"直播带货"选项,可以吸引用户进入直播间。然后在"推广方式"栏中选择"极速推广"选项。设置完成后单击"新建计划"按钮,如图10-50所示。

步骤 04 在打开的页面中先选择要进行推广的抖音号,然后单击"点击添加商品"按钮选择要推广的商品,如图10-51所示。

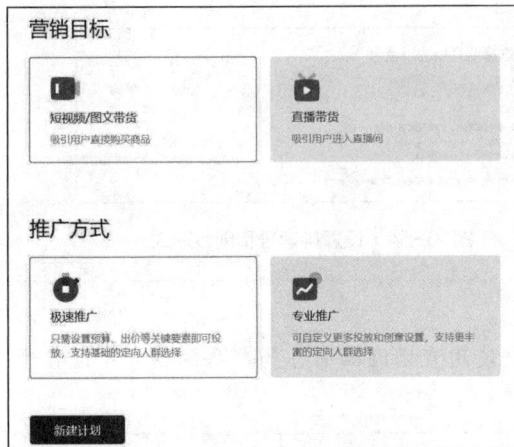

图10-50 选择营销目标和推广方式

图10-51 选择要推广的商品

步骤 05 在"投放设置"栏中设置投放方式、转化目标、日预算、出价、定向人群、投放日期、投放时段和计划名称,然后单击"发布计划"按钮完成计划的设置,如图10-52所示。

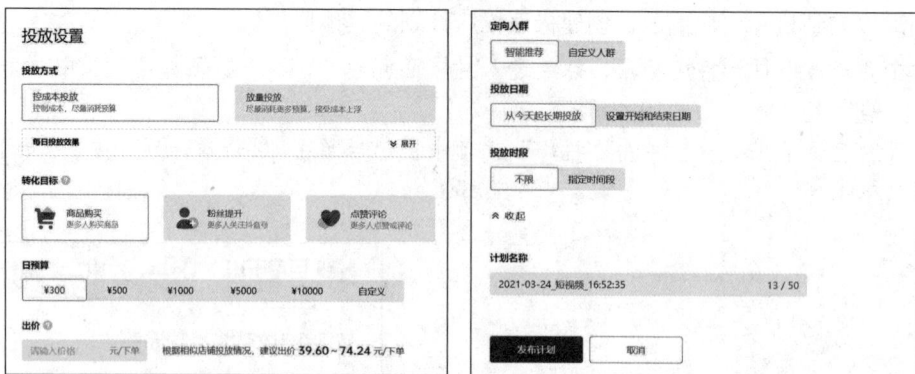

图10-52 投放设置

## ❈ 10.3.4 创建专业推广计划

专业推广为需要精细化运营的广告主提供了一站式的解决方案。该产品提供了更为细致的投放策略设置，在投放和创意上可以更多地进行自定义设置，支持更丰富的定向人群选择。它可以帮助广告主实现更精准的广告定位和优化，提高广告效果和投资回报率。创建专业推广计划的具体操作如下。

**步骤 01** 进入巨量千川平台，选择"推广"选项卡，单击"+新建计划"按钮。在打开的页面中先设置营销目标，然后在"推广方式"栏中选择"专业推广"选项，单击"新建计划"按钮，如图10-53所示。

**步骤 02** 在打开的页面中先设置要开播的抖音号，然后设置创意形式，如图10-54所示。

图10-53 设置营销目标和推广方式

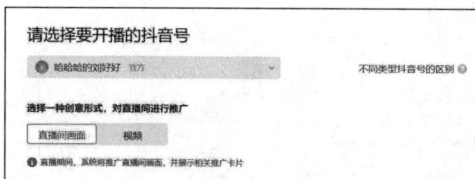

图10-54 设置抖音号和创意形式

> 📖 **知识链接**
>
> 如果将创意形式设置为"直播间画面"，将使用直播间画面作为广告的创意；设置为"视频"，将选择一个短视频作为广告的创意。

**步骤 03** 在"投放设置"栏中对投放方式、投放速度、转化目标、期望同时优化、投放时间、投放日期范围、日预算、出价等信息进行设置，如图10-55所示。

**步骤 04** 在"定向人群"栏中对地域、性别、年龄、抖音达人等信息进行设置，如图10-56所示。

**步骤 05** 在"请为商品添加创意"栏中对创意形式、创意分类、创意标签等信息进行设置，如图10-57所示。

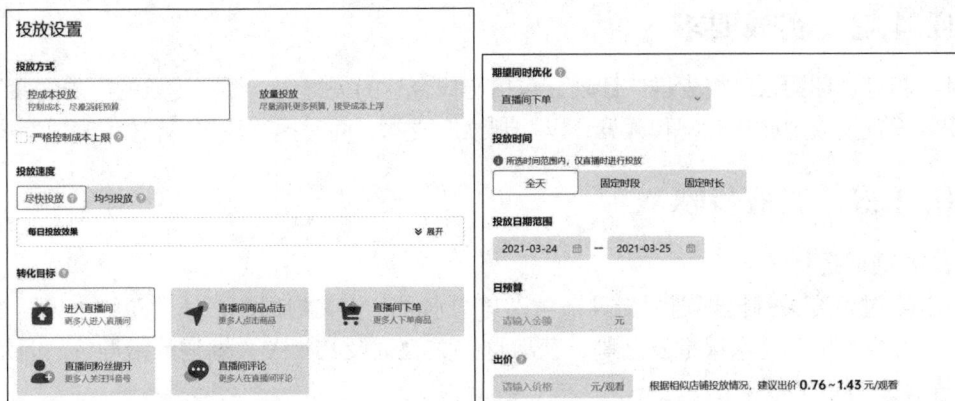

图10-55 投放设置

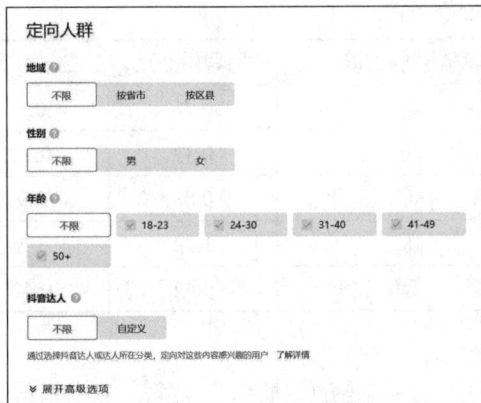

图10-56 设置定向人群

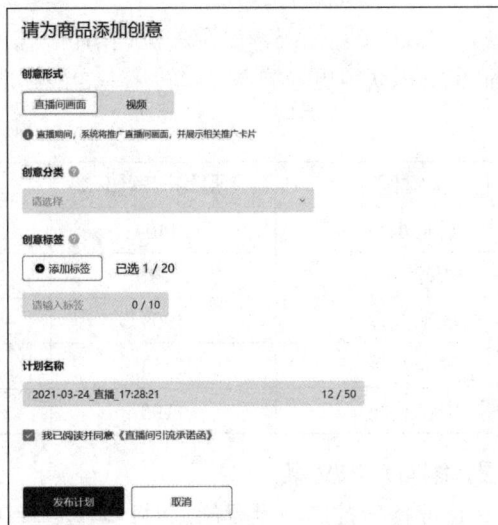

图10-57 设置创意

步骤 06 在"计划名称"文本框中输入计划的名称，选中"我已阅读并同意《直播间引流承诺函》"复选框，再单击"发布计划"按钮完成专业推广的设置。

# 10.4 行业实战

本章主要介绍了SEM广告的相关知识，包括百度搜索推广、淘宝直通车和抖音巨量千川。本实战将为一家水果销售公司在百度搜索推广发布的促销活动广告制订推广方案和计划。

## ✳ 10.4.1 实战背景

"鲜果汇"是一家致力于提供高品质新鲜水果的销售公司，以优良的品质、丰富的品种和便捷的服务为广大消费者提供健康、美味的水果。为了更好地回馈广大顾客，在国庆节和中秋节之际，"鲜果汇"决定推出一系列促销活动，并通过百度搜索推广发布活动的广告，以提高品牌知名度和销售额。

## ❋ 10.4.2　实战要求

（1）制订合理的百度搜索推广计划，包括选择合适的关键词、编写优质的广告文案等。

（2）设置投放地域、时间和预算，以控制推广成本，同时提高转化率和投资回报率。

## ❋ 10.4.3　实战步骤

### 1．关键词选择

（1）通过百度关键词规划师工具，输入与"水果"相关的词汇，如"新鲜水果""水果礼盒""时令水果""水果批发"等，获取这些关键词及其相关关键词的指导价、月均搜索量、竞争激烈程度等数据。

（2）根据数据，筛选出搜索量较高、竞争度适中的关键词作为广告的关键词，并将筛选的关键词按照主题和性质分组。

（3）根据实际情况，设定关键词出价，控制推广成本。对于竞争度高的关键词，可以适当提高出价以获得更好的曝光和转化率。最终选择的关键词如表10-1所示。

表10-1　选择的关键词

| 关键词 | 月均搜索量 | 竞争激烈程度 | 指导价 / 元 | 出价 / 元 |
|---|---|---|---|---|
| 新鲜水果 | 14464 | 高 | 0.46 | 0.5 |
| 无农药水果 | 12619 | 低 | 0.32 | 0.32 |
| 水果礼盒 | 3909 | 高 | 0.88 | 0.9 |
| 时令水果 | 1753 | 高 | 1.22 | 1.5 |
| 中秋礼物 | 1195 | 低 | 0.42 | 0.42 |

### 2．编写广告文案

在百度搜索推广中设置创意时，需要编写吸引用户点击的优质广告文案，突出新鲜、自然、健康等关键信息。编写的广告文案如下。

鲜果汇，品质鲜美，健康无忧！

新鲜水果，源自大自然的馈赠！

国庆中秋，果福满堂，惊喜不断！

探索口感的盛宴，尽在鲜果汇！

吃水果，轻松享受健康生活！

### 3．设定投放地域

在百度搜索推广中设置计划的投放地域时，需要根据目标受众和竞争情况，选择合适的投放地域。最终结果如表10-2所示。

表10-2　投放地域

| 投放地域 | 出价 / 倍 |
|---|---|
| 一线城市 | 1.5 |
| 新一线城市 | 1 |
| 二线城市 | 0.8 |
| 其他 | 0.5 |

### 4．设定投放时间

在百度搜索推广中设置计划的投放时间时，需要根据中秋节、国庆节活动的时间节点和目标受众的上网习惯，设定合理的投放时间段。2023年中秋节、国庆节放假时段为2023年9月29日至2023年10月6日，共8天时间。整个广告投放时段从中秋节前1周（2023年9月23日）开始，到假期最后1天结束，共14天时间。具体的投放时间段及出价如表10-3所示。

表10-3　投放时间段及出价

| 日期 | 出价／倍 | | | |
|---|---|---|---|---|
| | 0:00—8:00 | 9:00—12:00 | 13:00—18:00 | 19:00—24:00 |
| 9月23日—9月24日 | 0.5 | 1 | 1.2 | 1.5 |
| 9月25日—9月28日 | 0.8 | 1.2 | 1.5 | 2 |
| 9月29日—10月4日 | 1 | 1.5 | 2 | 2 |
| 10月5日—10月6日 | 0.5 | 1 | 1 | 1 |

### 5．设定投放预算

在百度搜索推广中设置计划的预算时，应根据总体预算和实际情况合理地设置每日的投放预算，以控制整体的推广成本，如表10-4所示。

表10-4　投放预算

| 日期 | 每日预算／元 |
|---|---|
| 9月23日—9月24日 | 2000 |
| 9月25日—9月28日 | 5000 |
| 9月29日—10月4日 | 8000 |
| 10月5日—10月6日 | 5000 |

> **职业素养**
>
> SEO人员在做营销推广时应具备一定的数据分析能力，能够使用专业工具解析数据。同时，要具备决策能力，能够快速识别数据中的机会和威胁，并根据数据反馈进行调整和优化。此外，SEO人员还需具备数据思维能力，能够结合数据进行分析和决策，帮助优化网站和提高用户体验。

## 课后练习

### 一、填空题

1. 百度搜索推广是一种高效的营销推广方式，让企业可以通过购买相关产品或服务的_____，在_____中展示其广告。与自然搜索结果不同，搜索推广的结果会在末尾标注"_____"两个字，以便用户区分广告和真实搜索结果。

2. 淘宝直通车有_____、_____两种推广方式。

3. 巨量千川包括移动端的_____、PC端的_____和_____3个不同的产品，可以满足不同广告主的需求。

**二、选择题**

1. SEM的服务方式不包括（　　）。
   A. 搜索推广　　　　B. 搜索引擎优化　　C. 社交媒体广告　　D. 楼宇广告
2. 在搜索推广中，如果要限制所有广告每天的总费用，应该在（　　）中设置预算。
   A. 搜索推广账户　　B. 计划　　　　　　C. 单元　　　　　　D. 创意

**三、判断题**

1. 在搜索推广中设置推广地域时可以为不同的地区设置不同的出价系数。　　　　（　　）
2. 在搜索推广中可以单独为每个创意设置出价。　　　　　　　　　　　　　　（　　）

**四、简答题**

1. 简述开通百度推广账户的过程。
2. 简述oCPC出价策略的特点和优势。

**五、操作题**

爱迪尔是一个专注于个性化创意定制产品的电商平台，致力于为用户提供高品质、创意十足的特色定制产品。爱迪尔的产品包括T恤、帽子、杯子、手机壳等，用户不仅可以选择爱迪尔提供的创意模板进行产品定制，还可以在平台中自行设计、定制自己喜欢的产品。"让您的生活充满个性！"是爱迪尔始终不变的追求。

爱迪尔计划在开学季开展一场优惠活动，并希望通过百度搜索推广发布活动的广告，提高品牌知名度和销售额。请为爱迪尔制作一个推广营销方案。

# SEO+SEM综合实战

前文已经对SEO和SEM的相关知识进行了详细介绍。本章将通过一个电商网站SEO实例和一个家装行业网站SEM实例，帮助读者巩固与练习SEO和SEM的整个过程，熟练掌握SEO和SEM的操作方法。

## 🛒 知识目标

- 掌握综合运用SEO的知识来优化网站结构、内容和链接等的方法和技巧。
- 掌握网站SEM的工作内容和基本流程。

## 🛒 素养目标

- 培养系统性思考的能力，能够主动发现问题并找到解决方案。
- 注重策略性和实际操作，在学习和总结经验的过程中不断进步。

## 11.1 电商网站SEO实例

本实例将对一个电商网站进行SEO操作。首先，需要对网站的基本情况进行分析，并对网站的访问速度进行检测；其次，需要对网站关键词进行优化；再次，对网站内部和网站外部进行优化；最后，对优化效果进行检测，并根据检测结果调整优化方案。

### 11.1.1 网站基本情况分析

网站基本情况分析包括市场定位、用户分析、竞争对手分析、自身资源4个方面。

**1. 市场定位**

市场定位是指网站对自身所处的市场及在市场中的位置的清晰设定，并以此作为目标。以××鞋网为例，该网站主要从事休闲鞋、跑步鞋、篮球鞋、足球鞋、网球鞋的销售，主营品牌包括361°、鸿星尔克、安踏、回力等。

**2. 用户分析**

用户分析是指对网站的服务对象进行分析。清晰的用户分析可以使运营人员更加明确网站的服务对象，从而建设符合用户群体需求的网站布局、链接结构、内部及外部链接等。在百度指数中可以搜索查询相关关键词的人群属性，包括年龄分布和性别分布等情况，如图11-1所示。

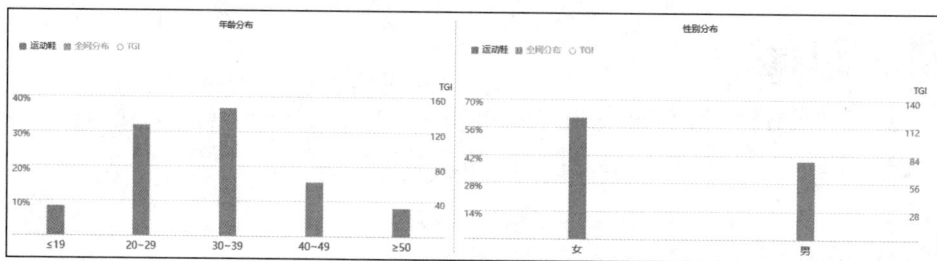

图11-1 查询人群属性

将多个关键词的相关数据放在表格中进行分析，可以发现网站的用户群体年龄主要分布在30～39岁，性别以男性居多，如表11-1所示。

表11-1 人群分布统计表

| 关键词 | 年龄分布 | | | | | 性别分布 | |
|---|---|---|---|---|---|---|---|
| | ≤19岁 | 20～29岁 | 30～39岁 | 40～49岁 | ≥50岁 | 女 | 男 |
| 运动鞋 | 8% | 32% | 37% | 15% | 8% | 61% | 39% |
| 休闲鞋 | 10% | 23% | 26% | 18% | 23% | 33% | 67% |
| 跑步鞋 | 5% | 20% | 40% | 24% | 11% | 32% | 68% |
| 篮球鞋 | 9% | 14% | 51% | 21% | 5% | 48% | 52% |
| 足球鞋 | 9% | 17% | 47% | 20% | 7% | 40% | 60% |
| 网球鞋 | 9% | 28% | 38% | 17% | 8% | 43% | 57% |
| 361° | 11% | 20% | 42% | 19% | 8% | 42% | 58% |
| 鸿星尔克 | 9% | 30% | 36% | 16% | 9% | 42% | 58% |
| 安踏 | 10% | 34% | 37% | 14% | 5% | 37% | 63% |
| 回力 | 12% | 34% | 38% | 12% | 4% | 36% | 64% |

### 3．竞争对手分析

竞争对手分析是指对要经营的网站所在的市场中的其他网站进行了解分析，以取长补短，进而获得更大的市场份额、更高的利润。该网站的主要竞争对手包括综合性电商网站、各运动品牌官网、其他鞋类电商网站3类。

- **综合性电商网站**：这类网站（如天猫商城、京东商城等）的知名度都非常高，不过其经营的商品种类也非常多，××鞋网可以从更专业的角度提供服务。
- **各运动品牌官网**：这类网站（如361°、鸿星尔克等）的知名度比较高，而且也可以提供比较专业的服务，但其只销售单一品牌的商品，并且部分网站的宣传目的大于销售目的。××鞋网可以提供众多知名品牌的销售服务，更加便于用户进行选择和比较。
- **其他鞋类电商网站**：这类网站的市场定位与××鞋网比较类似，需要重点关注，可以从网站结构、布局、内容组织、外部链接等多方面进行统计和比较。

### 4．自身资源

自身资源是指运营网站所需的人力资源、资金资源、技术资源、外部合作资源、用户资源等能促进网站发展的所有资源的集合。

## ✳ 11.1.2　网站访问速度检测

对SEO来说，网站的访问速度和稳定性非常重要。所以，在开始对网站进行优化之前，需要对网站的访问速度进行检测。

检测网站访问速度的工具有很多，如站长工具、爱站网、百度统计等。图11-2所示是使用站长工具对××鞋网进行检测后的结果，从中可以看出××鞋网的访问速度较快。

**监测结果**

| 监测点 | 响应IP | IP归属地 | 响应时间 | TTL |
|---|---|---|---|---|
| 浙江金华[电信] | 36.25.253.112 | 中国浙江湖州 电信 | 13ms | 49 |
| 上海[电信] | 118.212.235.99 | 中国江西南昌 联通 | 18ms | 50 |
| 福建福州[联通] | 59.36.97.58 | 中国广东东莞 电信 | 17ms | 51 |
| 云南昆明[电信] | 36.25.253.134 | 中国浙江湖州 电信 | 44ms | 52 |
| 福建泉州[电信] | 113.240.66.82 | 中国湖南长沙 电信 | 23ms | 52 |
| 黑龙江哈尔滨[联通] | 42.7.60.117 | 中国辽宁大连 联通 | 15ms | 55 |
| 内蒙古呼和浩特[联通] | 119.167.231.221 | 中国山东青岛 联通 | 55ms | 52 |
| 内蒙古呼和浩特[电信] | 123.6.40.40 | 中国河南郑州 联通 | 26ms | 51 |
| 上海[多线] | 113.194.51.221 | 中国江西抚州 联通 | 24ms | 51 |
| 安徽合肥[移动] | 112.17.48.210 | 中国浙江金华 移动 | 39ms | 53 |
| 四川眉山[联通] | 220.197.201.233 | 中国贵州贵阳 联通 | 13ms | 55 |
| 内蒙古呼和浩特[多线] | 150.138.173.112 | 中国山东青岛 电信 | 29ms | 52 |
| 贵州贵阳[联通] | 119.167.231.56 | 中国山东青岛 联通 | 49ms | 52 |

图11-2　检测网站访问速度

### 📖 知识链接

若网站打开速度较慢，有两个优化方向。一是网站设计，可以通过页面优化及相应设置予以改善；二是网站服务器，可以通过更改服务器类型、提升服务器配置及带宽、更换服务器提供商等方式加以改善。

## ✱ 11.1.3 网站关键词的挖掘与筛选

通常情况下，在网站建设之初应该确定网站的全部关键词。首先需要从最初的核心关键词出发，挖掘所有相关关键词；然后在其中筛选出需要的关键词。其具体操作如下。

网站关键词的
挖掘与筛选

**步骤 01** 通过对运动鞋行业的了解以及网站的定位，以"运动鞋"为核心，制作思维导图，如图11-3所示。

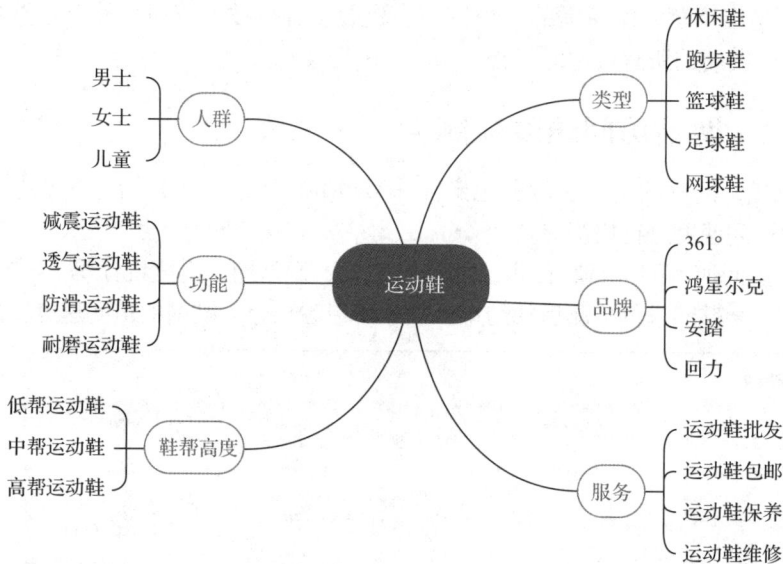

图11-3　思维导图

**步骤 02** 在百度中搜索"运动鞋"关键词，在弹出的下拉列表中查看相关的关键词，如图11-4所示。

**步骤 03** 单击"百度一下"按钮进行搜索，在搜索结果下方的"相关搜索"栏中查看相关的关键词，如图11-5所示。

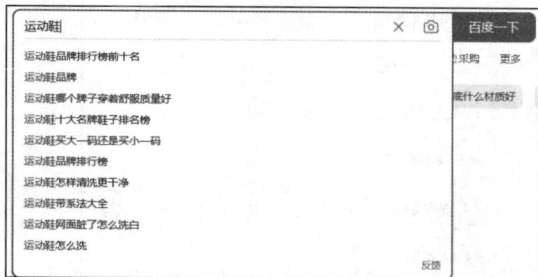

图11-4　搜索引擎下拉列表

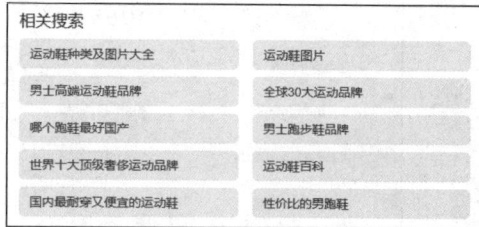

图11-5　搜索引擎相关搜索

**步骤 04** 在搜索结果中单击一个排名靠前的网页的超链接，在打开的网页中查询可用的关键词，主要查看导航栏中各个栏目的名称及各个板块的标题，如图11-6所示。

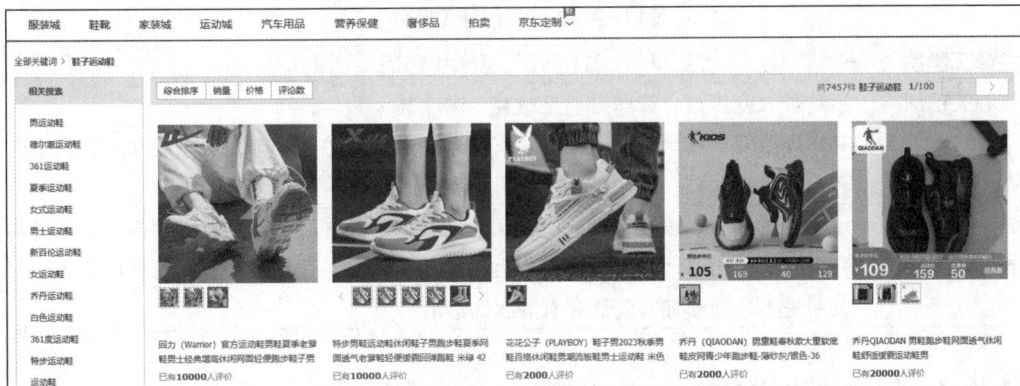

图11-6 查看网页

**步骤 05** 在空白位置单击鼠标右键，在弹出的快捷菜单中选择"查看源文件"命令查看网页的源代码，在title、description、keywords中查看相关关键词，如图11-7所示。

```
<meta charset="utf-8">
<title>【鞋子运动鞋】价格_图片_品牌_怎么样-京东商城</title>
<meta name="description" content="京东JD.COM是国内专业的鞋子运动鞋网上购物商城,
提供鞋子运动鞋价格,报价,参数,评价,图片,品牌等信息.买鞋子运动鞋,上京东就购了.">
<meta name="keywords" content="鞋子运动鞋,鞋子运动鞋价格,鞋子运动鞋图片,鞋子运
动鞋怎么样,鞋子运动鞋品牌,京东">
```

图11-7 查看网页源代码

**步骤 06** 再打开其他排名靠前的网页，在其页面和源代码中查找所需的关键词。

**步骤 07** 在爱站网中打开"SEO查询"下的"关键词挖掘"工具，在打开的页面中输入"运动鞋"关键词，单击"查询"按钮，在查询结果中查找所需的关键词，如图11-8所示。

图11-8 "关键词挖掘"工具

步骤 08 从步骤01的思维导图中挑选其他关键词，然后重复步骤02～步骤07，最后整理得到的关键词，从中确定出核心关键词、次要关键词和长尾关键词，如表11-2所示。

表11-2　关键词统计（部分）

| 关键词类型 | 关键词 |
| --- | --- |
| 核心关键词 | 运动鞋、跑步鞋、篮球鞋、足球鞋、网球鞋 |
| 次要关键词 | 361°运动鞋、鸿星尔克运动鞋、安踏运动鞋、回力运动鞋、男士运动鞋、女士运动鞋、儿童运动鞋、运动鞋品牌、男士高帮运动鞋 |
| 长尾关键词 | 运动鞋折扣店、福建运动鞋批发、运动鞋哪个品牌好、运动鞋品牌排名、正品运动鞋批发、卖正品运动鞋的网站、运动鞋如何除臭、运动鞋品牌排行榜前十名、怎么判断是不是运动鞋、公认穿着舒服的运动鞋 |

## 11.1.4 网站优化

对网站的标题、描述、关键词、导航、URL路径等进行优化。

### 1. 标题优化

对网站中的各级网页的标题进行优化，其具体操作如下。

步骤 01 将网站首页的标题设置为“网站名+3～5个核心关键词”的形式，如“××鞋网-运动鞋,跑步鞋,篮球鞋,足球鞋,网球鞋”，如图11-9所示。

步骤 02 将网站栏目页的标题设置为“栏目标题+3～5个关键词+网站名称”的形式，如“男跑步鞋_361°_鸿星尔克_安踏_回力-××鞋网”，如图11-10所示。

步骤 03 将商品详情页的标题设置为“商品型号+商品详情页标题+加网站名称”的形式，如“361° 2023新款男鞋运动生活系列经典休闲鞋运动鞋 | ××鞋网”，如图11-11所示。

图11-9　网站首页标题

图11-10　网站栏目页标题

图11-11　商品详情页标题

### 2. 描述优化

对网站中的各级网页的描述进行优化，其具体操作如下。

步骤 01 将网页首页的描述设置为网站整体的介绍，如“××鞋网，专业运动鞋销售网站，主营361°、鸿星尔克、安踏、回力等品牌运动鞋。正品保障,7天无理由退换货！”，如图11-12所示。

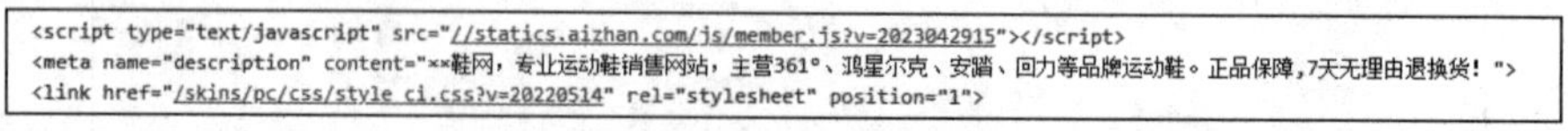

```
<script type="text/javascript" src="//statics.aizhan.com/js/member.js?v=2023042915"></script>
<meta name="description" content="××鞋网，专业运动鞋销售网站，主营361°、鸿星尔克、安踏、回力等品牌运动鞋。正品保障,7天无理由退换货! ">
<link href="/skins/pc/css/style_ci.css?v=20220514" rel="stylesheet" position="1">
```

图11-12　网页首页的描述

步骤 02 将网页栏目页的描述设置为对该栏目的介绍，如“××鞋网男跑步鞋专卖店销售正品2023年新款男跑步鞋，全场3折起，100%正品，支持货到付款。了解男跑步鞋价格、评价、图片等，网购超值折扣男跑步鞋就上××鞋网。”，如图11-13所示。

```
<script type="text/javascript" src="//statics.aizhan.com/js/member.js?v=2023042915"></script>
<meta name="description" content="××鞋网男跑步鞋专卖店销售正品2023年新款男跑步鞋,全场3折起,100%正品,支持货到付款。了解男跑步鞋价格、评价、
图片等,网购超值折扣男跑步鞋就上××鞋网。">
<link href="/skins/pc/css/style_ci.css?v=20220514" rel="stylesheet" position="1">
```

**图11-13 网页栏目页的描述**

**步骤 03** 将商品详情页的描述设置为对该商品的介绍,如"361° 2023新款男鞋运动生活系列经典休闲鞋运动鞋市场价399.00元,××鞋网价仅199.00元,全场3～7折优惠。购买正品361°运动鞋,了解361°运动鞋的商品信息就上××鞋网。",如图11-14所示。

```
<script type="text/javascript" src="//statics.aizhan.com/js/member.js?v=2023042915"></script>
<meta name="description" content="361° 2023新款男鞋运动生活系列经典休闲鞋运动鞋市场价399.00元,××鞋网价仅199.00元,全场3~7折优惠。购买正品
361°运动鞋,了解361°运动鞋的商品信息就上××鞋网。">
<link href="/skins/pc/css/style_ci.css?v=20220514" rel="stylesheet" position="1">
```

**图11-14 商品详情页的描述**

### 3. 关键词优化

对网站中各级网页的关键词进行优化,其具体操作如下。

**步骤 01** 将网站首页的关键词设置为网站的核心关键词,如"运动鞋,跑步鞋,篮球鞋,足球鞋,网球鞋,××鞋网",如图11-15所示。

```
<script type="text/javascript" src="//statics.aizhan.com/js/member.js?v=2023042915"></script>
<meta name="keywords" content="运动鞋,跑步鞋,篮球鞋,足球鞋,网球鞋,××鞋网">
<link href="/skins/pc/css/style_ci.css?v=20220514" rel="stylesheet" position="1">
```

**图11-15 网站首页的关键词**

**步骤 02** 将网站栏目页的关键词设置为与该栏目相关的关键词,如"男跑步鞋,361°,鸿星尔克,安踏,回力,××鞋网",如图11-16所示。

```
<script type="text/javascript" src="//statics.aizhan.com/js/member.js?v=2023042915"></script>
<meta name="keywords" content="男跑步鞋,361°,鸿星尔克,安踏,回力,××鞋网">
<link href="/skins/pc/css/style_ci.css?v=20220514" rel="stylesheet" position="1">
```

**图11-16 网站栏目页的关键词**

**步骤 03** 将网站商品详情页的关键词设置为与该商品相关的关键词,如"361° 2023新款男鞋运动生活系列经典休闲鞋运动鞋",如图11-17所示。

```
<script type="text/javascript" src="//statics.aizhan.com/js/member.js?v=2023042915"></script>
<meta name="keywords" content="361° 2023新款男鞋运动生活系列经典休闲鞋运动鞋">
<link href="/skins/pc/css/style_ci.css?v=20220514" rel="stylesheet" position="1">
```

**图11-17 网站商品详情页的关键词**

### 4. 导航优化

由于电商网站商品种类众多,所以整个网站采用了多种导航形式,这样不仅可以让用户快速找到想要的商品,也可以为网站添加大量的内部链接,其具体操作如下。

**步骤 01** 在头部导航中添加一个"所有商品分类"按钮,单击该按钮,在弹出的下拉菜单中以多级菜单的形式列出网站所有商品的类别,如图11-18所示。

**步骤 02** 在头部导航中为重点商品类别添加相应的按钮,单击这些按钮,在弹出的下拉菜单中将列出相应类别下的子类别,如图11-19所示。

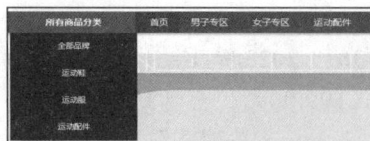

图11-18 所有商品分类 图11-19 重点商品分类

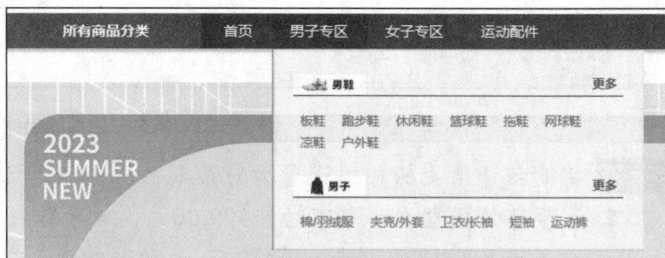

步骤03 在网页底部添加一个"商品分类"栏目，在其中提供一些重点商品分类的超链接，如图11-20所示。

图11-20 "商品分类"栏目

步骤04 在商品详情页中添加面包屑导航，既可以让用户快速返回各级别的页面，也可以让搜索引擎蜘蛛沿着其中的链接抓取其他的页面，如图11-21所示。

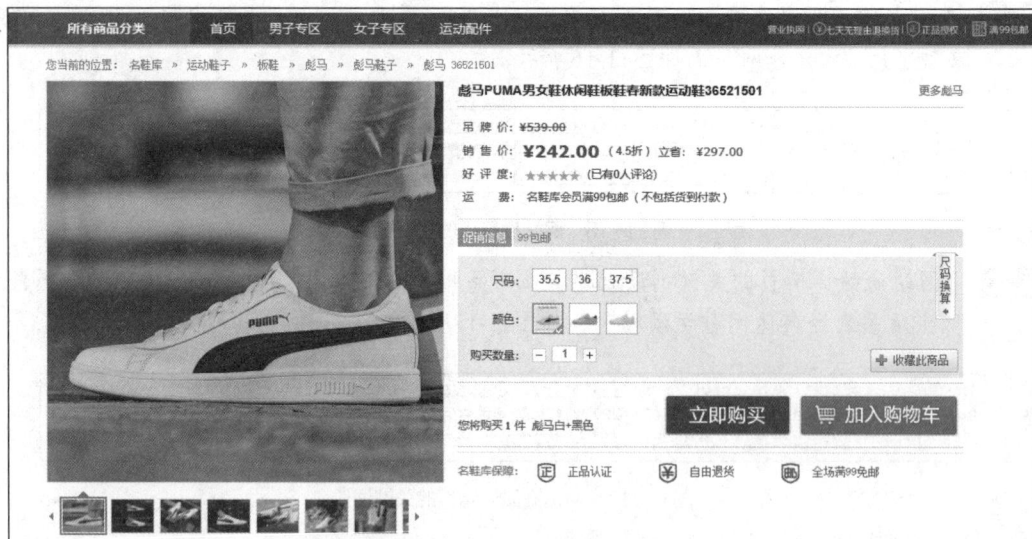

图11-21 面包屑导航

## 5. URL路径优化

将网站中的所有URL路径全部静态化，其具体操作如下。

步骤01 栏目页的URL采用"list-栏目编号"的形式，如"www.××shoe.com/list-0d3.html"。

步骤02 商品详情页的URL采用"品牌-型号-编号"的形式，如"www.××shoe.com/nike-AO0268-100.html"。

步骤 03 品牌专题页的URL采用"品牌-brand"的形式，如"www.××shoe.com/adidas-brand.html"。

### 6. 其他优化设置

为网站进行其他优化设置，其具体操作如下。

步骤 01 为网站添加robots.txt文件，将一些不需要搜索引擎抓取的页面屏蔽，如图11-22所示。

步骤 02 为网站制作网站地图页面，在该页面中添加网站所有栏目的链接，搜索引擎通过该页面可以快速访问网站的所有页面，如图11-23所示。

```
User-agent: *
Disallow: /install/
Disallow: /404.html
Disallow: /bao.html/
Disallow: /hao123.html
Disallow: /page.html*
Disallow: /scps-*
Disallow: /unionLogin-*
Disallow: /unionlink-*
Disallow: /xuniremainv-*
Disallow: /member-*
Disallow: /order-*
Disallow: /gallery-*
Disallow: /*grid*
Disallow: /cart-*
Disallow: /comment--*
Disallow: /ydhw-*
Disallow: /*?*
Disallow: /list-*
Disallow: /list.html
Disallow: /item/*
Disallow: /virtual-*
Disallow: /virtual/
Disallow: /virtual-*
Disallow: /search/*
Disallow: /search
Disallow: /getlist
Disallow: /getlist/
Disallow: /list/*_*
Disallow: /fanli-*
Disallow: /sale_pro*
Disallow: /topic*product.html$
Disallow: /images/wenzhangpic/*.jpg$
Disallow: /images/wenzhangpic/*.jpeg$
Disallow: /images/wenzhangpic/*.png$
Disallow: /images/wenzhangpic/*.bmp$
Disallow: /images/wenzhangpic/*.gif$
```

图11-22 robots.txt文件

| 运动鞋 | 篮球鞋 户外鞋 综合训练鞋 休闲运动鞋 拖凉鞋 网球鞋 休闲鞋 跑步鞋 帆布鞋 板鞋 足球鞋 帆船鞋 羽毛球鞋 乒乓球鞋 靴子 赛车鞋 |
| 服装 | POLO衫 T恤 卫衣 运动裤 夹克 马甲 针织衫 棉服 羽绒服 背心 衬衫 风衣 外套 开衫 线衣/毛衣 |
| 包包 | 斜挎包 双肩包 手持包 腰包 |
| 男鞋 | 休闲皮鞋 帆船鞋 驾车鞋 街靴 潮靴 工装鞋 |
| 女鞋 | 拖凉鞋 休闲皮鞋 雪地靴 皮靴 单鞋 工装鞋 靴子 短靴 长靴 豆豆鞋 |

图11-23 网站地图

步骤 03 为网站设置404页面，当用户手动输入不正确的URL时，系统会自动跳到404页面，经过十几秒后就会自动跳回主页，如图11-24所示。

图11-24 404页面

步骤 04 和其他相关网站建立友情链接，如图11-25所示。

**友情连接**

| | | | | |
|---|---|---|---|---|
| 义乌购 | 华强北商城 | 电视购物 | 连锁酒店 | 眼镜 |
| 旅游点评网 | 蝶讯网 | 全球纺织网 | 网上购物 | 品牌手表特价 |
| 女鞋商城 | 户外家具 | 进口食品 | 女装打折网 | 童装加盟 |
| 隐形眼镜 | 母婴街 | 世界服装鞋帽网 | 中国鞋业人才网 | OK管家网 |
| NBA | 返现网 | 站长之家 | 外贸敦煌网 | 中国鲜花礼品网 |
| 阿里巴巴批发网 | 欧莎女装 | 商务男鞋 | 返还网 | 全球送花送礼 |
| 美瞳 | 钻石网 | 波奇宠物网 | 海淘 | 海尔官网 |
| 箱包皮具 | 东莞服装批发网 | 思加图女鞋官网 | 悦乐网 | 手表商城 |
| 照片书 | 返利网 | 礼品团购网 | 紫水晶 | 优惠券 |
| 优惠券 | 童装加盟 | 电脑商城 | 嗨淘网 | 购物积分 |
| 女装品牌 | 礼物网 | 土特产 | 进包网 | 史泰博办公用纸 |

图11-25　建立友情链接

## 11.1.5　优化效果检测

在站长工具网中对网站的优化效果进行检测，具体操作如下。

步骤 01　在爱站网的“SEO综合查询”页面中查询网站的SEO综合信息，在其中可以查看网站的SEO信息、ALEXA排名、备案信息等数据，如图11-26所示。通过这些数据可以了解网站SEO的效果。

| | |
|---|---|
| SEO信息 | 百度来路：2,577 ~ 3,572 IP　移动来路：1,268 ~ 1,737 IP　出站链接：42　首页内链：289 |
| | 百度权重：3　移动权重：3　360权重：4　神马：3　搜狗：3　谷歌PR：6 |
| ALEXA排名 | 世界排名：4,380,073　国内排名：35,594　预估日均IP≈ -　预估日均PV≈ - |
| 备案信息 | 备案号：闽ICP备08106896号-4　性质：企业　名称：名鞋库网络科技有限公司　审核时间：2021-11-09 |
| 域名信息 | |
| 网站速度 | 电信：60.499毫秒　SEO文章代写　纯人工编辑 |

图11-26　SEO综合查询

步骤 02　向下滚动网页，在“META关键词”栏中可以查看网站关键词的排名情况及该关键词所带来的流量，如图11-27所示。

META关键词　来路关键词

| 关键词 | 出现频率 | 2%≤密度≤8% | 百度指数 | 360指数 | 百度排名 | 排名变化 | 预计流量 |
|---|---|---|---|---|---|---|---|
| 名鞋库 | 12 | 1.44% | - | - | 1,2,10,27,28,29,30,44 | - | 较少 IP |
| 网上鞋城 | 2 | 0.32% | - | - | 4,10,21,25 | - | 较少 IP |
| 买鞋子 | 2 | 0.24% | - | - | 50名外 | - | 较少 IP |
| 鞋子 | 5 | 0.40% | - | - | 50名外 | - | 较少 IP |

图11-27　META关键词

**步骤 03** 在站长工具网的"反链外链查询"页面中查询网站的外部链接情况，如图11-28所示。这些外部链接的网站的权重、PR值以及反链数等都会影响自己网站的权重及排名。

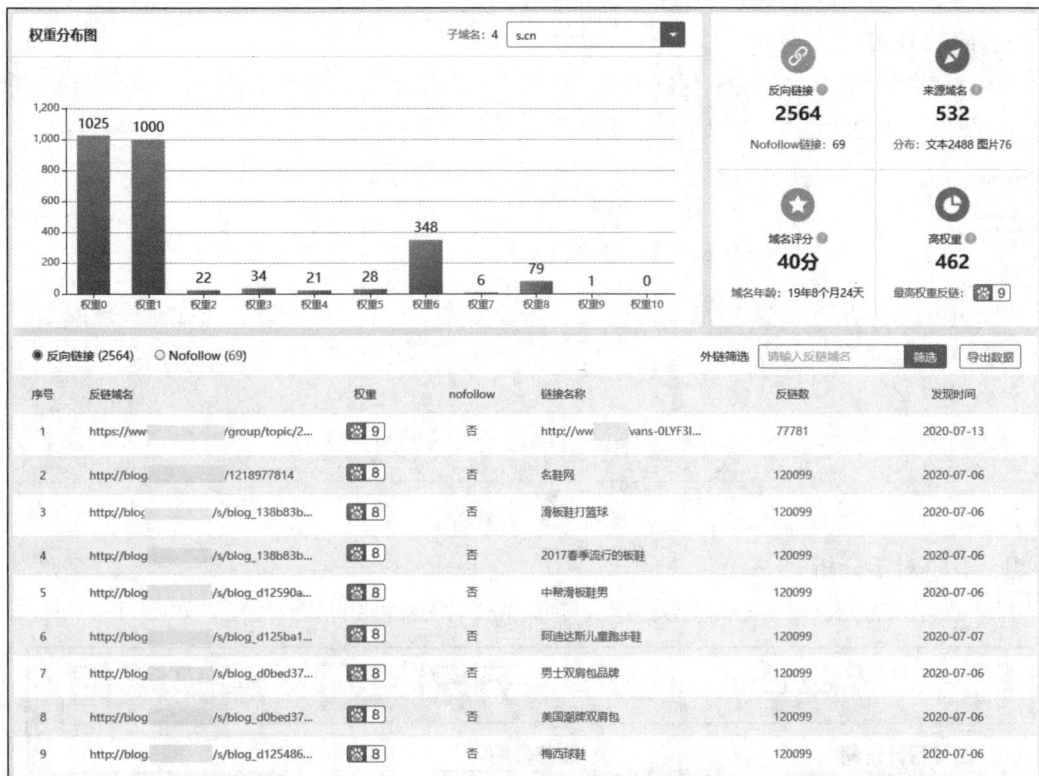

图11-28 网站外部链接

# 11.2 家装行业网站SEM方案

本实例将制订一个家装行业网站的SEM方案，整个营销方案由基本情况分析、SEM推广策略、效果预估、SEM效果分析4部分组成。

## ✱ 11.2.1 基本情况分析

基本情况分析主要包括行业背景分析、趋势分析、竞争对手分析以及受众人群分析。

### 1. 行业背景分析

随着我国经济的蓬勃发展和家庭财富的不断积累，人们对家居环境的要求日益提升，装修行业面临着前所未有的市场机遇和挑战。在这个传统行业中，互联网的快速发展正在产生深远的影响。在此背景下，××家装网应运而生，以创新的方式引领行业变革。

作为一家互联网家装网站，××家装网致力于为消费者提供高效、优质、性价比高的家居装修服务。通过一站式F2C（工厂直供）模式，××家装网成功整合了一线品牌供应商，从而确保产品的质量和价格的合理性。这种模式让消费者能够轻松购买到高品质单品，享受高性价比的家居装修服务。

　　××家装网还独创了手机App远程监工的服务，让消费者可以随时随地通过手机查看装修进度和质量。这项创新服务让消费者更加放心，同时提高了装修过程的透明度。××家装网凭借这一优势，打造了行业领先的互联网家装品牌。

### 2．趋势分析

　　利用百度指数对相关关键词进行分析，如图11-29所示，从中可以看出，一年之中，互联网家装行业的整体发展趋势比较平稳，但在春节前后会有低谷期。

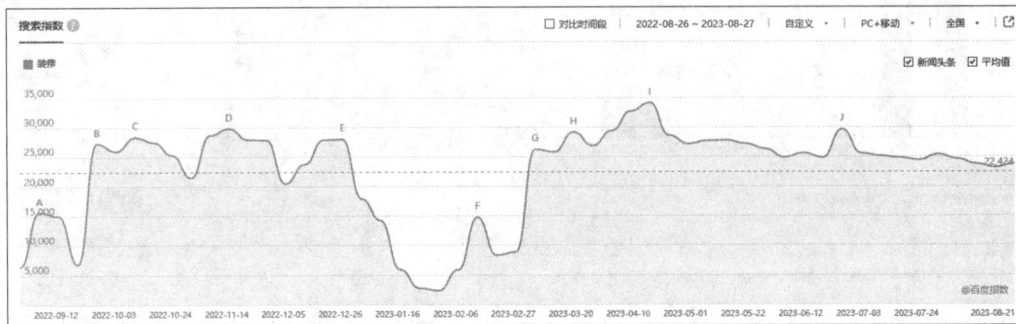

图11-29　趋势分析

### 3．竞争对手分析

将家装行业的竞争对手进行分类整理，描绘整个家装行业的产业地图，如图11-30所示。

图11-30　家装行业产业地图

### 4．受众人群分析

通过百度指数等工具，从年龄、性别等方面，描绘受众人群的画像，如图11-31所示。

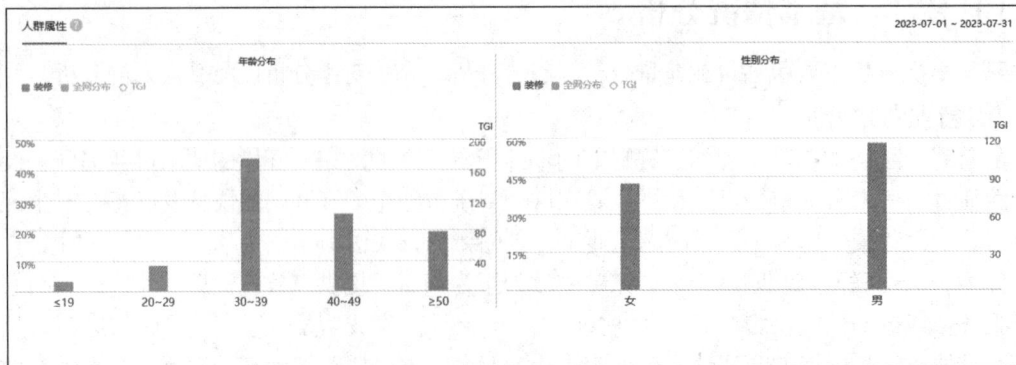

图11-31　受众人群分析

## ✳ 11.2.2 SEM推广策略

推广策略主要从投放时间、投放渠道和设置推广账户3个方面对整个营销活动进行规划。

### 1．投放时间

在设置广告投放的时间时，将整个营销活动划分为预热期、爆发期、退出期和持续期4个阶段，每个阶段的投放时间与营销目标如图11-32所示。

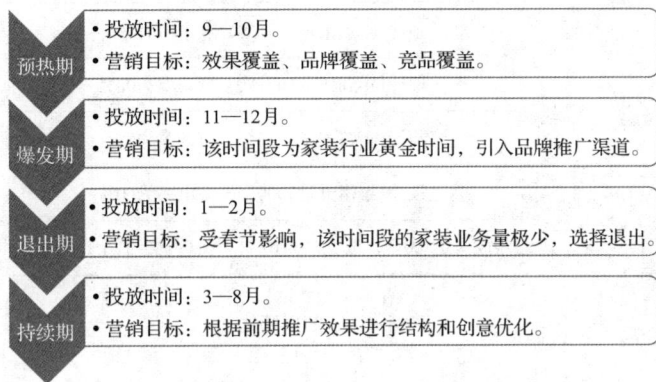

| 预热期 | • 投放时间：9—10月。<br>• 营销目标：效果覆盖、品牌覆盖、竞品覆盖。 |
|---|---|
| 爆发期 | • 投放时间：11—12月。<br>• 营销目标：该时间段为家装行业黄金时间，引入品牌推广渠道。 |
| 退出期 | • 投放时间：1—2月。<br>• 营销目标：受春节影响，该时间段的家装业务量极少，选择退出。 |
| 持续期 | • 投放时间：3—8月。<br>• 营销目标：根据前期推广效果进行结构和创意优化。 |

图11-32　投放时间与营销目标

### 2．投放渠道

投放渠道主要有搜索渠道、信息流渠道和品牌渠道。在预热期和持续期主要在百度等搜索引擎中发布搜索引擎广告和信息流广告，在爆发期可以在百意投放平台等发布多种类型的广告。

### 3．设置推广账户

在设置推广账户阶段，需要在百度搜索推广、百度百意投放平台等广告平台中进行推广账户设置，还需要设置推广计划、推广单元、创意等内容，如表11-3所示。

表11-3　推广账户设置

| 推广计划 | | | | 推广单元 | | | | 创意 | 目标页面 |
|---|---|---|---|---|---|---|---|---|---|
| 推广计划名称 | 计划目标 | 每日预算/元 | 投放时间 | 推广单元名称 | 推广位 | 媒体平台 | 单元出价/元 | | |
| 品牌计划 | 品牌曝光 | 150 | 全天 | 品牌推广1 | 搜索推广 | PC端 | 0.5 | 文字+图片 | 网站首页 |
| | | 300 | | 品牌推广2 | 信息流广告 | 移动端 | 0.5 | | |
| 产品计划 | 效果转化 | 400 | 9—21时 | 产品推广1 | 搜索推广 | PC端 | 1 | 文字+图片 | 产品专题页 |
| | | 800 | | 产品推广2 | 信息流广告 | 移动端 | 1 | | |
| 通用计划 | 曝光+转化 | 300 | | 通人群用1 | 搜索推广 | PC端 | 0.4 | 文字+图片 | 产品专题页 |
| | | 600 | | 通人群用2 | 信息流广告 | 移动端 | 0.4 | | |
| 竞品计划 | 流量挖掘 | 100 | | 竞品人群1 | 搜索推广 | PC端 | 0.4 | 文字+图片 | 网站首页 |
| | | 200 | | 竞品人群2 | 信息流广告 | 移动端 | 0.4 | | |
| 活动计划 | 新客拓展 | 300 | 活动时间 | 活动推广1 | 搜索推广 | PC端 | 1 | 文字+图片 | 活动页面 |
| | | 400 | | 活动推广2 | 信息流广告 | 移动端 | 1 | | |
| | | 800 | | 活动推广3 | 开屏广告 | 移动端 | 1 | 富媒体 | |

## ❋ 11.2.3　效果预估

对推广效果进行预估时，可以使用漏斗图对营销流程进行分解，然后大致预估各个环节的效果，如图11-33所示。

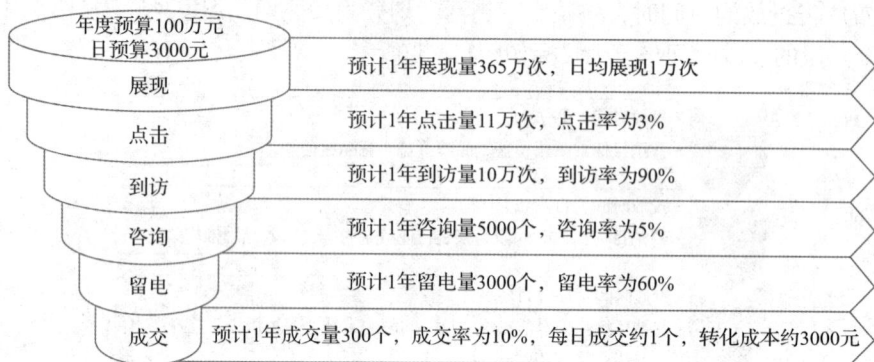

```
年度预算100万元
日预算3000元

展现        预计1年展现量365万次，日均展现1万次

点击        预计1年点击量11万次，点击率为3%

到访        预计1年到访量10万次，到访率为90%

咨询        预计1年咨询量5000个，咨询率为5%

留电        预计1年留电量3000个，留电率为60%

成交        预计1年成交量300个，成交率为10%，每日成交约1个，转化成本约3000元
```

图11-33　效果预估

## ❋ 11.2.4　SEM效果分析

网站在开展SEM后，还需要定期分析和评估效果，只有这样，才能了解广告的实际效果，以及是否达到预期的目标，并根据结果调整和优化SEM广告的策略，以确保能够最大化地提高广告的投资回报率。

下面通过四象限分析法来分析SEM的效果，整个过程分为下载关键词报告、制作四象限分析图、调整策略3个步骤。

### 1. 下载关键词报告

在SEM广告推广平台的后台下载关键词报告，将实际的转化数据和关键词报告中的关键词一一对应，得到关键词转换表，如表11-4所示。

表11-4　关键词转换表

| 序号 | 关键词 | 平均点击价格/元 | 点击量/次 | 咨询量/人 | 总费用/元 |
|------|--------|----------------|-----------|-----------|-----------|
| 1 | 室内设计 | 3.12 | 16 | 11 | 37.44 |
| 2 | 装修风格 | 8.32 | 33 | 12 | 274.56 |
| 3 | 空间布局 | 2.00 | 37 | 18 | 74 |
| 4 | 墙面装饰 | 1.99 | 28 | 13 | 55.72 |
| 5 | 地板材料 | 1.14 | 25 | 4 | 28.5 |
| 6 | 瓷砖选择 | 6.54 | 12 | 7 | 78.48 |
| 7 | 橱柜设计 | 1.13 | 8 | 5 | 9.04 |
| 8 | 吊顶设计 | 2.90 | 4 | 1 | 11.6 |
| 9 | 灯光布置 | 6.83 | 30 | 14 | 204.9 |
| 10 | 窗帘选择 | 1.72 | 13 | 12 | 22.36 |

| 序号 | 关键词 | 平均点击价格/元 | 点击量/次 | 咨询量/人 | 总费用/元 |
|------|--------|----------------|-----------|-----------|-----------|
| 11 | 家具搭配 | 7.25 | 30 | 11 | 217.5 |
| 12 | 油漆颜色 | 1.33 | 40 | 20 | 53.2 |
| 13 | 卫浴设计 | 3.78 | 38 | 19 | 143.64 |
| 14 | 墙纸选择 | 5.86 | 35 | 4 | 205.1 |
| 15 | 装饰画挂饰 | 9.56 | 22 | 7 | 210.32 |
| 16 | 窗户选型 | 2.28 | 18 | 15 | 41.04 |
| 17 | 地暖安装 | 1.45 | 14 | 1 | 20.3 |
| 18 | 水电改造 | 4.72 | 22 | 1 | 94.4 |
| 19 | 天花板设计 | 0.87 | 22 | 12 | 19.14 |
| 20 | 阳台改造 | 1.32 | 13 | 2 | 17.16 |
| 21 | 楼梯设计 | 2.12 | 30 | 18 | 63.60 |
| 22 | 室内绿植 | 5.32 | 25 | 17 | 133.00 |
| 23 | 厨房电器选择 | 1.25 | 38 | 16 | 47.50 |
| 24 | 家居软装搭配 | 1.88 | 36 | 6 | 67.68 |
| 25 | 室内门选择 | 2.14 | 30 | 2 | 64.20 |
| 26 | 空调布局 | 3.54 | 38 | 1 | 134.52 |
| 27 | 浴室洗浴设备 | 2.13 | 15 | 5 | 31.95 |
| 28 | 电视墙设计 | 2.19 | 10 | 3 | 21.90 |
| 29 | 装修预算控制 | 3.83 | 17 | 16 | 65.11 |
| 30 | 家居科技应用 | 0.72 | 15 | 13 | 10.80 |

### 2. 制作四象限分析图

通过关键词转换表中的数据制作四象限分析图。其具体操作如下。

**步骤 01** 将关键词转换表中的"关键词""点击量""咨询量"3列数据复制到Excel工作表中，然后选择B2:C31单元格区域，如图11-34所示。

**步骤 02** 单击"插入"→"图表"→"推荐的图表"选项，打开"插入图表"对话框，在其中选择"散点图"选项，单击"确定"按钮，如图11-35所示。

制作四象限
分析图

**步骤 03** 将图表标题修改为"关键词四象限分析图"，然后单击"图表元素"按钮■，在打开的面板中选中"数据标签"复选框，取消选中"网格线"复选框，如图11-36所示。

**步骤 04** 选择数据标签并单击鼠标右键，在弹出的快捷菜单中选择"设置数据标签格式"命令，打开"设置数据标签格式"窗格，取消选中"Y值(Y)"复选框，选中"单元格中的值(F)"复选框；打开"数据标签区域"对话框，拖曳鼠标选择A2:A31单元格区域，然后单击"确定"按钮，如图11-37所示。

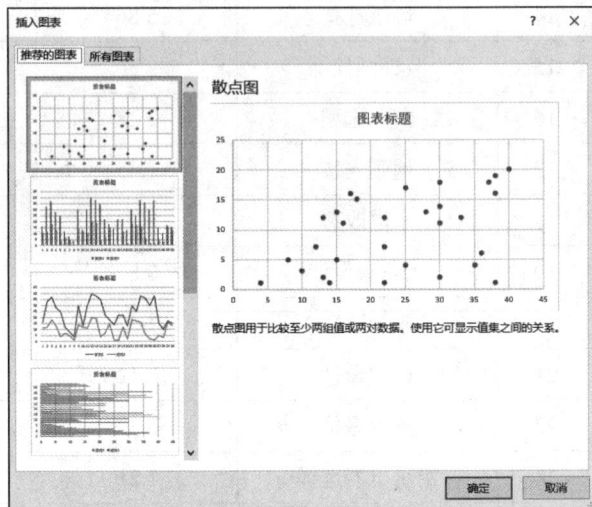

图11-34　选择B2:C31单元格区域

图11-35　选择"散点图"选项

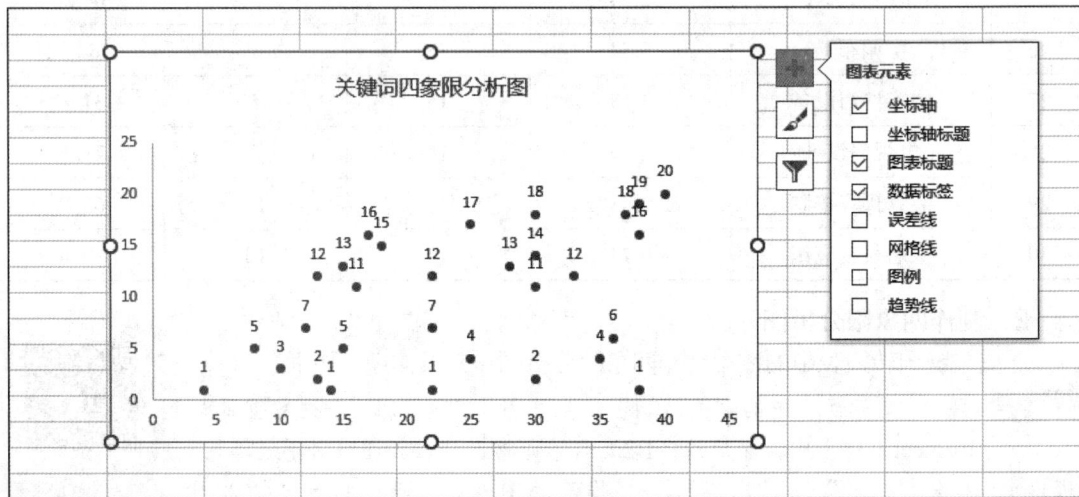

图11-36　隐藏网格线并显示数据标签

**步骤05** 选择横坐标轴，在"设置坐标轴格式"窗格中设置"边界"的"最大值"为"40.0"，"纵坐标轴交叉"的"坐标轴值"为"20"，如图11-38所示。

📖**知识链接**

坐标轴的最大值应设置为比最大数值稍大的10的倍数，坐标轴交叉的值应设置为最大值的一半。

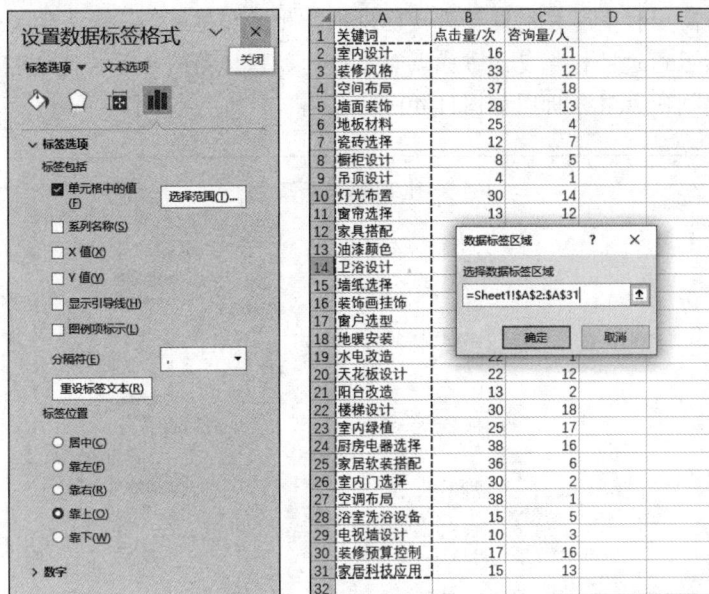

图11-37　设置数据标签格式

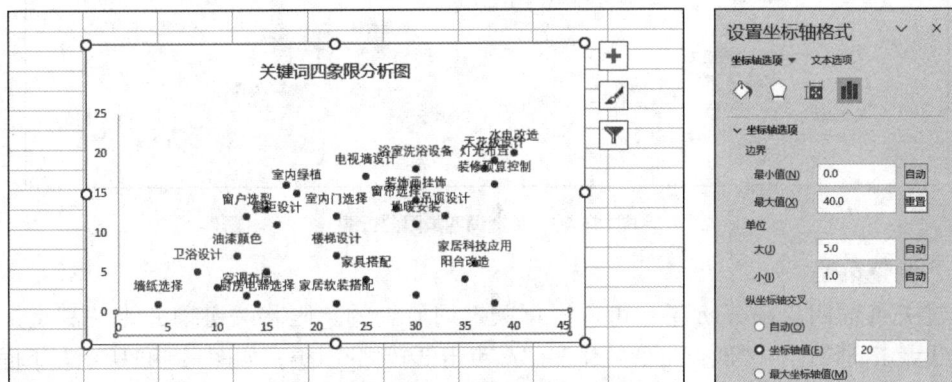

图11-38　设置横坐标轴格式

**步骤 06** 选择纵坐标轴，在"设置坐标轴格式"窗格中设置"边界"的"最大值"为"20.0"，"横坐标轴交叉"的"坐标轴值"为"10"，如图11-39所示。

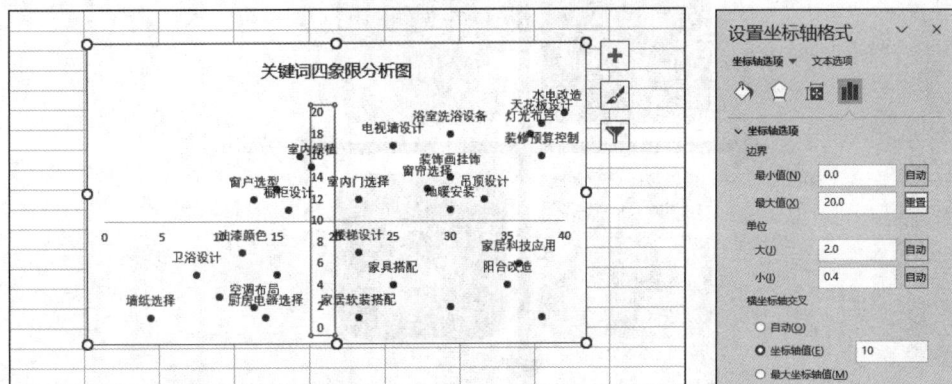

图11-39　设置纵坐标轴格式

步骤 07 将图表的高度和宽度分别设置为"15厘米"和"20厘米"，放大图表使数据标签彼此分开，然后通过鼠标拖曳的方式调整重叠的数据标签的位置，使它们不要重叠，完成后的关键词四象限分析图如图11-40所示。

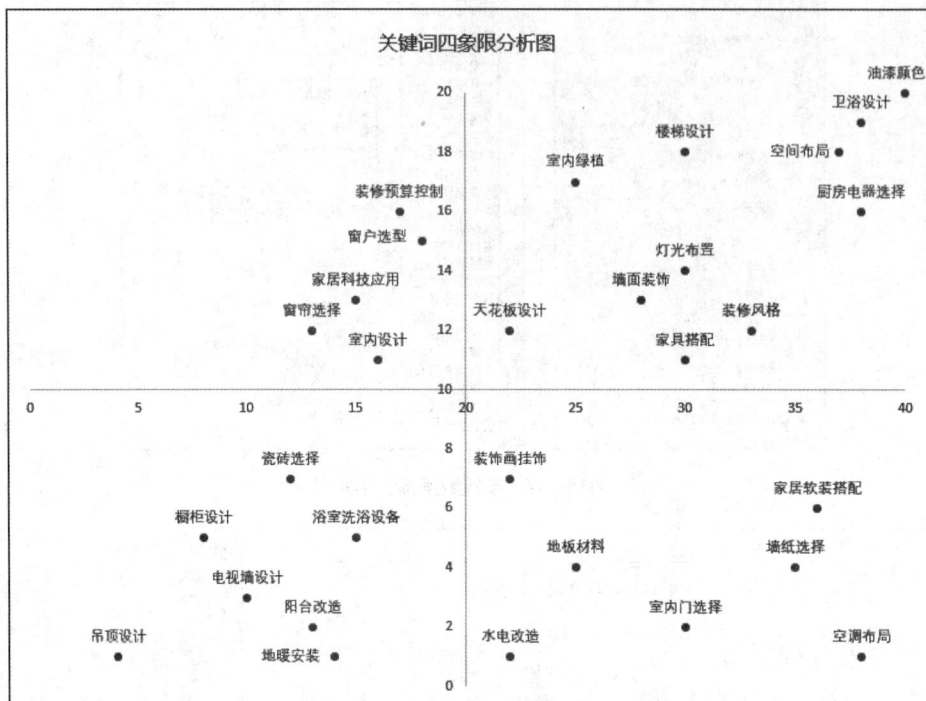

图11-40　关键词四象限分析图

### 3．调整策略

通过关键词四象限分析图，可以根据关键词所处的象限将关键词分为"高点击高转化""低点击高转化""低点击低转化""高点击低转化"4类，如图11-41所示。下面分别针对这4类关键词做策略调整。

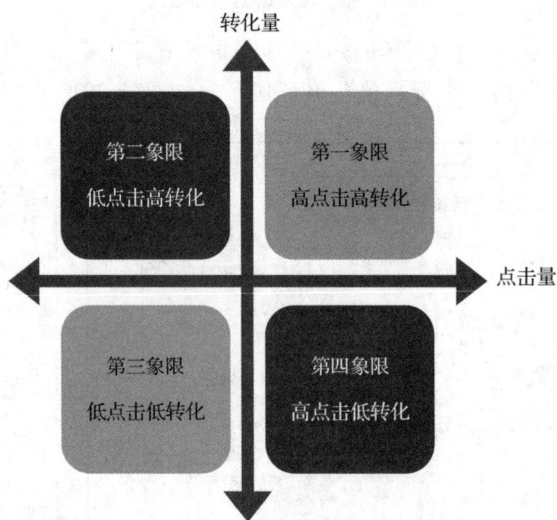

图11-41　关键词分类

（1）高点击高转化

高点击高转化的关键词，可以带来显著收益，因此，需要继续扩大投放量，以发挥更大的价值。鉴于当前移动互联网用户已超过传统互联网，可以通过提高广告在移动端的展现量来扩大这类关键词影响范围。查询关键词在PC端和移动端的广告费用消耗占比，若移动端消耗占比低于账户整体移动端消耗占比，应适当提高这类关键词所在计划的移动端投放比例系数，使广告投放偏向移动端，从而进一步增加广告的展现概率。

（2）低点击高转化

针对低点击高转化的关键词，关键在于提高点击量，使其靠近第一象限。查询这些关键词的平均排名后，对于排名高于或等于第3名的关键词，可以提高其出价，以增加相应广告的展现机会和提高其排名，进而获得更多的点击量。

（3）低点击低转化

低点击低转化的关键词可能是因为排名不佳或创意不足而点击量较少。对于排名不佳的关键词，可以提高其出价；对于创意不足的关键词，可以优化创意，以增加这些关键词对应广告的展示机会和提高其点击量。

（4）高点击低转化

高点击低转化的关键词耗费大量广告费用，却未带来理想收益。这类关键词点击量高，表明用户对它们感兴趣，但低转化暗示用户对广告内容并不认可。这可能是因为关键词与广告内容相关度过低，或者着陆页的用户友好度较差。针对关键词相关度过低的情况，可以降低关键词出价或直接废弃关键词以降低成本；针对着陆页用户友好度较低的情况，则应优化着陆页，以提升用户体验、留住用户，从而提高转化率。

---

**职业素养**

为了成功地实现SEM，SEO人员需要具备系统性思考的能力，能够主动发现问题并找到解决方案。同时，还需要拥有耐心和勇气，注重策略和实操，不断尝试和改进，为企业占得市场竞争的先机。

---

**课后练习**

**一、选择题**

1. 下列选项中，关于关键词所处象限的说法，错误的是（　　　）。
   A. 第一象限的关键词是高点击高转化的关键词
   B. 第二象限的关键词是低点击高转化的关键词
   C. 第三象限的关键词是低点击高转化的关键词
   D. 第四象限的关键词是高点击低转化的关键词

2. 下面对制作关键词四象限图的说法，错误的是（　　　）。
   A. 横坐标和纵坐标的最大值需设置成相同的值
   B. 坐标轴的最大值应设置为比最大数值稍大的10的倍数

    C.  坐标轴交叉的值应设置为最大值的一半

    D.  可以使用散点图来制作四象限图

## 二、判断题

1. 对于高点击低转化的关键词只能降低关键词出价或直接废弃。          （    ）

2. 高点击高转化的关键词，可以带来显著收益，因此，需要继续扩大投放量，以发挥更大的价值。         （    ）

## 三、简答题

1. SEM方案主要由哪几个部分组成？

2. 简述网站SEO的完整过程。

3. 如何通过四象限分析图调整关键词优化策略？

## 四、操作题

1. 在网上搜索几个SEO实例进行学习。

2. 在网上搜索几个SEM实例进行学习。

3. 对自己的网站进行SEO。

4. 对自己的网站进行SEM。